明茨伯格 管理经典丛书

管理
进行时

[加] 亨利·明茨伯格（Henry Mintzberg）— 著

何峻 吴进操 — 译

MANAGING

机械工业出版社
China Machine Press

图书在版编目（CIP）数据

管理进行时 /（加）亨利·明茨伯格（Henry Mintzberg）著；何峻，吴进操译. —北京：机械工业出版社，2020.1（2023.1 重印）

（明茨伯格管理经典丛书）

书名原文：Managing

ISBN 978-7-111-64342-5

I. 管⋯ II. ①亨⋯ ②何⋯ ③吴⋯ III. 管理学 IV. C93

中国版本图书馆 CIP 数据核字（2019）第 268103 号

北京市版权局著作权合同登记　图字：01-2013-6475 号。

Henry Mintzberg. Managing.

Copyright © 2009 by Henry Mintzberg.

Simplified Chinese Translation Copyright © 2020 by China Machine Press.

Simplified Chinese translation rights arranged with Henry Mintzberg through Andrew Nurnberg Associates International Ltd. This edition is authorized for sale in Chinese mainland (excluding Hong Kong SAR, Macao SAR and Taiwan).

No part of this book may be reproduced or transmitted in any form or by any means, electronic or mechanical, including photocopying, recording or any information storage and retrieval system, without permission, in writing, from the publisher.

All rights reserved.

本书中文简体字版由 Henry Mintzberg 通过 Andrew Nurnberg Associates International Ltd. 授权机械工业出版社在中国大陆地区（不包括香港、澳门特别行政区及台湾地区）独家出版发行。未经出版者书面许可，不得以任何方式抄袭、复制或节录本书中的任何部分。

管理进行时

出版发行：机械工业出版社（北京市西城区百万庄大街 22 号　邮政编码：100037）				
责任编辑：李晓敏			责任校对：李秋荣	
印　　刷：固安县铭成印刷有限公司			版　　次：2023 年 1 月第 1 版第 6 次印刷	
开　　本：170mm×230mm　1/16			印　　张：19.25	
书　　号：ISBN 978-7-111-64342-5			定　　价：79.00 元	

客服电话：（010）88361066　68326294

版权所有·侵权必究
封底无防伪标均为盗版

献给莎莎以及所有运用智慧和尊重进行管理的人们

致 读 者

我把这本书献给所有对管理实践感兴趣的人——管理者本人、与管理者共事的人（负责甄选、评估和发展等工作的人），以及希望深入了解管理的人（学者、教师、学生、其他非管理者）。大家需求各异，请允许我在此提供一些简要指南。

首先请注意，**我在全书中用黑体突出重要语句**，作为对要点的动态总结（各章介绍和结论部分都没有总结；在我看来，这些语句镶嵌在正文中，已对正文起到了总结作用，效果显著）。假如您是第2章描述的繁忙的管理者，抑或是时间紧张的其他人士，便可用这些语句追寻我的论述主线，并在最感兴趣的论点附近深入探究一番。

前两章是本书最短小、最犀利的章节：它们奠定了本书的基调。接下来的两章，篇幅较长，内容更深入，因为它们试图解决管理的实质问题，这绝非易事。最后两章，长短适中，应用性较强，某些地方很有趣味——至少在我写作时有如此感受，我也希望您在阅读时有此同感。各章简介如下。

第1章：管理先行 介绍本书及我的管理观，建议全章阅读。

第2章：动态管理 应当快速阅读或浏览。请特别注意"互联网对管理的影响"这部分。

第3章：管理模型 这一章较为复杂，提出了我所认为的管理的本质。您可从重点语句有个大致的了解，但我挑不出什么特别的章节。正如我的结论所述，这是一个与其他部分密切相关的模型。对管理知之甚少的读者会发现，第 2 章和第 3 章非常有用。

第 4 章：难以述说的管理多样化　这一章写起来最难，同时也许最难懂，我宁愿相信这是管理种类繁多所致。同样，重点语句仍会大有帮助。本章有不少惹人争议的观点，特别是无法用表面因素（诸如文化和个人风格）来解释**管理者在干什么**，管理培养与发展方面的研究人员和专家或许会对这些特别感兴趣。

第 5 章：无法回避的管理难题　我写这章时感觉很好，相信您在阅读时也能尽兴。如果您是管理者，每天都与这些事情打交道，阅读时就更有这种感受。这是本书中应用最广的一章。因此，管理者，特别是认为管理中存在灵丹妙药的人，都应该好好读读这一章。

第 6 章：有效管理　本章大部分内容简单易读，富有趣味，特别是开头的"不幸管理的组织之家"、结尾的"自然管理"以及对"判断力都去哪儿了"的讨论。给管理者提供建议和支持的人也许应该注意"选举、评估、发展有效的管理者"一节。

附录　管理 8 日谈　讲述本书讨论的 8 位管理者各自一天的生活。

总　序
明茨伯格的背影

最早接触明茨伯格,是在通用的管理学教科书上读到他的管理者角色理论,大概是在1990年,我在中国人民大学上大学二年级的时候。本科生学管理,因为没有实践经验,其实读什么都是过眼烟云,没有留下什么深刻印象。1999年我到欧洲工商管理学院(INSEAD)读博士时,因为明茨伯格长期担任这所学校的访问教授,我才开始注意认真学习明茨伯格的各种管理理论。那时,他待在INSEAD的时间已经不多了,在印象中,学校里挂着他名字的办公室的门,大多数时候都是锁着的。

初见明茨伯格是一次他给新来的MBA做晚间讲座的时候。那时他的《管理者而非MBA》尚未出版,但他反思MBA的教育方法已经有很多年了。在座的都是MBA,所以,面对明茨伯格那些批评MBA的话,MBA也不示弱,双方唇枪舌剑,妙语连珠。当时的印象是明茨伯格批评问题很尖锐、很严厉,非常不留情面。

参加了INSEAD的国际实践管理教育(IMPM,明茨伯格1996年创立的著名管理教育项目)的项目小组后,我与明茨伯格的接触逐渐多起来。我慢慢发现,生活中的他其实是一个非常随和的人(terribly nice guy),一点管理大师的架子都没有。同时我还发现西方国家很多优秀学者都像孩子一样单纯,所谓的"赤子之心"也不过如此吧,我想这应该与西方成熟的科研体制有关,学者们一般都不需要花什么时间去学习处理各种人情世故。

谈起管理，西方有两个圈子，一个是学术界，一个是大众界，虽然鸡犬之声相闻，却是老死不相往来。例如，这些年大家耳熟能详的德鲁克、柯林斯、彼得·圣吉等人其实都属于大众界，学术界的大师如赫伯特·西蒙、詹姆斯·马奇，估计大多数人也是闻所未闻，而明茨伯格是极少数能够两条战线同时作战的人。我想，这应该与他极强的文字表达能力，能够真正把文章写得深入浅出、雅俗共赏有关。我曾向他请教这个问题，他告诉我，秘诀很简单：好文章是改出来的，不是写出来的！一篇几千字的小文章，他往往也要改上一两个星期。也许世上确实有那种传说中的下笔万言、倚马可待的才子型写手，但很明显，明茨伯格不属于这种类型。

当然，真正给明茨伯格带来学术界地位的是他系统性的管理思想。简单说来，理解明茨伯格的管理思想有三个维度。第一个维度是，他的管理思想属于管理学中强调经验、实证和归纳的英美学派，与此相对的，是管理学中强调理性、推理和演绎的大陆学派。这种倾向的集中体现是他关于管理者角色的研究，代表作是《管理工作的本质》，30年后明茨伯格重写了这本书，也就是2010年出版的《明茨伯格管理进行时》一书。在明茨伯格基于田野调查，提出管理者的角色理论之前，管理学中占统治地位的是法国人法约尔等人奠定的管理功能论，即所谓的"计划、组织、指挥、协调、控制"思想体系，按明茨伯格的说法，这些词其实是同义反复，意思都是控制。

理解明茨伯格管理思想的第二个维度是他强调平等、参与和互动的进步倾向，与这种倾向相对的，是强调管理层权力、崇拜CEO和管理层的超人能力的保守倾向。集中体现他的这种倾向的是他关于战略规划的研究，代表作是《战略规划的兴衰》。在这方面，他的对手包括咨询公司和大众媒体，以及咨询公司和大众媒体的宠儿：各种戴着纸糊高帽的商业英雄或管理大师。所以，他本人不喜欢别人把他叫作"guru"（大师）。如果非要给他一个印度字眼的头衔，他说，他宁愿是一个"swami"（学习者）。

第三个维度是他属于管理学中强调理论与实践良性结合的实践学派，反对的是执意效仿自然科学、试图在大学里把管理学建成一个有着与自然科学一样的学术尊严的专业学科的学院派。这里，他重点提出的是管理也是一种手艺的观点，这种手艺的成分加在科学、艺术的基础之上，就构成了他的管理三元论。他对美式MBA教育模式的批评，就是因为这种MBA教育过分强调管理的科学成分，而忽视了管理中通过想象力才能达到的艺术成分和通过经验才能达到的手艺成分。在这个维度上，明茨伯格的代表作是《管理者而非MBA》。

三个维度同时是他学术生涯的三个步骤、三大战役、三座里程碑，其统一的、一以贯之的核心是他一直强调的一种科学的、人本主义的精神，对于任何摆出权威姿态的东西以及被顶礼膜拜的对象的发自内心的怀疑态度。我曾感慨过，学者一辈子能够打下一座城堡已经是很大的贡献，像他这样，一而再，再而三，不敢说绝后，至少是空前了。

明茨伯格的经验主义倾向秉承的是英美哲学的认识论传统，该传统一直是西方学术界的主体。这其实也是明茨伯格的管理学思想能够迅速进入管理学主流的原因。明茨伯格的平等主义倾向发扬的是以加拿大和北欧为代表的社会民主主义的批判传统，其参照系是美国一贯对金钱和资本、对资本家的能力和权力进行崇拜的传统。他对MBA教学模式的批判，除了与这种批判精神一脉相承，同时也是对美国最近20年过分强调技术与数字倾向的批评，这种倾向与股票和股票市场的力量（市场原教旨主义）的上升紧密相关，美国主流商学院向投资银行业、咨询业提供MBA毕业生，在很大程度上也属于这种市场机制的一部分。

明茨伯格向一架架隆隆运转的大机器发出挑战，费力却未必讨好。总体而言，强调员工、平等、实践的管理学理论不容易像强调领导力、强调理性（不管是"灵光一现"还是各种貌似科学的分析框架）、强调自上而下的战略的那种管理学理论一样得到作为实际控制企业资源的在位者的同情、认同和支持。但是，明茨伯格的理论意义也正在于此：在很大程度上，正因为有一批像明茨伯格这样专做费力不讨好的事情的人，西方国家整个商业系统才能顺利、平衡地运转。

有记者问我明茨伯格理论对于中国企业的意义在哪里，我说，科学的人本主义的意义是跨文化和跨时代的。中国管理界会由于科学精神的缺乏、人文传统的失落，面临比西方更严重的问题。中国企业现在面临的创新能力的匮乏、劳动力密集型产业的死循环、产业升级的无能，背后其实都是科学人本主义的缺乏。所以，我们现在比任何国家、任何时期都更需要明茨伯格的思想。现在，中国的学术圈和企业界对于明茨伯格的了解都非常有限。所以，还需要通过我们的努力，让更多人了解明茨伯格的管理思想，认识到管理的本质不是整人，更不是把人当机器来控制，也不是把人当羊群来驱赶和驾驭，而是尊重、平等、信任、合作和分享。

明茨伯格撰写了一本叫《跨越亚当·斯密与卡尔·马克思》的新书（中文版《社会再平衡》已于 2015 年出版），他告诉我，他已经为这本书准备了十几年，积累的笔记已经有近一米高了。看来，这个不知懈怠为何物的老将又在向下一个城堡进军了，赤手空拳，然而却又势在必得。他远去的背影之后，是一片片广阔的田野，他所播撒的思想的种子，如今已是一片丰饶的景象。

肖知兴

领教工坊学术委员会主席

欧洲工商管理学院杰出研究员

前　言

1973年，我在我的博士论文的基础上出版了《管理工作的本质》一书，这是我对5位高级管理人员一周实际工作状况的研究成果。我在那本书的前言里曾说，当我还是个孩子的时候，我的父亲是一家小型制造企业的总裁，我对他在办公室里做的事情充满了兴趣。由此我窥见了一斑，但远非全豹。

出版那本书的30年之后，我决定重温那个课题。这次我要弄清楚我那位在电信行业做经理的妻子，她在办公室里都在做些什么。这么做并不是因为我相信管理本身发生了变化，而是因为我自己变了，至少是我希望自己已经变了（我的这两本书，如果有谁都看过，那他就可以判断出我在这些年里又学到了些什么）。

这一次，29位各类经理人与我分享了他们各自的一个工作日，我就是在这个基础上撰写本书的。所以，我首先必须感谢这29个人，是他们公开了自己的工作内容和想法，成就了我的这次"窥测"。在后面几页，你们便能在一张表格当中看到他们的名字。从开篇到结束，你们都将感受到他们对本书所做的贡献。

还有其他许多人以另外的方式为本书做出了重要贡献。过去10年里，我的个人助理桑塔·巴朗萨-罗德里格斯为本书倾注了全部努力。为使原稿付梓，她一度全力以赴，几乎夜以继日地工作。作为益友，她提出的良多睿智而中肯的建议对本书成稿做出了直接的贡献,对此我深表谢意。

圭·阿泽维多是我足智多谋的研究助理,他对本书的贡献体现在很多方面。其后,圭受到了亚马孙河的召唤,去热带雨林中寻觅自己新的人生。之后,娜塔莉·特伦布莱加入进来,出色地完成了原稿的收尾工作。

我将最棘手的两章(第4章和第6章)交给我们博士讨论会的成员们看过之后,收获了许多有益的想法。我想特别感谢其中的两位:一位是布莱恩·金,他的许多见解有着深邃的思想内涵;另一位是杰桑特·特伦布莱,他帮助解决了第5章中管理方面的难题。

我有幸再度与那些坚持出版业传统的人合作这本书:他们非常重视图书的内容,同时又十分尊重作者的想法。Berrett-Koehler出版公司的史蒂夫·比尔桑蒂创建的业务经营体系非常特别,培生的理查德·斯塔格领导的贸易管理团队也相当精干,他们二位都给我提供了详尽的建议,尤其是其中的一些方法,使得本书能够更加贴近读者。作家都热爱文字,这正是他们笔耕不辍的动力,但麻烦的是作家最爱的是自己的文字。好在我最终领会了他俩话中的含义,才使本书有了现在的样子。

这两家出版公司都曾将本书交给很多书评人审阅,后者提出了非常有益的反馈。我想特别感谢查利·多里斯、杰夫·库利克、斯蒂芬·滕格布拉德和琳达·希尔。迈克尔·巴斯及其团队又一次展现了他们高超的制作技巧。我还要特别感谢劳拉·拉森所做的编辑工作。

最后,我要衷心感谢我生活中的经理——莎莎,她对这一切远比我懂得多。她不但会在很多地方给予我帮助,而且总是有那么多精辟的意见让我直呼"妙哉"!

亨利·明茨伯格

于蒙特利尔

目　录

致读者
总序
前言

第1章　管理先行 / 1

管理怎么了 /2
29天的管理 /5
深深植根于管理和团体精神中的领导力 /9
管理实践 /10
管理的时代并非变幻莫测 /14
博采众长 /16

第2章　动态管理 / 19

管理特征，今昔对比 /20
互联网对管理的影响 /37
可测的混乱实属正常 /44

第3章　管理模型 / 46

问题何在 /49

寻找一个通用的模型 /50

模型概述 /52

管理职位上的人员 /53

构思工作框架 /53

安排工作日程 /54

借助信息进行管理 /55

全方位的沟通 /56

单位内部的控制 /60

用人管理 /66

与组织外的人员联系 /78

直接管理行动 /85

全面管理 /94

跨角色管理 /97

第 4 章　难以述说的管理多样化 / 102

外部背景 /108

文化背景 /108

部门 /109

组织背景 /111

职位背景 /114

现时背景 /122

管理时尚 /123

个人背景 /124

个人的管理风格 /127

管理工作的态度 /141

新任管理者 /153

勉强的管理者 /155

融合一切的态度和目标 /156

非管理者的管理 /157

最大化管理 /159

参与型管理 /160

共担型管理 /161

分配型管理 /162

支持型管理 /164

最小化管理 /165

第 5 章　无法回避的管理难题 / 167

思考难题 /169

信息难题 /178

人事难题 /190

行动难题 /197

综合难题 /202

我的难题 /204

第 6 章　有效管理 / 205

不幸管理的组织之家 /208

幸福管理的组织之家 /216

选举、评估、发展有效的管理者 /230

自然管理 /243

附录　管理 8 日谈 / 247

第 1 章

管理先行

> 我们对新几内亚或其他地方土著的行为动机、日常习惯和私闻秘事尚有所知,但对联合利华大厦内高管办公室里的那些人却知之甚少。
>
> 罗伊·刘易斯和罗斯玛丽·斯图尔特

上面这段话写于半个世纪前,至今却依然适用。其实,想要了解经理们做的那些事情也不难。把观察的时机选择在排练当中而不是正式演出之时,就可以揭开指挥在台上驾驭乐队的奥秘;列席旁听,就可以知道高科技公司的总经理参与新项目讨论时的状况;跟着管理员走进难民营,就可以知道他是如何仔细觉察暴动迹象的。

发现经理们在做些什么并非难事,难就难在弄懂他们所做的事情。我们如何在纷繁复杂且蕴含着管理实质的活动中识得要领呢?

50 年前,彼得·德鲁克让"管理"这一概念备受关注。其后,"领导力"又取而代之。现在,充斥在我们四周的故事,要么是管理大家们辉煌的成功,要么是他们惨烈的失败。但首先,我们仍需面对这样一个简单的现实:做好一名普通管理者。

这是一本关于管理的书,单纯却不简单。我给它取了一个宽泛的书名——《管理进行时》①，因为这意味着本书要用基本和全面的方法来阐释管理这个难以说清楚的基础实践活动。我们思考的是管理工作的特点、内容、种类、经理人所面临的难题以及他们如何有效地工作。我的目标直截了当。对于所有受到管理实践影响的人来说，管理是重要的，而在我们的组织世界里，所有的人都与管理有关。我们需要更透彻地认识管理，以便更有效地实施管理。

包括经理们在内，那些或多或少受到管理实践困扰的人，他们应该能读到一本内容全面翔实、见解有据可依、对这些重要问题能一探究竟的书。很少有别的书做过这方面的尝试，而您手捧的正是这样一本书。本书涉及的是这样一些问题：

- 管理者都忙于管理而无暇深思管理的意义吗？
- 领导者真的比管理者重要吗？
- 为什么管理让人如此抓狂？互联网会改善还是加剧这一状况？
- 管理风格的问题被夸大了吗？
- 当管理者的工作性质与工作内容脱节时，他们如何使之联系起来？
- 判断力都去哪儿了？
- 管理者如何保持自信而不自负，或者说，如何长盛不衰？
- 管理工作只是管理者的事吗？

管理怎么了

我的职业生涯是从研究这个课题开始的：为了写博士论文，我观察了5

---

① 我用这个标题是受了斯塔兹·特克尔（Studs Terkel）的著作《工作进行时》（Working, 1974）的启发。在书中，斯塔兹记录了各行各业的人们对自己工作的描述。

位高管一周的工作状况。在此基础上，我出版了《管理工作的本质》（1973）一书，并发表了一篇题为《管理者的工作：传说与事实》（1975）的文章，它们深受欢迎。我的研究还引发了一股重复研究的风潮。⊖

不过，那股风潮已经消逝，如今我们也鲜见管理方面的系统研究。虽然冠以"管理"标签的书汗牛充栋，但其内容多半与管理无关（布伦森Brunsson 2007：7；黑尔斯Hales 1999：339）。⊜如果要寻找管理方面最具实证性的书，那么您很可能会选定莱恩·塞尔斯（Len Sayles）的《领导力：高效管理者的实践与做法》（1979），约翰·科特（John Kotter）的《总经理》（1982），罗伯特·奎因等人（Robert Quinn et. al）的《如何成为管理大师》（1990）和琳达·希尔的《上任第一年》。请注意这些书的出版日期。

由此可见，我们对管理的理解始终停滞不前。1916年，法国实业家亨利·法约尔（Henri Fayol）出版了《工业管理与一般管理》一书，他在书中将管理描述为"计划、组织、指挥、协调和控制"。1980年后，蒙特利尔的一份报纸对新任市长的岗位描述为："负责计划、组织、指导和控制全市各项活动。"这样看来，社会上对管理的普遍认识也不曾改变。

多年以来，我一直在问从事各类管理工作的人们："你当上经理那天发生了什么？"而他们的反应几乎如出一辙：表情迷惑，然后耸耸肩，最后来

⊖ 我听说这篇文章在《哈佛商业评论》（*Harvard Business Review*）上发表后，读者强烈要求该杂志重刊在此之前发表过的所有文章。我在第2章中引用了一些这批重刊的文章。

⊜ 我的学生法扎德·可汗（Farzad Khan）在1995～2004年间13种最具权威的学术刊物和5种最杰出的专业刊物所发表的文章引用和摘录中搜寻"管理者"（manager）这个单词。他关心的是，在这些文章中，有多少是关于管理工作性质的：学术刊物的669篇文章中有27篇，而专业刊物的793篇文章中有53篇论及管理工作的性质（这53篇中大部分刊登在《哈佛商业评论》上，但仍然只占到该刊比例的10%，也就是400篇中论述管理工作性质的文章占37篇）。《管理学会杂志》（*Academy of Management Journal*）的74篇中有3篇相关文章，《行政科学季刊》（*Administrative Science Quarterly*）的25篇中有1篇，《斯隆管理评论》（*Sloan Management Review*）的150篇中有2篇。1986年，黑尔斯在一篇题为《管理者做什么：一次深刻的评论》（"What managers do: A Critical Review"）的文章中，做了一个"管理工作实证的主要来源"（principle sources of evidence on managerial work）的表格。该表列出了26项调查研究成果，其中，3项发表于20世纪80年代，7项发表于20世纪70年代，7项发表于20世纪60年代，最活跃的10年为20世纪50年代，有9项研究成果。今天一个绝对的例外就是滕格布拉德的著作（2000，2002，2003，2004，2006）。

一句"没什么"。我觉得,这就跟性爱差不多,第一次的情况往往都很糟糕,你应该自己把它琢磨清楚。昨天你还在吹长笛或做手术,今天却发现自己要去管理做这些事情的人。一切都变了,可你还是你自己,困惑在所难免。"新任管理者是从经验中认识到作为一名管理者意味着什么。"

因此,我在这本书里重温管理工作的本质,保留了我早先的一些结论(见第 2 章),重新构思了其他结论(见第 3 章和第 4 章),并提出了新的结论(见第 5 章和第 6 章)。

引人深思的实例

艾伦·惠兰是英国电信公司(BT)全球计算机和电子事业部的销售经理,所以你可能以为他总是与客户打交道,或至少只需与手下人一道工作,帮助他们向客户推销产品。这一天,艾伦在卖东西,这没错;不过,他是在向公司内部的一位高管推销自己的项目,后者不愿批准艾伦最大的一笔买卖。艾伦是在执行管理的计划、组织、指挥、协调或控制工作吗?

高管们目光长远,注重"大局",而级别较低的管理者则应付眼前较为具体的事情。那么,为何又会出现以下这一幕:远在加拿大班夫国家公园(Banff National Park)的前郡管理员戈德·欧文,对滑雪场停车场的扩建工程所造成的环境后果忧心忡忡,而在渥太华,全国加拿大皇家骑警警长诺曼·英克斯特却在认真收看前一天晚上的电视新闻片段,以免在当天的议会会议上提出令其部长尴尬的问题。

还有,为何巴黎一家高新技术公司——"谷瑞"公司的理事长雅克·本茨列席旁听一个关于客户项目的会议?他毕竟是高级管理人员,难道他不应该回自己的办公室去制定"大政方针"吗？而国际绿色和平组织（Greenpeace International）的执行总监保罗·戈尔丁却在绞尽脑汁地制定"大政方针"。到底谁做得对呢？

法碧恩·拉沃伊是蒙特利尔一家医院西北 4 病区术前及术后外科病房的护士长，她从早上 7:20 到晚上 6:45 分秒不停地工作，看她忙碌都会让人觉得精疲力竭。她一度在短短几分钟内做了如下的工作：与外科医生讨论包扎伤口的敷料；完成一个病员的医院就诊卡填写；重新安排她自己的值班表；与服务台的某个人谈话，并且为一位发烧的病人做检查；招呼其他护士安排床位；一边和同事讨论某种药物治疗，一边不时地与病人家属聊上几句。管理工作都如此紧张忙碌吗？

指挥精湛完美，才能使整个乐队演奏出美妙的音乐。我们把乐队指挥比作经理，那么实际情况是怎样的呢？我们不妨看看。维尼佩格交响乐团（Winnipeg Symphony Orchestra）的布拉姆韦尔·托维走下指挥台，这样谈论道："'指挥难在排练'，而不是演出。这不是最要紧的，关键是那这种'一切尽在掌握中'的感觉。"他说，"作为指挥家，你得服从作曲家。"那么，乐队的"指挥"指挥乐队的时候是在执行那著名的领导力吗？对于这个问题，他的回答是："我们从不谈论'这层关系'。"看来，那个比方也不过尔尔。

29 天的管理

上述实例只不过是管理冰山的一角。我与上述各位及其他共 29 位管理者分别度过了一天，对他们进行观察、采访，查看他们一周或一个月的工作日志，以便解读所发生的事情。本书的基本素材即来源于此项研究所得到的实证资料。

如表 1-1 所示，这些管理者来自商业、政府、公共卫生服务和社会事业部门（非政府组织和非营利组织等）⊖中的各类组织，如银行、警务、电影制片、飞机制造、零售、电信。这些组织有大有小，雇员从 18 万人到 80 万人不等。这 29 位管理者遍布传统层级制中所谓的高层、中层和基层各个层级。他们有的在大城市的市中心工作，如伦敦、巴黎、阿姆斯特丹和蒙特利尔；有的则在较为偏远的地区工作，如坦桑尼亚的加拉（N'gara）、加拿大新斯科舍省（Nova Scotia）的新米纳斯（New Minas）、加拿大西部的班夫国家公园。我对其中一些人进行单日观察，而对另一些人则采用多日观察方式（比如，对于加拿大班夫公园的 3 位管理者，我便让他们连续 3 天，相互汇报工作）。

我对每日（或多日）的所见所闻先进行描述，然后用理论术语加以诠释。我让每个例证都自己说话，说他们所做的事情：比如，老式的例外管理法（managing by exception）如何才能跟上时代；绿色和平组织的管理者如何兼顾自己组织和自然环境的可持续性发展；政府在游人可能会碰到熊的地方如何采取措施。这些日子我的所见所闻同时也证明了，管理可谓无处不在：在巴黎，我在摩托车后座上拼命抓住把手穿行于城中，为的是接受不同的记者采访；独自坐在有 2222 个天鹅绒座位的音乐厅中观看指挥与乐队的排练；有一次午饭是在非洲难民营一名心怀抱负的难民开的餐厅里吃的，另一次却是在阿姆斯特丹绿色和平组织冰冷的自助餐厅吃的；在一座质朴的公园里与人讨论"熊堵"（一种在高速公路上，由于前面的车辆停下来看熊而导致的全路拥堵）。我保证，所有这一切都是为您提供的绝妙标本，您可以从中仔细揣摩管理和生活，因为管理和生活是如此息息相关。

⊖ 这些管理者中的一些人本来还可以归为其他类别。很多卫生保健管理者是为政府工作的（尽管英国国家卫生局的医院被转归社会事业部门）。无国界医生组织本来可以归入医疗卫生一类，而巴黎博物馆可以归入政府一类（因为它直属巴黎）。

第1章 管理先行 7

表1-1 被观察的29位管理者

	企 业	政 府	医疗卫生	事业部门
全局管理(高层)	约翰·克莱格霍恩(John Cleghorn)加拿大皇家银行首席执行官 雅克·本茨(Jacques Benz)"合瑞"理事长(巴黎) 卡罗尔·哈斯拉姆(Carol Haslam)鹰头公司(伦敦某电影公司)总经理 马克斯·腾茨伯格(Max Mintzberg)电话亭公司总裁(蒙特利尔)	约翰·泰特(John Tate)加拿大司法部副部长 诺曼·英克斯特(Norman Inkster)加拿大皇家骑警(RCMP)警长	邓肯·尼科尔爵士(Sir Duncan Nichol)英国国家卫生局(NHS)首席执行官 "马克"(Marc)医院院长	保罗·戈尔丁(Paul Gilding)国际绿色和平组织执行总监(阿姆斯特丹) 罗尼·布劳曼博士(Dr. Rony Brauman)无国界医生组织(Médécins sans frontières)主席(巴黎) 凯瑟琳·约恩特-迪特勒(Catherine Joint-Dieterle)时尚与服装博物馆馆长(巴黎) 布拉姆韦尔·托维(Bramwell Tovey)维尼佩格交响乐团指挥
中间管理(中层)	布莱恩·亚当斯(Brian Adams)加拿大航空公司"环球特快"总监(蒙特利尔庞巴迪) 艾伦·惠兰(Alan Whelan)英国电信公司全球计算机和电子事业部销售经理(伦敦)	格伦·瑞德(Glen Rivard)加拿大司法部家庭及青少年法律总顾问 道格·沃德(Doug Ward)加拿大广播公司电台节目部主任(温哥华) 艾伦·伯奇尔(Allen Burchill)加拿大皇家骑警驻哈利法克斯分队指挥官 桑德拉·戴维斯(Sandra Davis)加拿大班夫国家公园地区总监(卡尔加里) 查理·辛肯(Charlie Zinkan)班夫国家公园地区负责人(阿尔博塔)	皮特·科(Peter Coe)英国国家卫生局地区总监(北赫特福德郡) 安·西恩(Ann Sheen)英国国家卫生局星盲丁市各大医院护理部主任	保罗·霍南(Paul Hohnen)国际绿色和平组织倾倒有毒物质贸易项目、森林项目主任(阿姆斯特丹) 阿巴斯·加利特(Abbas Gullet)国际红十字会代表团分团团长(坦桑尼亚的加拉)
基础管理(基层)		戈德·欧文(Gord Irwin)班夫国家公园前部管理员(阿尔博塔) 拉尔夫·汉博(Ralph Humble)加拿大皇家骑警新米纳斯克利分队分队长(新斯科舍省)	迈克尔·思克医生(Dr. Michael Thick)圣玛丽亚医院肝脏移植专家(伦敦) 斯特华特·韦伯医生(Dr. Stewart Webo)圣查尔斯医院老年病科门诊主任(伦敦) 法碧恩·拉沃尹(Fabienne Lavoie)犹太人总医院西北第四分院护士长(蒙特利尔)	史蒂芬·奥莫罗(Stephen Omollo)国际红十字协会贝纳克及鲁克基地主管(坦桑尼亚的加拉)

注：当本书中出现以上管理者时，我都以自己觉得最自然的方式来称呼他们，有些直呼其名，另一些则正式的头衔相称。

一天实在不能算多长的一段时间，尽管事后多天的讨论会强化对这"一天"的印象。但是，在没有日程安排、任由现实扑面而至的情况下，从直接而简单的观察中所能获得的一切则是非凡的。就像美国棒球名宿约吉·贝拉（Yogi Berra）说的那样："只要睁眼看，你就能观察到很多。"将这 29 天汇集在一起，你就会拥有大量管理实践中的可借鉴之资。

　　贯穿全书的这些例证中，既有我对这 29 天所见所闻的详细描述，也有我对事件原因的理论诠释。我将其中 8 天的描述复制在附录里，作为全书的支撑点。为了便于理解，请允许我从网上引用几段记录的标题，并在后面的章节中予以说明：

- "管理，如履薄冰"——有关加拿大各公园的管理者所承受的政治压力。

- "管理面面观"——有关层级制对英国国家卫生局 5 位管理者的影响。这 5 位管理者上至首席执行官，下至两位住院主任。

- "硬"处理与"软"领导——有关电影公司主管的工作，对比他们所进行的外部管理与内部管理的异同。

- "管理的阴与阳"——比较服饰博物馆馆长与无国界医生组织会长的工作。两人同处巴黎，却任职于风马牛不相及的领域。

- "管理特例"——关于那两位在坦桑尼亚难民营红十字会工作的管理者。他们用特殊的方式进行管理。

　　在继续阅读之前，我们先在开篇章节重温 3 种阻碍我们认识管理真面目的说法，这将不无裨益：第一种说法认为管理与领导是完全不同的概念；第二种说法认为管理是一门科学，至少是一种专业；第三种说法认为管理者和其他人一样，都生活在巨变的时代中。

深深植根于管理和团体精神中的领导力

将领导者与管理者区分开已成为时兴的做法。这两者的区别在于，领导者做正确的事，应对莫测的变化；管理者正确地做事，处理烦琐的事务。如此一来，请告诉我：在前面提及的例子中，哪些人是领导者，哪些人是管理者？英国电信公司的艾伦·惠兰只是在管理吗？布拉姆韦尔·托维仅仅是在做台上台下的指挥吗？列席旁听客户项目会议的谷瑞公司理事长雅克·本茨又在做什么呢？他是在做正确的事，还是在正确地做事呢？

坦白地说，我无法理解，在组织的日常工作中，这种区分管理者和领导者的做法意义何在。当然，理论上我们可以将领导者和管理者区分开来。然而，实践中我们是否真能做到两者界限分明？更确切地说，我们有必要去区分管理者与领导者吗？

你怎能忍受一个发挥不了带头作用的管理者？倘若管理者如此，必定导致人人气馁、丧失斗志。同样地，你又何以能容忍一个不谙管理的领导者？这样的领导者形同虚设，这样所谓的"领导者"能够了解事情的具体进展吗？⊖正如吉姆·马奇（Jim March）所说："领导既需要实干，也需要诗意。"

在加拿大皇家银行里，主席约翰·克莱格霍恩是位响当当的人物。他会在赶往机场的路上打电话回办公室，告诉下属某处的自动取款机出现了故障等诸如此类的事情。要知道，这家银行可是有着几千台这样的机器啊！约翰此举属于微观管理（micromanaging）吗？或许他这么做的目的只是以身作则，让大家睁大眼睛，关注此类问题。

实际上，我们更应担心的是"宏观领导"（macroleading）的状况——那些高层管理者脱离实际，空谈"大局"，试图通过远程遥控来进行管理。现在流行的谈资是，我们的管理者管埋过度（overmanaged），而领导者却领导

⊖ "领导者往往是'生而处艰'（twice-born），他们深感与周围环境格格不入。他们在组织里工作，但永远没有归属感。"这样的人如何能领导组织？

不足（underled）。依我看，**情况恰恰是，我们的领导者领导过度，而管理者却管理不足**。

松下幸之助创立了以他的姓命名的企业。他曾说："公司的大事和小事都由我负责，而那些不大不小的事儿，就交给别人去做吧。"换句话说，**领导层不能一味把活儿统统交给管理层；我们应该将管理者视为领导者，把领导能力理解成管理层的高效管理，而不是把管理者和领导者截然分开**。

无论是学术界还是新闻圈，冥想领导层的荣耀远比应对管理层的现实来得容易。显然，这么做对管理层不利，但其实也削弱了领导层。**我们对领导力越着迷，似乎越难领悟其要领**。实际上，我们越是在课程规划中强调发展领导力，就越变得狂妄自大（2007年，我在哈佛大学MBA网站上数了数，居然发现50多个"领导"和"领导力"的字眼）。要知道，获得领导力要靠自己，而不是别人的施予。

再者，如果我们把领导层与管理层区分开，对领导层顶礼膜拜，那无异于把社会的共同努力转变为一种个人功绩。尽管有大量说辞宣扬领导者增加群众的自主权，但领导力强调的仍然是个人贡献：每当我们提升领导力时，我们无疑贬低了他人，如下属的努力。团体精神作为组织内部团结协作的重要因素，也受到了轻视。我们应该推崇的是团体所有成员协调一致，共同努力，而不是只针对领导层。领导层和管理层都是团体不可或缺的部分。**因此，本书将管理放在前面，把管理和领导力一并视为团体精神中根深蒂固的要素**。

管理实践

多年来，我们一直在寻觅管理的"圣杯"，现在该是认识到管理既不是一门科学也不是一门专业的时候了。管理是一种实践，是经验的积累，必须因时因地制宜。⊖

⊖ 以下引用参阅我的《管理者而非MBA》一书，该书已由机械工业出版社出版。

管理不是一门科学　科学是通过研究来建立知识体系，管理的目的几乎与此无关。管理旨在促使组织中的各项任务得以完成。管理甚至不属于应用科学的范畴，应用科学毕竟还是科学的一种。管理的确需要应用科学：管理者必须运用他们所能获得的一切知识，管理者还要运用科学的方法进行分析（这里的科学方法指的是科学依据而非科学发现）。

高效管理更依赖艺术，尤其仰仗手艺。艺术是在"直觉"的基础上产生"远见"和"富有创造性的洞察力"⊖（彼得·德鲁克 1954 年曾经写道："'直觉'管理者的日子屈指可数了。"然而，半个世纪过去了，我们还没有数到头）。手艺则强调从经验中学习，管理者要在实践中摸索和解决问题。

如图 1-1 所示，只有当艺术、手艺和科学这三个维度结合在一起时才会出现有效的管理。艺术激发灵感，促进融合；手艺以实际经验为基础，实现融会贯通；科学则对知识进行系统分析，做到有条不紊⊜。

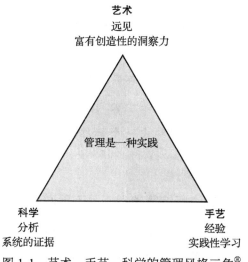

图 1-1　艺术、手艺、科学的管理风格三角⊜

⊖　艺术是在很多迥然不同的部分中看到一个图案的拼版、一幅完整的画面，以便通过创作表现出那个景象，艺术是从混乱中创造秩序。
⊜　这里的"科学"是通俗的用法，并非指应用科学，因为应用科学包含大量的艺术和手艺。
⊜　明茨伯格管理风格三角模型理论：科学（science）、艺术（art）、手艺（craft），其中"craft"一词，也可以翻译为技能、技巧、技艺，本书统一翻译为手艺，更体现明茨伯格想要表达的观点，即管理来源于实践，是一门手艺，以工匠精神来从事管理工作。——编辑注组织中大多数程式化的工作可以交由专业人士去做，无须管理者操心。这样一来，留给管理者的就是一大堆烦琐的事情了，包括各种棘手的问题和复杂的关系。这使得管理实践变得如此之"软"，难怪现在管理实践常被贴上"经验""直觉""判断力""智慧"之类的标签。**把大量的手艺、恰到好处的艺术和一定的科学运用结合起来，你就会获得一份终究属于实践性质的工作。**管理并没有什么"唯一最优解"，一切视情况而定。

管理也不是一门专业　　有人曾经指出，与其说工程学是一门科学或应用科学，还不如说它是一种实践活动。但是，工程学的确会运用大量的科学研究，将其内化并验证它的有效性。因此，可以将工程学称为一门专业。这意味着，我们可以脱离具体情境，在实践之前提前学习工程学方面的知识。从某种意义上说，桥梁就是桥梁，或者至少钢材就是钢材，尽管钢材的选用还得视当时的情况而定。医学也是如此。但管理就另当别论了：

> 医学上的很多诊断、推断和治疗技术……假定疾病可以被分解成一个个独立的症状，同种疾病患者的症状大致相同，因而可以采用相当标准的治疗方法……与此相反，很多管理工作需要解决各种错综复杂、牵扯组织其他部分的问题。管理所面对的是某个公司、市场和行业特有的问题，这些问题不能一概而论，更无法归纳出一个标准的综合症状，从而使用特定的技术加以治疗。

很少有人对管理实践进行编纂整理，更不用说证明其有效性了。这就是为什么希尔认为，人们"得先当上管理者，然后再去了解管理者的职责"。

自从弗雷德里克·泰勒（Frederick Taylor）将自己的工作研究方法称为"唯一最优解"以来，我们一直在找寻科学和专业领域管理的圣杯。今天，我们继续在蔚为壮观的通俗读物海洋中找寻"终南捷径"，不管是"战略规划"，还是"股东价值"，不一而足。然而，这些所谓捷径屡试屡败，它们给我们造成的只是管理发展的幻觉，实际问题仍然有增无减。

由于工程学和医学有自成一体的知识体系，必须经过正规的学习才能掌握，因此在这两个领域，经过培训的专业人士一般会比外行更胜一筹。而在管理领域，情况却不是这样。我们很少有人会信任那些没有经过正规训练，仅凭直觉上岗的工程师或医生，可是我们会相信从未在管理学课堂上待过一天的管理者（而我们却怀疑很多上了2年管理学课程的管理者）㊀。

管理中确实包含大量的隐性知识（tacit knowledge）。而"隐性"意味着不可轻易获得，这就解释了为什么管理必须在实践中习得，既需要严师，也少不了勤徒和直接经验。而且，这种隐性知识多半是在具体情景中形成的，必须具体情况具体分析。这也意味着，在此管理岗位学到的知识换到彼岗位未必适用，有时甚至在同一组织的不同部门也无法通用，更不用说跨组织或跨行业了。（试想一下让布拉姆韦尔去管理银行或者让法碧恩来指挥乐队，结果会怎样？）当然，不乏在各个领域都游刃有余的管理者，因为他们能够适应新环境，掌握新知识。但这方面失败的例子却不胜枚举。

真正的专业人士和科学家确实比普通人内行。病人不会与医生争论医学知识，而医生也不会在生化学家面前班门弄斧，正所谓术业有专攻。但是，管理者如果自恃才高，就会阻碍他们实施管理，因为知识在很大程度上必须对实践起到一定的促进作用。**这里的管理者是指对整个组织或者组织内部某部门负责的人**（因为想不出更为贴切的术语，我就把这样的部门称为"单位"）。玛丽·帕克·福列特（Mary Parker Follett）在20世纪20年代的一句名言对管理表述得恰到好处。她说，管理者在很大程度上是通过他人完成工作任务的，这里的他人包括单位内的下属和单位外的相关人员。管理者必须审时度势，尤其要深入了解各种具体情况，并据此做出决策。但是，特别是在大型组织以及注重"知识性工作"的组织中，**管理者必须知人善任，让他人发挥出最好的一面，这样他们才能更有头脑，更善决策，**

㊀ 如欲了解更多有关"管理不是，而且也不太可能成为一种专业"的论点，请参阅我的《管理者而非MBA》以及惠特利的书；另可参阅布伦森（2007：第4章）。

也更加尽职。

最近，我在批评专业化管理时，有人质问我，那些尽职尽责的管理者难道没有专业性可言吗？专业性确实很重要，但是，我们不要把尽职与执业混为一谈。**让我们把管理看成一种使命和天职吧。因此，我们应该感谢那些努力使管理专业化的人。但若将管理变成一门科学，就会在无形中摧毁这份天职。**

管理的时代并非变幻莫测

本书的材料来源于20世纪40年代到21世纪之间的各项研究。我自己的29天观察也是在20世纪90年代进行的。如今著书都不提倡采用这类材料，因为书籍应该紧跟时代步伐。

姑且让我们反其道而思之：过于与时俱进也可能会弄巧成拙。我们也许被当下所迷惑，以为自己"无所不知"。其实，过往的事件也是可以被加以善用的。况且，事件发生的日期真的那么重要吗？请扪心自问，你觉得我们前面列举的那些事例都过时了吗？难道就因为发生在20世纪90年代，那位销售经理（即便他是在高科技行业）在公司一天的工作状况以及那位护士长一天的工作状况放在今天就不再适用了吗？⊖

我们不妨留意一下管理方面的讲座，就会发现其开场白往往都是"我们

⊖ 2005年，我的一位同事订阅了《哈佛商业评论》。作为回报，他收到一本赠阅的书，书名为《领导力见解》。书中的第一篇文章是我在40多年前写的（明茨伯格1975b）。我们在看注释时，发现有人不无担忧地表示，我所观察的29位管理者全都不是美国人。撰写管理文章的作者不应该这样。很多管理方面的书通篇探讨的都是美国管理者。布拉姆韦尔·托维是在温尼伯（加拿大中南部的一个城市）还是威斯康辛州指挥乐队真的那么要紧吗？（在第4章中，我将用实例证明民族文化对管理的实质内容的影响实在是微乎其微。）也许，某些研究者会觉得这一说法令他们耳目一新，也会令美国读者深受启发。毕竟，换换口味，了解一下其他国家的管理者也不无益处。美国一家企业的前首席执行官在评论这本书时称，当人们注意到该调查的年份，加之没有美国管理者出场时，他们就会弃之不读了。我倒希望如此。对于那些认为管理必须紧跟时代步伐，并将美国人视为当仁不让的主角的人来说，他们就拿错书了。

身处巨变的时代"。那么，请低头看看您的衣服，问问自己，如果我们真的身处巨变的时代，为什么还会给衣服装纽扣？为什么我们开的车子依然是由四冲程发动机驱动的，20世纪初的福特T型车不就是用的这种发动机吗？

在你每天早晨穿衣服的时候，为什么没注意到上面的纽扣呢？或者，当你驱车前去洗耳恭听"我们身处巨变的时代"的讲座时，为什么也没意识到你的车辆仍然离不开过去的技术呢？虽然如此，但当你在上班时一定会注意到Windows操作系统又升级了。**没错，我们只注意到正在变化的事物，但大多数事物都是一成不变的**。我们都注意到，信息技术日新月异，现代经济也变幻莫测。那么，管理又是怎样一幅图景呢？

管理的今昔 "虽然将领导力吹得天花乱坠乃时尚之举，但他们实践的正是不时尚的管理活动，管理的本质特征也未曾改变。"随着时间的推移，管理者要应对的是各种不同的问题，而非不同的管理。管理这个工作没有变化。我们不停地给汽车加油，时不时购买新衬衫，但这并非意味着发动机和纽扣也一直在变。尽管我们热衷于推陈出新，但人类活动的基本内容依旧如初。说起来，又有什么比管理和领导更为基本的呢？（如果您对此心怀疑义，不妨去租一部优秀的有关领导力的老电影看看吧。）

我在早期的研究过程中发现（研究成果发表于1973年），我所观察到的各种行为与年代更早的那些职位相近的管理者的行为并无二致。不同时代的管理者需要的信息不同，但他们获得信息的渠道却没有多大分别，即口头传播。管理者的决策内容或许涉及某项最新技术，但是他们在做决策的过程中没用过那项技术。

那么，管理是否已经今非昔比了？我们也许会这么认为，但事实并非如此。㊀如果管理是一门科学，或者一种专业，它就会发生变化（医疗的作业

㊀ 当代最活跃的管理研究者当数滕格布拉德。他在研究中指出："管理工作貌似一种较为稳定和循序渐进的现象……瑞典企业的CEO在20世纪40年代的工作方式和20世纪90年代极其相似。这说明在决定何时、何地、如何以及为何工作时，传统远比现代技术或管理时尚更加重要。"

规范便在不断变化）。但管理既非科学，也非专业。各种潮流转瞬即逝，新旧事物不断更迭，只有管理源远流长，代代传承。即便是新兴的信息技术，尤其是电子邮件这个确实看似发生着显著变化的事物，实际上也在进一步印证管理工作中那些长久存在的特征（我们将在第 2 章中讨论这一点）。

博采众长

我在撰写本书时总是广泛搜集素材，包括各种典型案例、客观证据、理论观点和语录引言。不论这些素材来源于什么年代，只要看上去对我最有帮助，我便一并收下。但愿您能认同我在本章引用的堪称经典的老观点。这些引言流传至今自然有它的道理；实际上，它们宛如陈年老酒，时间越久越香醇。

我 1973 年出版的那本书主要是从两个基本方面描述管理工作的，即它的特征和内容。管理工作的特征包括管理的快节奏、多干扰、口头沟通和实践性，等等；而管理工作的内容，体现在管理者扮演的各种角色上（比如有名无实的领导、危机处理的高手）。两者相比，我对管理工作的特征这部分内容更为满意。因此，本书第 2 章"动态管理"中有很多内容都取材于那本书。一直以来，我几乎没有发现可以推翻我那些结论的客观依据。事实上，我在第 2 章中还引用了大量的例子来证实那些结论。

第 3 章是关于管理的内容，描述管理者在工作中究竟在做什么。与第 2 章不同的是，第 3 章完全冲破了那本书的禁锢。1973 年的作品出版之后，我逐渐意识到，和大多其他同类著作一样，我的书也仅罗列出各种管理角色，并没有对管理进行完整全面的描述。所以，从 20 世纪 90 年代开始，我致力于构思一种"管理模型"（这也是本书第 3 章的标题，这个标题最初发表于 1994 年）。该模型从三个层面描述管理活动：信息层面、人事层面与行动层面。我用该模型帮助我诠释那 29 天的所见所闻，同时也用它来阐明第 3 章中引用的材料。

最后 3 章是在前 3 章的基础上新增的内容，完全紧跟时代。不过，这几章都在阐述我个人的思想而非管理本身（如果 1973 年我能想到这些，早就写进那本书里了。看来，我才是那个变化的人）。

第 4 章探讨"难以述说的管理多样化"。我曾研究过传统证据中有关民族文化、层级制度、个人风格等各种因素对管理实践的影响，但随着研究的深入，我变得越来越不满意，总觉得有不妥之处。这些证据无一能够充分表达我在 29 天里所观察到的引人入胜的多样性。因此，我回顾了那 29 天的观察，结果发现，没有哪个因素能够完全解释那些天的所见所闻，就连个人风格这个因素也不例外。只有把各种因素结合起来，才能揭示事情的真面目。因此，在第 4 章里，我描述了管理者采取的各种"方式"，比如，保持工作的连贯性、跳出中层进行管理、与外部环境联系。同时，我还阐述了在没有管理者的情况下的各种管理方式，以此对这一章做出总结。

第 5 章直面"无法回避的管理难题"——那些无法解决而管理者又不得不面对的问题，如肤浅综合征、联络的困惑、委派的困境。写这一章时，我很是陶醉，希望读者在阅读时也有酣畅淋漓之感。

最后，不得不在最后一章中面对"有效管理"的正是我本人。很多作者都大胆自信地进入了这个领域，尤其是那些骑着"领导力白马"的人，但到最后都免不了流于平庸。而我呢，惶恐不安地做着研究，反而从中获得了很大乐趣。在这一章，我极其严肃地思考了一个问题：管理者和其他所有人一样，并非完人，为什么他们大多能够成就大业？本章引用了已发表的有关家庭幸福的资料，来分析被管理单位的快乐与否。最后我得出一个结论：要成为有效的管理者甚至可以说，要成为伟大的领导者，你不必十全十美，只需平平常常、头脑清楚即可。

在这开宗明义的第 6 章里，我已说过我写这本书不是为了强调传统智慧，以及那些沉闷乏味的"管理正确性"研究。我写这本书旨在开拓我们的视野，引发我们对管理的好奇心，进而思考与探索。我不希望您看完此书做恍然大悟状，而是希望您和我一样，能够掩卷遐想，进行反思与质疑。管理者只有深思熟虑并用自己的方式解决问题，才能成为优秀的管理者。需要再次重申的是，管理工作矛盾重重，神秘莫测，常令人进退维谷，而且没有解决之道，任何管理方案终究难逃失败的命运（我的当然也不例外）。

那就让我们一起开始吧，去体验古今管理实践的乐趣、责任和苦恼。

第 2 章
动态管理

我不要尽善尽美,我只要在周二看到结果。

让我们先来看看管理者的普遍形象——指挥台上的那位乐队指挥,《纽约客》漫画中那些端坐在桌边的管理精英,然后,你就会觉得"管理"这份工作总是井然有序,仿佛一切尽在掌握之中。但是,如果亲自观察一下工作中的管理者,你可能会看到全然不同的一番场景:节奏繁忙、干扰不断,更多的时候都是在回应问题,而不是发起行动。本章将描述管理活动的这些特征以及其他相关特征,如管理者如何工作、与谁共事、承受哪些压力,等等,即管理工作固有的动态特征。

我第一次对这些特征进行描述是在我 1973 年出版的那本书里。但凡在管理岗位上待过一天或者观察过管理工作的人,一定不会对这些特征感到吃惊。这些特征引起了很多人,尤其是管理者的共鸣。究其原因,或许是这些特征挑战了管理实践方面某些根深蒂固的观点。我把这些结论展示给各类管理者的时候,他们通常的反应都是:"您让我感觉非常好!以前我还以为其他管理者都在计划、组织、协调和控制,而我自己却干扰不断、手

忙脚乱，忙不迭地掩饰混乱局面。"㊀

学会，领悟 毫无疑问，我说的这些特征管理者原本就已知晓，可他们为何又会做出如此反应？我的解释是，作为人类，我们通过两种不同的方式"了解"事物。对于某些事物，我们自然而然就了解得非常清楚，并且能用语言表达出来，这通常是因为我们已经看到或听到太多这类事物。而另一些事物，我们是凭直觉了解到、在实践中悟得的，难以言说。

如果我们让这两种了解方式相辅相成，就一定能发挥最佳状态。然而，在管理活动中，这两者总是互相矛盾的，它要求管理者一方面信奉管理就是计划、组织等的"神话"，另一方面应对纷繁复杂的日常管理工作。**因此，如果想在管理实践方面大有作为，我们必须使隐藏的现实与公开的形象保持一致**。这也是本章的本意所在。

管理特征，今昔对比

在本章中，我大量引用了 1973 年那本书中的结论，因为这些结论在随后的研究中都无一例外地得到了证实。比如，10 年后，我对 4 位高管进行了一次平行研究，他们中的 3 位来自同一行业。科克与奥尔德里奇两位高管报告说，他们与研究结论"惊人地相似"，并且认为我最初的结论"无懈可击"（1983：977）㊁。在以后的篇章中，我会引用当初的一些研究成果，结合后来我在 29 天中所做的研究，来阐明这些管理特征。㊂这些特征包括：

㊀ "我认为，明茨伯格的文章既令人欣慰，又颇具挑战。尽管我身兼数职——副总裁、生产部经理、销售经理和母亲，但是我从未真正觉得自己确实在当管理者。真的，我好像从来没有计划、组织、协调或者控制过什么！如果明茨伯格对管理者的定义和观察是基于他自己和他人的研究，结论正确的话，那我还真是一位管理者呢。"（引自一位经理的论文，当然她不是我学校的。）

㊁ 另参考黑尔斯、汉纳韦、布瓦索与梁以及莫里斯等人（Morris et al 1982）的研究。滕格布拉德（2006）赞同我提出的大部分管理特征，但不是全部，正如后文所探讨的。

㊂ 我没有把这项研究中的实际时间分配列成表格，所以不要把它用于定量比较。

- 管理的快节奏
- 管理活动的短暂与多样化
- 管理工作的支离破碎和时断时续
- 行动型
- 喜好非正式和口头交流的形式
- 管理的横向特征（与同事和同伴的合作）
- 管理工作中的隐性控制而不是公开控制

在上一章中我们注意到，管理的基本流程并未随时间的推移发生太大的变化，而管理的特征或许是变化最小的。在本章的最后，我将讨论对管理影响深远的一个因素：新兴的信息技术（IT），尤其是电子邮件的发展。我的结论是，信息技术并没有改变管理工作，而是进一步增强了这些长久存在的特征，常常使管理工作变得岌岌可危。

随着讨论的进行，我还将列举与这些特征相关的各种难题，随后在第5章中逐个进行探究。

传说：管理者是深思熟虑、井井有条的规划者

在我们的脑海里，管理者，尤其是高层管理者通常是这样的形象：整天端坐在办公室里，深思熟虑，运筹决策，并且会系统地规划未来。很多人都有这样的想法，但却没有一丁点根据来证实它。

> 事实：各种研究表明，管理者总是马不停蹄地工作，其活动的特征是短暂、多样化、支离破碎、时断时续。他们是坚决的行动派。

管理工作的节奏　管理工作的繁忙是持续不断的，领班（foremen）一项活动所持续的时间平均为 48 秒；中层管理者每隔两天才能碰到一次不受打扰地工作半小时以上的机会；而高层管理者中的半数在很多活动上持续的时间都不超过 9 分钟。"40 多项管理工作的研究表明，20 世纪 50 年代以来，'高管们总是横冲直撞的'"。

在我的第一次研究中，我发现高管的工作节奏总是那么快，可谓"两眼一睁，忙到熄灯"，从上班开始总是不停地接到电话和邮件，连茶歇和午餐时间也不可避免地被工作占据。公司里的员工随时都会冒出来，霸占他们空闲的每一分钟。就像一位高管对我说的，**管理工作就是"该死的事一件接着一件。"**

约翰·科特在他对总经理所做的研究中称，管理工作的总体要求就是在"一个节奏快、压力大的环境"中应对"紧张异常的状况和十分棘手的时间管理问题"。有一位管理者是这么说的：

> 我深感愧疚，因为我没有按照管理学专家、培训师或者管理学书本中的要求去做事。我每参加完一次培训，或每看过一本最新的管理专著，就跃跃欲试，想照着去做。结果呢？先是一上来就有客户怒气冲冲地来电质询，要不就有一个时间紧迫的新项目落到我身上。于是，我又做起老一套事来，根本没有时间来进行时间管理。

组织的管理工作简直让人费力透顶。莫里斯等人发现，大多数学校校长每天"就只顾着东奔西跑"。当天的待办工作或者说管理者自己决定要做的事情都非常多，若干小时之后，那些高管仍然神经紧绷，时刻谨记自己身担重任，而且变得更加忧心忡忡。

为什么管理者会承受如此快节奏和巨额的工作量？原因之一在于，管理工作的性质原本就是开放式的，在期限与数量上均无限制。每一位管理者都要对自己单位的成功负责，却无处可寻一块实实在在的里程碑，让他们可以停下脚步，说"现在我的工作已经完成了"。其他工作都有完成的标志，比如工程师会在某一天完成一座桥梁的设计；律师会在某一刻打赢或者输掉一场官司。而管理者必须不停地朝前走，永远不知道何时才算胜券在握，也不知道何时可能一败涂地。因此，**在管理工作中当务之急永远存在：管理者绝不可能随意丢开管理工作，他们永远享受不到"事情总算都做完了"的快乐，哪怕只是暂时做完。**

管理工作的支离破碎和干扰不断　社会上很多工作需要专业和专注。工程师和程序员可以一连数月设计机器或开发软件；销售人员可以专心推销某个系列的产品，管理者却不可能期望这样专注的努力。

任凭你观察一天也好，一周也罢，甚至观察一年，除了几个预算期外，你根本找不出几个管理工作的固定模式。一项对大学校长所做的研究指出，在一天或一周开始时，这些校长往往先处理各种行政事务，然后再处理外部事务和学校政策问题，但这种倾向性不是非常明显。李·艾科卡（Lee Iacocca）也曾这样评价过他那高度曝光的CEO工作："说起在克莱斯勒的一些日子，要是我早知道哪天会发生哪些事儿，我每天就不会那么早起床了。"我最初的研究中还有一个惊人的发现：高管很少按照日程开会，对外联络也是不定期的。平均起来，他们做的14件事情中有13件属于临时起意。

我们发现管理工作支离破碎，更有甚者，这样的工作还总被打断。管理者先是接到下属的电话，说一家工厂失火了，接着得浏览几封邮件，然后是助理进来说接到消费群体的投诉，紧接着一名退休员工被带进办公室要求发给他一个名牌，这之后管理者又查收了几封邮件，马上还要去开会讨论一份大合约的投标事宜。管理者要处理的事情就这样一件接一件。最令人惊奇的是，**各种重要的活动中间似乎都穿插着无数琐碎小事，而且毫无规律可循，因此，管理者必须随时准备迅速地调整情绪。**

大多数管理者常常需要参加一些较长的会议，但是据我观察，很多这样的会议都会被打断◯。总有很多小事缠着他们——几通简短的电话、一些案头工作、办公室里不请自到的访客、到楼下大厅里，等等。

20世纪40年代，卡尔森（Carlson）在他对瑞典CEO所做的研究中发现，这些管理者每隔3天才可能碰到一次连续23分钟不受打扰的机会。"每次要开始一项新工作，或者想坐下来抽根烟的时候，他们就知道肯定会有人或电话来打断他们。"时至今日，除了不能在室内抽烟，管理者的状况与卡尔森当初的发现有何不同吗？

两项研究表明，级别较低的管理者的工作更加支离破碎。这与盖斯特的发现是一致的，即领班在每项活动上持续的时间平均为48秒。我对医院护士长一天工作的观察也证实了这一点。但对于我在同一研究中所观察的另外两位基层管理者，即班夫国家公园的前郡管理员和加拿大皇家骑警的分队队长，这种支离破碎的特性在他们工作当中的表现却不是那么明显。我观察的几位高管，包括无国界医生组织的主席和伦敦某电影公司的总经理，他们的工作又很支离破碎。实际上，我观察到的最支离破碎的一天是另一位高管马克斯的一天，他是一个电话亭连锁公司的所有人之一。据我统计，他那天一共做了120项不同的活动，其中一部分活动是按照以下顺序进行的：

9点28分，马克斯和罗恩就站在门外谈论一些电话的焊接问题。接着，马克斯又回去和助手崔西继续审查一堆文件。就在这时，皮埃尔从旁走过，于是马克斯要求他暂停实施某个计划。15秒后，马克斯回来对崔西说："好了，我们继续吧。"接着，负责应付账款的莫妮克前来汇报先前的一笔支付请求。马克斯花了几秒处理这件事，然后继续和崔西讨论。这时，负责售后服务的安娜又兴冲冲地过来说，她刚刚解决了一个问题。现在是9点35

◯ 道特（Doktor 1990）对日韩管理者的研究以及和滕格布拉德对高管的研究，都发现他们开长会的时间更多，不过滕格布拉德研究的管理者工作的琐碎性体现在他们需要经常出差上。

分，7分钟过去了！（之后的会议上，公司的审计员对马克斯说："让我去找个记事本吧。你一股脑说这么多事儿，我得记下来。"）

卡尔森在早期的研究中总结道：如果管理者更好地利用秘书，更多地把工作委派出去，他们便能摆脱这种干扰不断的状况。但他想到了一个重要的问题：对于管理者来说，短暂、多样化和支离破碎的工作模式是强加在他们身上的，还是他们自己选择的？我的回答是，既是强加的，也是自己选择的。

我早先研究的5位高管似乎都被秘书保护得很好，而且我们完全有理由相信他们也会将委派工作做得很好。事实上，有证据表明，管理者有时宁愿被人打扰，且他们自己不想要空闲时间。比如，有很多会议和电话都是管理者自己（而不是对方）终止的，他们还经常放下平静的案头工作去打电话或叫来下属。有一位总裁不仅把他的办公桌放在能俯视整个大厅的地方，还经常敞开办公室的大门，于是下属便络绎不绝地进来找他。⊖

管理者为何如此青睐工作中的各种干扰？**从某种程度上讲，他们这么做的目的在于鼓励信息的顺畅交流。**而且，他们对工作的多样化似乎已经习以为常，一旦没人打扰，反而容易滋生厌倦情绪。

更为重要的是，管理者似乎适应了自己工作的负荷量，**他们对自己的时间机会成本有着正确的评价，能够明确事情的轻重缓急**。他们时刻意识到自己当下的职责所在——务必及时回复邮件、接见访客、出席会议。伦纳德·塞尔斯在他对美国中层管理者所做的研究中指出，管理就像是"'管家'……家里的水龙头总在漏水，灰尘总也擦拭不完"。

换言之，管理者不论在做什么，都会饱受以下问题的困扰：**什么是自己应该做的，什么又是自己必须做的？**就像英国某足球联盟的负责人在欧洲大陆不断发生球迷暴乱之后所做的评论："干这个活儿，成天都提心吊胆

⊖ 参阅冈萨雷斯（Gonzáles）和马克（Mark）："我们的数据证明了之前的研究，即人们受他人打扰的次数与自找的打扰次数一样多。"

的！"管理者的实际工作养成了他们独有的个性特征：超负荷工作，做事不连贯，避免浪费时间，只参加有实际价值的活动，坚决不让自己在任何一件事情上牵扯过多。**行事肤浅是管理工作的一个职业隐患**，当然，这是与大多数管理者涉足管理工作之前的专业性工作相比而言的。**管理者要想有所作为，就必须在肤浅中臻于精通。**

常言道，专家是丰其所知精于点以致极，管理者则是满其所识泛于面以致然。我们将在第 5 章中再次讨论"肤浅综合征"以及与管理工作特征相关的其他难题。

行动型　管理者热衷于行动，**他们推动和改变各种具体、即时、错综复杂的活动**。不要指望管理者在工作中花很多时间讨论抽象问题，他们大多注重处理具体问题；也不要指望管理工作中会有很多宏观规划，而要对具体问题进行实际深入的探究。即便在制定日程表时也不例外，"永远别指望一位忙碌的高管会答应你'下周'甚至'下周五'做什么事。这种模糊的请求根本没机会进入他的日程表。绝对不能这样预约。你必须给出一个具体的时间，比如，周五下午 4 点一刻，这样他才会记下来，到时去做"。

我在之前的研究中发现，邮件处理被管理者视作一种负担。原因何在？因为它们很少可以付诸实施。而且，那时的邮件往来速度很慢。电子邮件确实改变了这一切，现在连邮件都已变得切实可行。但是，正如我们在本章最后一部分所讨论的，这一现象或许也有蒙蔽人的地方。

管理者喜欢最新信息，常视之为当务之急。为了获得最新信息，他们宁可打断会议、重新安排日程，甚至兴师动众、大费周章也在所不惜。当然，最新信息可能不如那些经过沉淀、分析与对比的信息来得可靠。但是，管理者为求与时俱进，常常心甘情愿地付出代价。

如果管理者如此注重行动，他们又如何规划呢？斯奈德与格卢克对我 1973 年出版的那本书中"管理者不制订计划"的观点提出怀疑。他们在研究中指出，管理者总会事先考虑并且有意识地把各项活动联系起来。他们的确如此。管理者都制订计划，我们大家也都制订计划，但这并不会使管理者变成屡屡现身于经典管理作品中的"井井有条的规划者"：那种闭门冥思的人。伦纳德·塞尔斯的一段话可以印证这一观点：

> 我们……不提倡把规划和决策看成与众不同的特殊管理活动。这两个活动是管理工作中必不可少的，与各种相互作用的基本管理活动密不可分。要把规划和决策与管理活动分开是不切实际的空想，也是完全错误的。一个很好的例证是迪恩·艾奇逊（Dean Acheson）对时任美国国务卿杜勒斯（Dulles）的描述。艾奇逊认为杜勒斯对于自己的工作想法太天真："杜勒斯说他不会重蹈我的覆辙，他要让自己摆脱他所谓的'人事和行政问题'的纠缠，以便有更多的时间去思考……我倒要看看这怎么行得通……"迪恩·艾奇逊随后又在文章中评论道："用爱默生的'思考的人'来定义管理者，认为管理者是由罗丁内阁的一群泰斗组成的。这种观点反而是对思考的遗忘……在我看来极不正常。思考肯定不会如此困难重重、难以期盼和煞有介事。"

从某种意义上说，真正的组织规划是管理者在进行日常活动的同时暗中思考出来的，而不是隐居山林冥思苦想，或者填写一大堆表格就能得出的。也就是说，规划多半是管理者脑中的意向——你也可以说，是一张随机的日程表。当然，这又带来一个关键问题：管理者怎样做到战略性思考，用一种长远的眼光看清"大局"？在第5章中，我也会把这一点作为管理难题进一步讨论。

综上所述，由于管理者自身的工作性质，他们似乎采取了特殊的活动模式。管理者是对刺激进行及时响应的人，他们习惯于自身的工作，愿意在事发后即刻采取应对行动。**与经典管理学著作的描述相左，管理环境的压力并没有造就深思熟虑的规划者，而是培养了有适应能力的信息操纵者，他们更喜欢生动具体的情境。**

传说：管理者依靠正式的信息系统来提供综合信息

传统观点认为，管理者作为组织层级制中的砥柱，他们应该会从一套正式的综合管理信息系统（MIS）获取重要信息。但是，无论是在计算机出现前，还是在计算机出现后，即便在互联网高速发展的今天，这一点也始终没有得到证实。

> 事实：管理者往往喜欢使用非正式的交流媒介，尤其是电话和会议一类的口头媒介，此外还有电子邮件这样的电子媒介。

让我们看一下早先管理工作研究中的两个惊人结果，第一个是卡尔森对瑞典CEO的研究结果：

对于他们接收的内部报告系统，某些高管的抱怨只有一个，那就是这些报告越来越多，他们不可能全部过目……这些报告……使得他们办公桌上的文件堆积如山，公文包也越来越鼓，实在让人伤透了脑筋。

这个研究完成之际，时值计算机刚刚问世，可以想象今天管理者要处理的电子邮件量之大。第二个研究结果来自管理信息系统的管理者的切身体会：

明茨伯格……发现首席执行官很少依赖正式的信息来源。10年后，我们对信息系统管理者的研究报告显示，这种现象依然存在。这些管理者很少使用计算机信息系统……正如老话所说，鞋匠的孩子没鞋穿，信息系统管理者似乎也最没可能直接从自己提供的技术中获得好处。

口头交流 我之前的研究和其他观察表明，60%～90%的管理工作是通过口头交流实现的。有一位CEO看了看那整个星期里收到的第一封"硬"邮件（一份普通的成本报告）时，把它往边上一扔，说："我从来不看这种东西。"这与另外一位CEO收到纸质邮件时的反应一样："我不喜欢写备忘录，大概你也看得出，我更喜欢面对面的交流。"还有一位CEO说："我尽量做到能不写信就不写信。刚好我的口才还很好。"⊖（电子邮件确实改变了这种情况。不过我们这里讨论的是非正式信息，而电子邮件如果不算上附件的话，通常也是非正式的，比如，电子邮件比传统邮件快得多。）

必须强调的一点是，与其他员工不同，**管理者不能置电话、会议和电子邮件于不顾，继续忙手头的工作，进行这些联系就是他们的工作**。单位或组织的日常工作，如生产产品、销售产品，乃至进行研究或撰写报告通常都不是由管理者承担的。管理者的产量很大程度上是根据他们口头或通过电子邮件所传递的信息来计算的。正如达顿商学院的珍妮·莱德卡（Jeanne Liedtka）在我参加的一次演讲中所说的："领导者的技术就是谈话。"

软信息　我所研究的管理者似乎都很喜欢"软"信息。**管理者获得的日常信息中大部分是流言蜚语、道听途说以及胡乱猜测**。为什么呢？因为这些信息新鲜及时，今天的流言可能就会变成明天的现实。管理者如果没能及时接到口头信息或看到电子邮件，获悉有人看到公司最大的客户正在跟公司的主要竞争对手一起打高尔夫球，那他下次看到的可能就是下一季度报告中大幅下滑的销售额，但为时已晚。⊜正如一位管理者所说："要是财务报告中有什么我还不知道的信息，那我的麻烦就大了。"当然，很多管理者都有过这种后知后觉的麻烦，这一点也有助于解释"软"信息的重要性。

⊖　我曾经和一群管理者在一起工作，他们请我去给他们在隔壁房间里聚会的夫人们说几句。我谈到了管理工作的这些特点，夫人们都很赞同。之后，一位夫人走近我，说："我丈夫在家从来不看信。他总是问我，'亲爱的，今天我们又收到什么信啦？'我还以为他不识字呢！"

⊜　汉纳韦（1989）注意到口头信息的另外一些优点："管理者可以确保他们的消息已被接收"；因为"没有模棱两可的表示"（第73页）；而且，"口头传达更加省力"（第74页），因而，对管理者来说风险也比较低。

理查德·纽斯达（Richard Neustadt）对罗斯福、杜鲁门和艾森豪威尔三位美国总统收集信息的习惯做过研究，我们来思考一下他的话：

> 帮助总统认识到个人风险的并不是普通的信息；不是概要，不是调查，不是枯燥乏味的大杂烩。恰恰相反……正是总统在自己脑海里拼凑起来的杂七杂八的具体细节，为他揭示了摆在面前的各种问题的本质。为了高枕无忧，总统必须尽可能广泛地搜集事实、意见、流言，不放过一点一滴涉及总统利益及关系的信息，他必须成为自己个人的"中情局"的局长。

正式的信息是可靠而确定的，它包含确凿的数据和清晰的报告。非正式的信息虽然可信度稍低，但内容可能更加丰富。打电话时，可以听到语音语调，也可以进行互动。开会时，则有面部表情、手势和其他身体语言。永远不要低估这些因素的作用。电子邮件不具备这些优势，但它比传统邮件快得多，因此在一定程度上也更具有互动性。[○]

亲临现场 在我们的硕士生课程里有管理者实习项目，参加项目的学生两人一组，然后到对方工作的地方进行为期一周的"交换管理"。那些去到语言不通的外国公司的管理者，回来之后总是汇报说他们学到了很多东西，因为他们不得不把重点转移到其他的交流方式上。另外，我还听说过一位就职于美资企业瑞士分公司的员工的经历。这位员工在她的电子邮件中或这样或那样地不断"命令"美国总部的员工，因而大家都对她很反感。直到有一次她亲自去总部拜访，大家才发现问题所在：原来她一直错用了"命令"（demander）一词，这个词在法语里是"请教/请求"的意思。

如此一来，我们又会想到一个令人担心的问题：那些与管理者朝夕相处的员工，因为可以更多更好地与上司面对面交流，所以比其他不在老板身边的员工消息更灵通。**虽然我们都会说，我们喜欢全球化时代，但大多数**

○ 但在我看来，电子邮件并非如此便捷。我自己除了进行最简单的日程安排，一般不会使用电子邮件。很多时候，打一个电话比写十几封邮件的作用还要大，因为在电话中双方都能更好地了解和适应对方需求。

组织，甚至是大多数跨国公司，其总部的一切往往仍旧相当本地化。

当然，管理者随时都可以坐上飞机去会见他人，亲自弄清情况到底如何。滕格布拉德注意到，"尽管更加快捷的沟通方式不断涌现"，但他所研究的那些国际公司的瑞士 CEO 依然倾向于亲自出访。但那么做需要花费时间（如滕格布拉德所发现的），尤其是与迅速地敲出一封电子邮件相比。因此，待在家里，通过电子媒介进行沟通，这可能也会成为一种危险。

真正的数据库　另外两个问题我们也必须注意。第一，管理者喜欢的各类信息通常都存储在人的大脑中。只有当人们把这些信息写下来，才有可能存进电脑。但这需要时间，而管理者都是大忙人，这一点我们都注意到了。即便是写电子邮件，管理者也喜欢长话短说。因此，**与其说组织的战略数据库装在管理者的电脑里，倒不如说是在他们的头脑里**。

由此便产生了第二个问题，管理者需要广泛使用这些信息，所以他们不愿放手将工作交给下属，这也就说得通了。委派工作可不像把一份档案交给别人那么容易，管理者们必须花时间"提取内存"——把自己对相关主题的了解统统告诉别人。但这么做可能会花费太长时间，还不如管理者亲力亲为。所以，管理者可能会被自己的信息系统搞得进退两难，陷入"工作下放与否"的境地——要么自己一个人做，但任务实在太多；要么委派给他人，但情况又交代不清楚。我们会在第 5 章中再次探讨这个难题。

传说：管理主要关乎"上级"与"下属"之间的层级关系

当然，不会有人对此深信不疑。我们都知道，很多管理活动发生在组织的层级之外或者同时涉及多个层级。但我们恰恰在使用"上级"和"下属"这类糟糕的标签，这本身就说明了问题。就像现在令人痴狂的领导力、比比皆是的"高层"管理者、千篇一律的组织结构图。正如伯恩斯（Burns）早在 1957 年所说的话："人们普遍认为，管理者就是组织结构图上操控与统治的那群人，这种观点很可能使我们误入歧途。这样的管理是绝对行不通的——管理层向上传递的信息被层层过滤，对下做出的决策和命令则被层层放大。"我们至今仍要好好领会这一席话。

> 事实：管理既关乎同事之间的平行关系，也关乎上下级之间的层级关系。

管理学著作一向忽视管理工作中平行关系的重要性，并且这种倾向还在延续。⊖但是，不断有研究表明，管理者把一半或更多的社交时间用来与他们自己单位以外的各色人等打交道，包括顾客、供应商、合作伙伴、政府和贸易官员、其他利益攸关方，以及他们所在组织中与之没有直接隶属关系的同事。

图 2-1 是我早期研究的首席执行官通过会议、电话和信件与联系人进行联系的分类。我发现，这些 CEO 建立了强大的密报者网络，密报者发来各种报告，让 CEO 随时了解最新的事件和机会。此外，管理者还与很多专家（顾问、律师、保险商等）保持联系，获得专业建议。贸易组织的专家让管理者随时了解行业内的最新动向：竞争对手的联合、悬而未决的法规、同事的升职。但是，鉴于这些 CEO 的个人名誉和组织声誉，他们并不喜欢那些从天而降的信息和观点，比如，对某个合约的建议、对某个产品的评论、对某个广告的反应等。

人们可能认为只有首席执行官才是这样的。但是，对其他管理者，包括中层甚至一线管理人员的研究发现，他们也需要跟各色人等打交道。我在后来的研究中注意到，很多管理者都是如此，比如，蒙特利尔庞巴迪的布

⊖ 早期的一个创新性著作是伦纳德·塞尔斯的《管理行为》。他在书中指出，管理者的工作主要包括三个方面"管理者是外部工作流程的参与者"（另外两个方面是"管理者是领导者""管理者是监管者"。塞尔斯把这些工作关系分为 7 种，分别涉及以下几方面：交易、工作流程、服务、建议、审查、稳定和计划。

莱恩·亚当斯。我把他的工作描述为范围极大的横向管理。布莱恩·亚当斯肩负重大责任，却没有多少正式权力来管理很多与他在"合作"组织（即负责飞机零部件的分包商）里一起工作的人。同样，管理班夫国家公园的查利·辛肯，夹在各种利益群体之间（开发商、环保主义者，等等），而他不得不对这些人的要求做出谨慎回应（这两位管理者的详细工作内容请参见附录）。

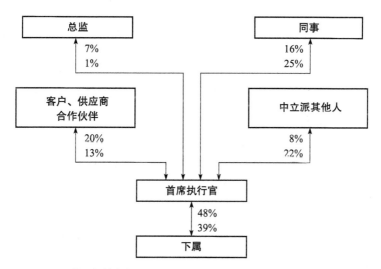

第一行数字表示会议和电话在时间中的占比
第二行数字表示每类人发来的邮件在所有邮件中的占比

图 2-1 首席执行官的联系人

资料来源：明茨伯格，1973：46。

因此，我们或许可以说，**管理者的地位好比沙漏的颈部，处在外部关系网络和所辖内部单位之间**。管理者从单位内外获得各种信息和请求，经过筛选和吸收，再把它们传递给单位内外的其他人员。

传说：管理者保持着对他们的时间、活动和所在单位的严密控制

乐队指挥站在台上，挥舞着指挥棒的形象已经成为管理活动的生动比喻。下面这段话出自彼得·德鲁克 1954 年的经典作品《管理的实践》：

我们可将管理者类比为交响乐队的指挥，在指挥的努力之下，通过其对音乐的理解和对乐队的领导，使得各种独立的乐器协调一致，演绎出完整而生动的音乐。但是，指挥手里有作曲家的乐谱，指挥本人只不过是个诠释者，而管理者却要扮演作曲家和指挥的双重角色。

德鲁克的确花了很多时间与管理者直接交流。但是，时至今日我所知道的是，他并没有去观察管理者整日都是如何开展工作的。苏尼·卡尔森这么做了，他所运用的比喻就与德鲁克所言大相径庭：

在我们进行研究之前，我总是把高管理解成站在台上特立独行的乐队指挥。如今，我更倾向于将他们视为木偶剧中的木偶，总是被千百双手牵扯着提线，被迫做着这样或那样的表演。

我经常会把前面两段话和另外一段话读给多组管理者听，然后让他们投票选择哪段话更好地描述了他们的工作。不过，他们每听完一段就要投一次票，投票时并没有机会听到其他的段落。也就是说，他们有三次投票机会。那么，你在看过上述两段后，会如何投票呢？投给第一段，还是第二段？两者都投，还是两者皆否？

乐队指挥那段得到了一定的支持，但并不是很多，因为人们对此将信将疑；木偶那段也有些选票，但人们投票时都显得有点儿犹豫不决。然后，我再给他们读第三段，作者是伦纳德·塞尔斯，话题又回到了乐队指挥身上，不过并非德鲁克所说的那种：

管理者如同交响乐队的指挥，力图要保持旋律的完美呈现。而要实现这一点，则取决于各种乐器能够协调、连续、张弛有度和步调一致地统一在一起。不止这些，每个乐队成员会有各自的困难，布置舞台的人会不停地调整乐谱架的位置，室温过热或过冷还会造成乐器出问题并影响观众们的情绪，音乐会的赞助商不时还要对节目提出些无理的变动要求。

听完这段，管理者都举起了手投票！

> 事实：管理者既非指挥也非木偶，他们一方面设定一些随后必须履行的义务，另一方面又从其他义务中获益，他们的控制手段大多隐而不露，如此这般，局面方可得到控制。

如果说管理工作像指挥乐队，那它们之间的相似之处就在于都不像看上去的那么风光。我对维尼佩格交响乐团的指挥托维先生进行调查的那天（详见附录），乐队成员和观众状态俱佳，所有一切都排练得很好。但那只是场排练，什么事情都允许出点儿差错，纠正起来也很快。

在我的早期研究中，我发现首席执行官自己主动发起的口头联系（会议或电话）还不到此类活动的1/3（32%），他们对所有来件的回复也不过1/4左右（26%）（我尚未掌握用电子邮件交流时的可比数据）。从这些会议和电话的内容上看，被动的成分（如参加一个礼仪活动）要大于主动的成分（如商谈一项合约），前后两者的比例分别为42%和31%，其余则说不上是主动还是被动。纽斯达在对美国总统进行研究后总结道：

> 总统自己的时间和他所需关注的焦点都是由他每天不得不去做的事情决定的，他同意要发表的讲演、他无法推辞的约见、没人能签的文件，甚至是医生规定的休息和锻炼……总统的优先顺序并不按照事情的重要性来排列，而是根据必要性来安排。他首先要处理的是接下来他需做的事情。

但是，这是不是事实的全部呢？所有的发现是不是在说，管理者的很多会议都是由别人安排的？他们发出的邮件永远都没有收到的多？他们会被淹没于各种要求之中而成为工作日志的奴隶？他们难道真的就是无法自主的提线木偶？完全不是这样！以接到要求的频率为例，这也许正是衡量一位管理者为自己营造的环境好坏的标准。而得到不确定信息的多寡，也许也能当作评估管理者是否建立起了有效的信息渠道的指标⊖。

我被马克的处境惊呆了，这位院长需面对极大的压力，特别是来自外部、在成本控制上锱铢必较的政府，以及来自内部、要求不断的内科医生们给他施加的压力。每一家医院内外部的政治较量可能都会比较激烈，我把与马克在一起的那天说成了是"围攻状态"下的一天。不过，马克还是用各种力图掌握控制权的方式进行了反击。我所调查的29位管理者中，有些人的处境甚至比马克还要别扭。事实上，他们被证明是最倾向于先发制人的人（在第5章中，我将会讨论英国国家卫生局的皮特·科，看他如何"跳出中层进行管理"）。

高效的管理者既不愿充当指挥也不会甘做傀儡，尽管会有很多掣肘之处，但他们依然要努力去控制局面⊖。他们如何才能做到这点呢？在我早期的研究中，我的结论是，他们特别善用两种能给自己带来自由度的方法。他们事先会对许多自己将要承担的事务做出一些初步的决定（例如，某项目一旦上马实施，就需要他们投入时间）。自己负责的项目完成时，他们还会把相关活动列在必须参加的活动当中（例如，项目结束时，会用在公司大厅

⊖ 汉纳韦提出了几位管理者通过回应别人提出的需求可以获得的益处，比如，相对于由管理者自己发起的某些项目而言，有些项目虽还有些问题，但由于"已经在某种程度上取得了进展，所以它们可能变得更容易被认清，并且更适合采取即时行动"；还有，"针对需求做出反应总比在当今这个动荡和纷乱的世界中弄清轻重缓急和各种可能性要来得容易"。还可以参阅汤姆·彼得斯（Tom Peters）早期撰写的一篇文章"*Sad facts and silver linings*"中关于领导力的论述。

⊖ 科特和劳伦斯在对众多市长进行研究时，为研究对象设定了4种类型。其中一个极端是疏于控制的"外行型"，另一个极端是无所不管的"理智型"，其余两种则是前面两种的混合类型。研究的结果是，有8位市长属于"外行型"，没有"理智型"，归入中间类型的有12位。另外，鲍曼和巴萨德在质疑斯图尔特所谓"从日程表上就能分辨出前瞻性（proactive）管理者和反应型（reactive）管理者"的论点时，所得出的结论与我们在此提到的观点相当接近。

里举行仪式的方式来庆祝）。换句话来说，管理者自己制造出了一些要承担的义务，却也从另外一些义务中获益良多。㊀

这也许就是成功的管理者和不成功的管理者之间最明显的差别。**高效的管理者不会是那些自由度最大的人，但却是最会利用他们所能发现的一切自由的人**（这一观点我将在第 4 章中做进一步阐释，并会在第 6 章中重新提到）。换言之，这些成功的管理者，并不会局限于本职工作，他们会制造出工作。所有的管理者都挺像提线木偶的，但其中一些很会安排：他们自己决定由谁以及如何去提线，却从看上去被动的行动中获得好处。另外一些不谙此道的人，就只能被这份受人驱使的工作压得喘不过气来。㊁

互联网对管理的影响

有一种明显的变革正深刻影响着管理的所有特征——互联网，其中尤以电子邮件的影响最为突出。这种新兴的交流方式使得信息传播的速度和数量均得以大幅度提升。那么，互联网对管理的影响是否同样引人注目呢？

如果单凭无所不在的电子邮件和争议不断的"黑莓"（Black Berries）

㊀ 皮特纳和小川（Pitner & Ogawa，1981）对校区学监的研究也有类似的结论：这些人有时会采取如下既不易被别人看透又很合时宜的（控制）策略：①劝说（说服别人采取某种行动，即使情况并不允许那样做）。②待机而动，或者叫"机会主义"。比如，"等条件成熟时再行动"。③转移视线，就像是树起稻草人。他们会制造些其他话题，把人们的注意力吸引过去。针对工作中的如何实现控制，这两位研究者上下求索。他们发现这些学监会将他们 58% 的时间用于口头交流，但是，从很大程度上说，他们如何处置那些特殊问题，还是由文化及社会因素决定的。因此，"虽然从表面看来他们在工作中对很多事情实现了控制，但进一步分析却发现他们也只是这样一类传递载体：他们将社区的偏好转变为他们学区结构中的要素"。即便如此，这些管理者仍然"拥有自己的想法"，并且"（利用）上述这些策略，真切地带领着他们的组织朝着他们选择的方向向前发展"。

㊁ 参阅斯图尔特关于管理工作中的要求、限制和选择等话题分别开展的详细讨论：管理者不得不做些什么？哪些是他们假装会做的事情？他们又会挑选什么样的事情去做？

技术去做判断，互联网对管理的影响看起来确实不容小觑。但问题是，它是否已从根本上改变了管理本身？对于这个重要的问题，到目前为止人们几乎还找不到证据来给出确切的答案，这一发现本身就出人意料。[⊖]这里，我将引用一切我能够搜集到的材料，包括对外部管理团队（outside management）所做的研究。尽管如此，我的评述也只能被视作推测性的说法。

对于上述问题，我的答案是：既不是，也是。否定的理由是，互联网在很大程度上可能恰恰强化了管理工作中始终存在的那些特征，正如我们在本章中所讨论的那样；至于肯定的一面，是因为互联网很可能会使某些管理实践变得狂乱。

互联网的利与弊 互联网的优势显而易见，甚至已到了让人瞠目结舌的地步。如今，管理者可以与世界各地的人保持即时联系，共享丰富信息，这在以前任何时候都无法想象。这些优点大大拓宽了管理者的信息网，使他们可以轻而易举地在全球范围内管理他们的各项事务。[⊖]

有关互联网的优点我无须赘言，因为我们对此都一清二楚而且体会深刻。但是，互联网对管理到底具有哪些影响呢？

信息更灵通、沟通更及时的管理者只要能把握住这些变化，他们就可以打造出发展更迅速、更具竞争力的企业。有些管理者对这些变化也许可以应付自如，另外一些管理者则只能疲于应付：他们更多只是顺从，却疏于思考。恐怕，后面这种情况会变得越来越多。

⊖ 滕格布拉德的研究结果是一个例外。他发现"（他研究的瑞士高管）大约有90%的工作时间是用于开会、阅读文件和电话沟通"。他们每天花在处理电子邮件上的时间不到半个小时，具体情况因人而异，特别是年轻的首席执行官处理电子邮件的时间是年长管理者的2倍左右（第20～23页）。从这一点来看，也许将来管理者用以处理电子邮件的时间会有所改变。

⊖ 这一点最终可能会被证明对组织的民主化有所帮助。斯普劳尔和基斯勒称之为"状态对等化"（status equalization），即便在信息被拆散到"既非人人皆知，也未规范划一"时，这也可能会有负面的影响。

电子邮件及其传达的信息　互联网涉及很多方面,这里我将关注的焦点暂且放在电子邮件上,因为电子邮件看起来对管理活动的影响最为直接(当然,管理者和其他人一样,轻击键盘便发出去大量文件。但这些文件基本上都是由专人代劳准备,连那些需要从互联网上收集的材料也不例外。即使如此,今天的管理者几乎谁也免不了要大量使用电子邮件)。

对于新手来说,非常重要的一点是要认识到这种新的沟通媒介也有缺陷。**与传统邮件一样,电子邮件受制于单一的文字形式**:我们听不出对方的口气,看不见对方的动作,感受不到对方的存在,我们甚至懒得去想象一下对方的样子。电子邮件可能完全限制了收发邮件者"在情感上复杂而微妙的互动能力"。然而,管理恰恰需要这种互动能力,管理也同样需要如实地传达信息。

使用电子邮件的风险是,它会给管理者造成这样一种错觉:他们以为自己和外界时刻保持接触,而事实上,与他们保持接触的只不过是键盘而已!这可能使一个长期存在的管理问题进一步恶化:管理者自以为掌控着一切,实则是被新科技的发展蒙蔽了双眼。英国前首相玛格丽特·撒切尔就曾因为试图待在伦敦只通过收发电报去指挥马岛战争而受到多位军官的指责。试想一下,她如果换用电子邮件,情况会有什么不同吗?加拿大政府某重要部门的负责人倒是使用了电子邮件:这位负责人告诉我,他每天早上都用电子邮件和下属交流,但我却颇为他的管理担心。充分利用电子邮件方便、快捷的优点固然很好,但前提必须是,他不会因为看到电脑屏幕上跳出几个字就被糊弄得以为自己了解了实际情况。

在打电话时,人们可以插嘴打岔、支支吾吾或伺机反驳;在开会时,人们可以点头表示同意,也可以打盹表示分神。高效的管理者善于发现这些蛛丝马迹。但是,使用电子邮件,在收到回复之前,你是无从知晓对方会做何反应的,甚至当你看完回信,也不能确定这是对方字字斟酌还是草草

而就的结果。与之相比，口头交流过程中，各种感觉却是很难隐藏的。○

那么，互联网使管理者与世界的联系变得密切了还是疏远了？请做出你自己的选择。目前，我们还不知道答案。但是，我们最好还是问一下这个问题。

地球村只是个社区吗　马歇尔·麦克卢汉提出了信息技术催生出"地球村"这样著名的论断。但是，这个"地球村"又是怎样的一个村落呢？

在传统的村落中，你可以和邻居在当地集市上闲话家常，这样面对面的交流是社区的核心特征。在"地球村"里，你点击鼠标，发送信息给地球另一端的某个人，而这个人可能与你素未谋面。"地球村"里的人际关系正如那些充满幻想的网络恋情，可能永远都是"未曾触及也无法触及的"。基斯勒等人研究发现"电脑交流与面对面交流相比，前者更容易让人存有戒心"。不过，对于那些网恋的人来说，这种说法显然就不对了。因此，更准确的结论也许是，这种分离式交流往往会夸大对他人的印象，无论是好印象还是坏印象。换句话说，身在其中者，几乎就没有做出理性判断的可能。

然而，对人做出判断恰恰是管理工作中至关重要的部分。组织机构就是社区，一切都取决于其中健全的内部关系，相互信任与尊重无疑是相当关键的。所以，我们必须非常小心地对待这个"地球村"，不要把"地球村"的信息网与社区概念混为一谈。**互联网也许延展了人们的信息网，但同时**

○ 基斯勒等人进行了一项试验，他发现"以计算机为媒介的信息技术注重客观信息的如实传送"，而"在传达社会信息方面却不尽如人意"。实际上，"这些技术在社会学意义上还很不成熟。因此，它们往往会造成被他人忽视、缺少社会反馈以及在沟通环节上的去人性化"。这些问题绝非管理者所乐见。伯恩与威尔曼把这种社会学观点进一步深化，并做出这样的表述："互联网沟通的便捷……也许会促成人际交往的快节奏，有时候这种快节奏却会以草率为代价。"如果是传统的书信，写信的人通常会花时间打草稿，甚至会在信件投入邮箱前，再次把它取回重写或加以修改。而在电邮时代，一方面，以其节奏而言，人们可以同时发送多封邮件，海量的信息传输也不是问题，把它们赶紧发出去的冲动总挥之不去，不要停、不要停等都会打消人们谨慎的念头；另一方面，斯普罗尔和基斯勒认为这种"不受限制的做法"会推动新点子的传播，正如电子邮件"状态对等化"特征使更多的人获得更多信息一样。另外，请参阅博德里与宾桑纽特关于信息技术对人们包括情感在内多个方面的影响。

也可能削弱了社区的团结。这种情况在组织内部与组织之间都可能发生。⊖ 因此，伯斯与威尔曼提出了"网络化个人主义"（networked individualism）的概念，他们写道："人们所处的人际网络在空间和地域上都被拓宽，但人与人之间的关系却疏远了。"这是相对于社会整体而言的，但也很好地解释了为什么目前组织中以自我为中心风气滋长、个人英雄式领导风格蔓延以及这些给今天的组织所带来的巨大危害。

本章中我们讨论了管理的特征。现在，让我们讨论一下互联网对于这些特征的直接影响。

节奏与压力 上文讨论的内容，有一点是肯定的：**电子邮件既加快了管理工作的节奏，也加大了管理者的压力。**同时，**电子邮件也给管理工作造成了更多的干扰。**

当然，很多人都是成批处理电子邮件的。但是，由于管理者对即时信息的特有偏好，他们总会忍不住时常去看看他们的邮箱。不仅如此，他们还总是让电脑一直开着，以便在看到"您收到一封新邮件"的提示后及时做出反应。另外，口袋里的黑莓手机更是他们连接"地球村"的拴绳——干扰不断、不胜其烦（我听说过这样的事，有人居然在周日晚上 10:30 接到周一上午 8:30 开会的邮件通知）。⊖

本书初步成稿时，本章并未包含这一节的内容。当英美两国的出版商看到那个版本时，均给我发来电子邮件，要求增加讨论互联网的内容，因

⊖ 关于这一点，存在正反两方面截然相反的证据，至少对整个社会而言是这样。汉普顿与威尔曼发现在同一个镇上，那些上网的居民（只因服务到位，并非刻意所求）交往的范围更大，交往的程度也更深，远胜于那些没有上网的居民。他们由此得出结论，即新兴的通信技术"由于能将人们从既有的交际圈中解放出来，所以完全有可能让人们与其他社区和地方重新实现联络"。相对而言，基斯勒等人却发现"现有大量的网上调查显示，互联网尚未导致新型关系的大量出现"。人们大多数时候还是和认识的人进行交流，当他们与人在线相遇时，他们之间的关系也只不过是"离线时的延续"而已。

⊖ 冈萨雷斯与马克发现，IT 行业的管理者（还有分析师或者软件工程师）不受干扰地专注于某项任务的时间平均一次只能持续 3 分钟。如果开着邮箱，他们不受干扰的时间一次只能持续半分钟。

为这个互联网已经快把管理者逼疯了。2005年6月21日，美国某出版公司的一位编辑在发来的邮件中写道："现今的管理者正忍受着比以往任何时候都要多的干扰。繁多的电子邮件就是最大的干扰因素……这让他们不得不为此分神。"另外，我还要引用一位首席执行官在接受一家报社采访时说的话："你无处可逃。你躲到哪里都没用，根本没有时间好好思考。"当然，只要你愿意，你还是可以躲到某些地方去思考的。

务实取向 对于管理者来说，他们总是偏向于采取实质行动，并没有迹象表明电子邮件本身会降低这种务实的行为取向。事实恰恰相反，说起来颇有些讽刺意味，**表面看来，电子邮件是与实际行动脱节的**（印象中管理者总是整日坐在电脑屏幕前），但它却总是迫使你采取更多的行动。可以说，管理者因此正忍受着无尽的煎熬，人和电脑也都因此备受摧残。

口头交流是管理特征 可以肯定的是，花在互联网上的时间越多，就意味着花在其他事情上的时间越少，所谓的其他事情也包括口头交流。每天除去工作时间就剩那么几个小时，我们还要拿出部分时间来睡觉和陪伴家人。因此，我们不禁要问，所有这些是否都已被互联网所困扰？换句话说，管理工作本来就压力不小，互联网是否让管理者的处境雪上加霜了呢？是不是有太多的管理者还在想着鱼和熊掌兼得呢？⊖

关于以上几个问题，我们依然没有确凿的证据可以得出确切的答案。不过，我们还是有质疑的空间。尽管电子邮件的交流方式少了一些口头交流中的随意，但它可能更加杂乱无章和流于形式。照此发展下去，网络交流就会导致一个通病——一味服从，以求速成。

横向联系是管理的必需 直接隶属于某位管理者的员工人数相对较少，

⊖ 滕格布拉德研究瑞士CEO们后的一个"惊人"发现既让人受到鼓舞，又让人有点泄气。他说："尽管出现了更快捷的通信方式，但是这些CEO出差的时间越来越多。"这也许是因为他把自己的研究对象和卡尔森的研究对象进行比较的结果，后者的工作没有那么国际化。所以，这些管理者依然偏好于面对面的交流。但是，这些都要以牺牲家庭生活为代价吗？

且通常是固定的几个人。这一点不同于组织以外的人际关系网。工作之外的交际圈很大，而且通常没有限制。因此，**一方面，互联网这种新的沟通媒介使得人们更加容易结识新朋友，与老朋友的联系也变得更加方便、快捷。另一方面，互联网也有可能导致管理者过于关注外部关系的拓展，而忽视组织内部的交流与沟通。**○

互联网会削弱管理者与其部门和组织内部人员之间的紧密关系吗？鉴于管理者可支配的时间有限，我们或许会认为这种结果在所难免（2008～2009年，多家金融机构的失败就是很好的例子）。花在电脑前的时间必然就不能用于走出去和人进行面对面的交流。至于那位加拿大官员，原本经常前来当面汇报工作的下属，现在就只能出现在他的电脑屏幕上了。○

管理的控制力　最后还有一个问题，可能也是最有趣的一个问题：互联网是增强还是减弱了管理者对于工作的控制力？显然，这完全取决于管理者本人。和大多数技术一样，互联网的运用有好处也有弊端。你可能盲目依赖互联网，最后受制于互联网。或者，你清醒地意识到互联网的利与弊，合理地运用互联网进行有效的管理。我撰写这部分内容旨在提倡和鼓励后面一种做法。

不管怎么说，互联网显而易见的优势依然具有压倒一切的说服力。不妨想想电子邮件和互联网在获取信息、传播信息方面的高效，再想想管理工作中的巨大压力和快节奏、及时回复他人的迫切性以及常常萦绕在心头的那种唯恐失控时的揪心和恐慌。但是，**互联网使管理者产生"一切尽在掌控之中"错觉的同时，是否也剥夺了管理者的控制权**？换言之，这些所谓

○ 我们再次回到滕格布拉德对瑞士CEO的研究成果上，他注意到，"暂且不说互联网的影响，由于经常出差，存在于他们的工作与办公室之间固有的界线正在淡化"，从而导致他们更加依赖于"间接形式的控制"。

○ 格兰诺维特关于"弱链接的威力"的一篇经典文章论述了一个团体的一些弱链接往往伴随着外部的"强链接"，反之亦然。

的"乐队指挥"是否由于互联网正越来越像"木偶"了？

管理是否已经变质　宾桑纽特与卡蒙在研究了 155 个城市的市政府的日常工作后，发现了一些有趣的事情：电子通信技术对机构内部既定的发展方向往往都会起促进和加强的作用。确切地说，如果某个政府本身趋于集权式管理，电子通信技术就能推进权力集中的趋势；如果某个城市的市政府原本赞同分权，电子通信技术就能促进权力进一步下放。那么，这类情况会不会也同样发生在管理工作当中呢？把以上的发现与前文所讨论的各种观点结合起来，我们得出这样一个结论：**互联网并未使管理活动发生本质上的改变，恰恰相反，它有力地强化了我们数十年来一直看到的那些管理特征**。换言之，这些改变只是方向性的和程度上的变化，并非本质的改变。

然而，"魔鬼藏在细节中"。程度上的变化也不容小觑，这种变化在积累到一定数量时，引发质变也在情理之中。**互联网可能会将让管理者极度抓狂，在他们慌乱之时，造成管理上的失效。流于形式，脱离实际，墨守成规，这些无一不是管理中的大忌**。在印度的时候，我曾遇到这样一件事：一家高科技企业，因为几天的电子邮件系统故障，他们正在进行的一个国际项目变成了一场噩梦。难道就因为电子邮件系统发生几天故障，他们就无法管理了吗？难道就是这种所谓"高效"的管理方式反而使他们与管理实践脱节了吗？也许，这些"无所不联"的管理者实际上已经与真正关键的东西脱离了联系，对互联网的过多使用和依赖正在毁掉管理实践本身。

可测的混乱实属正常

总的来说，我们在本章中讨论了管理活动中的各项特征，这些特征从未改变，并将继续保持，它们包括：管理之中的固有节奏、趋于简化的行为方式以及内容上极其烦琐；管理过程干扰不断；务实取向；口头交流至关重要；横向交流；一个让很多人落入的陷阱——本想控制局面，自己却身处局外。

这些特征是否就意味着管理者无论多么用心，都注定会失败？肯定不是。正常的管理就是如此——它包含各种无法回避的管理问题。"当你请新上任的管理者描述自己的工作时，他们会感慨万千地谈起新职位带来的种种压力。管理层里似乎充斥着成堆的困惑，充斥着过度负荷、模棱两可和矛盾冲突……尤其是，管理者都被永无止境的工作量与一刻不停的快节奏压得喘不过气来"，他们中的有些人很希望能够松懈片刻。"如果我大手一挥，各项工作便能落到实处，那么，我倒宁愿始终扮演协调者和指挥者的角色，无论你让我先做其中的哪个角色"。然而，指望这种好运气是绝对不现实的。就算是那些所谓的高管，也无法奢望。正如科特所描述的，高管们总是处在"压力巨大、节奏飞快的工作环境"中。

但是，管理的这些特征只有在一定的范围内才算是正常的。超过这一范围，可能就无法实施管理实践。互联网可以导致管理职能的紊乱，而管理特征本身也会影响管理的成败。我们都见识过极度抓狂的管理者，那些今天看来尚属正常的情况，明天可能就会变得岌岌可危。

管理，即便只是正常的管理，也绝非易事。《纽约时报》曾就我1976年的研究成果发表评论文章，文章中使用的两个短语，将这些管理特征的本质表达得淋漓尽致，即"可测的混乱"与"可控的无序"。这两个短语虽有细微差别，但与那些"天真的管理者"制造的"困惑的混乱"相比，两个短语描述的情况都应属于有效的管理状态，请记住这一点。下一章我们要讨论管理的内容——管理者究竟在做些什么，并且，我们将在第5章中再次讨论管理者怎样才能处理好种种压力。

第 3 章

管理模型

好的理论应该令你长久信服，直至你获得更好的理论。

唐纳德·赫布

为了寻求更好的理论，现在让我们从管理的特征转而探讨管理的内容，即管理者到底在做些什么？他们是如何管理的？

我们先从管理大师与管理学家开始。大多数管理大师都亲历过管理工作中的某些部分，但不是全部；而管理学家则将管理工作的全部视作一个个互不关联的部分。本章通过描述发生在单位以内和单位以外的三个平台上的管理活动，提出了一个将部分置于整体当中的管理模型。这三个平台是：信息平台、人员平台和行动平台。本章的最后部分将阐述管理作为"全面"的实践活动，是一种动态的平衡。

一次管理一个角色 如果你想跻身赫赫有名的"管理大师"行列，你应该专注于某个领域的管理，不要奢求面面俱到。亨利·法约尔认为管理是控制，汤姆·彼得斯坚称管理是行动："不要光想，我提倡的是做。"（华尔街的管理者确实在"做交易"）而迈克尔·波特则把管理等同于思考，特别是分析。他在《经济学人》(The Economist)上写道："我赞成采用一套分析技巧来制定战略。"其他人，如沃伦·本尼斯（Warren Bennis）将管理工作描述为领导，并受到了管理者的追捧；赫伯特·西蒙（Herbert A.Simon）将管理工作描述为做决策，也获得了学者的认同（《哈佛商业评论》对此深表赞同，"决策者的杂志"几个大字多年来赫然出现在该杂志的封面上）。⊖

其实，以上各位都说错了，将他们说的话加以综合才是对的：**管理不是这些角色中的任意一个，而是所有角色。管理是控制、行动、处理、思考、领导、决策以及更多。管理不是这些角色的简单相加，而是它们融合而成的。**忽略其中任何一个角色，你就没有实施全面的管理。从这个意义上说，那些仅仅专注于管理的某一方面而忽略了其他方面的管理大师，实际上并未拓宽我们认识管理的眼界，反而使我们的理解变得狭隘了。

大量的清单 现在，让我们撇开管理大师，来关注一下人气稍逊的管理学家吧。你会发现一个普遍存在的问题：这些管理学家对各种管理角色进行了罗列。好消息是，他们提供的清单更加全面；坏消息是，他们将管理工作分解开来，却无法使之恢复原状。这就像是《爱丽丝漫游仙境》中那个从墙上摔下跌得粉碎的蛋形胖矮子。

我也做过这样的分解工作。我 1973 年的那本书中有一章的标题就是"管理者的工作角色"，当时我还以为自己提出了一种模型，后来才逐渐认识到，那不过是我列出的又一份清单而已，尽管我的清单里有一些箭头，如图 3-1 所示。⊖因此，虽然管理者可能非常认同我所描述的管理特征，但对我或其他人所列的清单却没什么好感（尽管有一些管理学者对这些清单赞

⊖ 《哈佛商业评论》在 1967 年 7 月—1981 年 6 月间以此自居。在此之前，它自称为"深谋远虑的商业人士"制作；之后，又改称为"深谋远虑的管理者"制作。
⊖ 当黑尔斯反驳我的观点时，我也没什么好抱怨的。我当时声称，管理工作的实证研究"绘制了一幅与法约尔传统观点截然不同的有趣图画，两者之迥异，就好比一幅是立体抽象派的画作，另一幅是文艺复兴时期的画作"。黑尔斯称这个类比"不幸言中，因为这项研究似乎确实把各种不常组合的几何形状拼合在了一起"。

赏有加）。正如一位管理者所评论的："这些描述全都索然无味，我的工作才不是这样的呢。"

1990年我决定重温管理的内容。自从我出版了1973年的作品之后，就开始收集有关管理内容的新文章，到1990年时已经装满了整整两箱子。我翻看了这些文章，同时查阅了相关书籍，从巴纳德到扎莱兹尼克的著作约40部。我想知道，我们对管理的内容到底了解多少。

对于管理的内容，一方面可以说我们了如指掌，另一方面也可以说我们不甚了解。我所收集的材料似乎涵盖了管理者的全部工作内容，但还不足以形成一套理论，或者构筑一种模型，来指导管理者更好地理解他们的工作。⊖

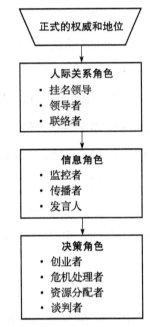

图3-1　管理者的角色
资料来源：明茨伯格，1973：59。

⊖ 卡尔森在他对管理工作所做的第一项重要研究成果的最后评论说："在如今的研究过程中，我自始至终缺乏一个理论体系来整理我所做的观察……鉴于目前研究的经验，在接下来的研究中，我希望建立一个系统性的理论，借以观察管理者的行为。"卡尔森的一席话至今仍然正确。有关这方面的阐述确实屡见不鲜，如切斯特·巴纳德的《高管的职能》。巴纳德本人就是一名高管。此后还有一些研究人员致力于该课题的研究，最著名的当属伦纳德·塞尔斯、约翰·科特，此外还有罗斯玛丽·斯图尔特，其研究成果最为丰硕。这些人都提出了非常有趣的见解。但在我看来，他们的理论都没有形成一个综合性的框架，以包含管理工作的全部内容。事实上，塞尔斯在他1964年的著作中指出："我们无法……找到合适的框架……以描述和解释管理者的工作。"我认为他的观点对管理工作的描述最接近实际情况。之后，罗伯特·奎因与其同事的著作更进一步描述了管理工作，但依然只是列了一张清单，即8对截然相反的管理角色。根据管理思想的演变过程，我们发现了4个象限：理性目标、内部流程、人际关系和开放系统。其轴线则为弹性与控制、内部与外部（比如，开放系统模式属于外部，并且是灵活的）。轴线周围两两对应的是4对"竞争价值"（如参与程度、开放性、生产力、成就），每种价值又对应一个角色（比如对应上述价值的是推动者与生产者）。奎因等人在1990年的著作中，加入了题为"整合与大师之路"的最后一章，全书共345页，该章占据了17页，却对整合只字未提，而这本书的其他章节几乎都在讨论8种管理角色。

问题何在

事实怎么会这样？我们所处的社会对管理者非常着迷，对领导阶层更是推崇备至，而且这种现象在今天比以往任何时候都要明显。我们把"领导者"当成偶像加以崇拜；书店竞相销售领导精英的传记，有的书店把这些传记归入"小说"一栏，有的则将其归为"商务"一类（有时我们根本分不清这两类书籍有什么不同）；我们煞有介事地要把学生培养成为管理精英，甚至把课堂搬到了飞机机舱里（或者更夸张的地方）。但是，对于管理者在做什么这样一个简单的现实，我们却始终不得要领。这其中的原因究竟何在？

我认为原因可能有二。第一，与生活在原始社会中的人们一样，我们对神灵充满了敬畏，至少我们相信自己的神话，而管理者和领导者正是这样的神话。也许我们害怕拆穿他们或我们自己的真面目后所看到的结果。当然，我们一直在卖力地撰写"领导力"方面的文章，甚至到了令人可笑的地步，但这些文章几乎都没有触及日常管理的现实。

卡尔森在其早期的研究中提出了第二个原因："管理行为"之所以"如此变幻莫测，难以掌握"，是因为"管理乃实践的艺术，而非应用科学"。那么，我们应该如何建立管理理论呢？

惠特利又做了进一步解释，他坚称管理工作因时因地而不同。因此，管理工作取决于对特定组织及其存在问题的认识，而这些问题总处在不断变化当中。如此一来，我们如何才能创立管理工作的普遍理论，而不必再一一赘述管理者的工作？

对此，恕我不敢苟同。通过一定程度的抽象，我们可以归纳或概括。不妨让我举例说明。成为咨询公司的高管（合伙人）便意味着要负责推广公司业务，而在其他公司，业务推广多半由专职员工负责。但我们会因此将管理工作视为业务推广吗？正如彼得·德鲁克所言：

每位管理者都做很多与管理不相关的工作……销售经理……安抚一位重要客户。一位工头要去修理工具……公司的总裁……参与重大合同的谈判……所有这些事情都是属于某个特定部门的工作，必不可少，应予以妥善处理。但是，不论管理者的职能或工作是什么，也不论管理者的级别和职位是什么，这些事情都不属于他们的工作范畴。

在把管理这个婴儿连同销售这盆洗澡水一股脑倒掉之前，让我们先问问自己，为什么咨询公司的高管要负责销售工作？答案是显而易见的，很多咨询服务的销售对象是买方公司的高管，所以卖方公司也需要有相应的高管介入。也就是说，一方面，这项任务专业性强，属于特定情境下的工作；另一方面，它又必须由管理者来完成，因此从本质上说，它是属于管理工作范畴的。

事实上，很多被我们视为理所当然的管理工作，其实都属于组织中的专业性工作。比如，组织虽有正式的信息系统，但管理者仍会对下属做必要的指示；在各种庆典活动上，虽有专业的公关人员在场，但主持的大权仍会"旁落"到管理者手中；管理者一直以来都被称为规划者和控制者，虽然计划部和管控部就在他们旁边。很多管理者都在从事专责人员的工作，只是工作方式有所不同，他们凭借的是自己特殊的人脉、地位和信息。

所以，别再相信我们的神话与神灵，去揭开管理实践的真面目吧。

寻找一个通用的模型

当我打开箱子翻看资料，同时查阅相关书籍时，我的目的并非为厘清管理者在做什么，因为我们对此已经有所了解。我是想把他们的工作编制成一个综合的模型。因此，当时我并未着手做更多的调研（我那29天的观察几乎全是后来进行的），只是将已有的管理描述和研究成果集中在一起。我的重点非常明确,就是把这些资料都集中到一页纸上,用一张图表的形式展现出来。这么做并非意味着管理工作都是鸡毛蒜皮的小事,或者暗示管理工作的微妙与复杂均可"一页纸以蔽之"。我只是想为读者提供一个地方,使他们对整个管理工作一目了然,获得系统全面、条理清晰、相互关联的认识——即便为了达到这样的目的,还需要对这一页纸做更多更详细的解释。

多年来,经过十多次尝试,我终于制成了颇合自己心意的那一页纸,如图 3-2 所示。我第一次把它给一位管理者看时(这位管理者是我的朋友,而且我是在用餐时给他看的),他当即指出了他们公司管理者的优势与劣势所在,而这正是我期望得到的反应。[⊖]

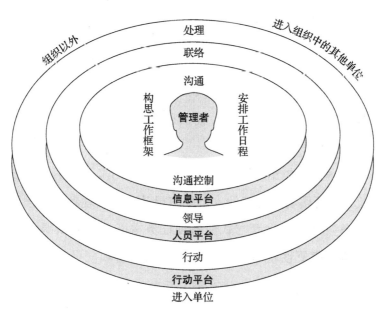

图 3-2　管理模型

⊖ 同样地,在我们组织的国际健康领导力硕士项目中,一位时任乌干达世界卫生组织管理者的参与者这样评论我的模型:"该模型从几方面引起了我的共鸣。第一,它明确地指出了我们工作的多层次与多面性特点……仿佛只要认识这一事实,就能够使管理工作变得较为容易。第二,从图中,我可以一眼看出哪些职能或职责是我常常逃避或做得不好的。从这个意义上说,这张图对我提出了更大的挑战。始终困扰我的问题是,如何在如此众多而迥异的角色面前获得平衡。"

这张图看起来有点儿像鸡蛋，算是为了纪念那个蛋形胖矮子吧。如果借用本章开篇的引言，那么可以说，我坚持早前的研究，直到我制成了这个模型。我希望这个模型也能令其他人长久信服，直到他们找到更好的模型。

模型概述

图 3-2 将管理者置于中间，下面是他直接负责的单位（请参阅前文对"单位"的定义），上面的一边是组织内的其他单位（除非该管理者是负责整个组织的首席执行官），另一边是与单位有关的外部世界（客户、合作伙伴等）。

管理最重要的目的是确保单位完成其基本目标，无论是在零售店销售产品，还是在养老院照顾老人。完成目标当然需要采取有效的行动。大多数情况下，这些行动由单位里的其他人来执行，他们每位都是专责人员。但有时候管理者也会参与这些行动，就像有的高管列席旁听一个项目团队的会议，讨论为客户开发新的系统。

然而，更为普遍的情况是，管理者会后退一两步，而不直接参与行动。后退一步指的是管理者鼓励其他人员采取行动，即管理者通过指导、激励、打造团队、增强企业文化等方式使各项任务得以完成。后退两步指的是，管理者利用信息来驱使他人采取行动，从而使各项任务得以完成。比如，管理者把目标强加给销售团队，这属于后退一步；管理者将政府官员的话带给公司的某位专责人员，这就属于后退两步。正如图 3-2 所示，管理活动发生在三个层面上，其内容从抽象到具体，即从借助信息到利用人员，直至最后直接采取行动。⊖

⊖ 费欧娜在其 1973 年的报告中提到一个更加宽泛的管理观点，该观点与我的结论是一致的。报告的题目为"工作分析最根本体系"，报告中费欧娜所有"工作分析体系"都由数据、人员与具体事务组成。

通过一天的观察，我发现鹰头公司的卡罗尔·哈斯拉姆同时在这三个平台上工作。在行动平台上，她完全投入新影片的开发项目，日理万机。在人员平台上，她要维持广泛的人脉关系，以便推介项目，同时还要打造制片人团队来实施这些项目。在信息平台上，她成天都在集思广益，传播观点、数据、建议以及其他信息。

在每个平台上，管理者都要同时扮演两种角色。在信息平台上，管理者要向四周传播信息并（对内部）控制信息。在人员平台上，管理者要（在内部）领导并（与外部）联络。在行动平台上，管理者要（在组织以内）行动并处理（组织以外的）各项事务。从图3-2中还可以看出，管理者在自己的脑海中构思工作框架（规划战略、突出工作重点等）和安排工作日程（安排他们自己的时间表）。下面，我们先依次探讨该模型的每个方面，然后再做整体分析，最终得出结论。

管理职位上的人员

图3-2所示模型的中间是管理者。管理者一般都要亲自履行两项具体职责：构思工作框架与安排工作日程。

构思工作框架

构思工作框架决定了管理者将如何处理自己的工作。**管理者通过做出特别的决策、关注特别的问题、制定特别的战略，来构思他们的工作框架，为单位里的其他成员营造一个特定的工作环境**。⊖阿兰·诺埃尔认为这些都是管理者要苦思冥想的事情，想到最后，难免会演变成一种"执拗的痴迷"。

⊖ 参见巴纳德的"目的与目标的形成"。他评述说："严格来说，目的是通过采取所有的行动来实现的，而不是取决于口头的构想。"

布莱恩·亚当斯是庞巴迪加拿大航空公司"环球特快"的项目经理。他就有着这样一种"执拗的痴迷",不过这种痴迷是被高管强加的目标逼出来的:务必在6月份"让飞机飞上天"。于是这位项目经理说:"那就看看再说吧。"与之相比,身为加拿大皇家银行的主席,约翰·克莱格霍恩的心头缠绕着诸多事情,而且这些事情无不关系到公司的兴衰(以上两者的全天工作描述请参见附录)。

在琳达·希尔研究的新任管理者中,有一位很快意识到构思工作框架的重要性:"在着手工作之前,我希望自己能胸有成竹……然后,满怀信心地开始新的工作。"在第4章讨论管理风格以及在第5章讨论制定战略时,我们还将回到构思工作框架这个话题上。

安排工作日程

所有的管理者都非常重视工作日程的安排:日程表总是众人关注的焦点。半个世纪前,苏尼·卡尔森注意到管理者"变成了日程表的奴隶,他们都罹患了'日程焦虑症'"。**安排日程很重要,因为它为生活构建了框架,确定了管理者的大部分待办工作,并使管理者能够充分利用空闲时间。**

不用说,在全部29天的观察中,日程安排的重要性不言自明。管理工作无一离得开日程安排,但那只是为了达到其他目的的一种手段,也就是说,安排日程是为了履行其他职责。因此,日程表难免会出错,为应付日程表而手忙脚乱的情况也时有发生。⊖

管理者的日程表左右着他所辖单位的每位成员:任何载入日程表的事项都被视作单位的头等大事。实际上,管理者在制定日程的时候,他们分配

⊖ 对于加拿大皇家银行的约翰·克莱格霍恩而言,日程安排尤为重要。据我了解,他是我所观察的29位管理者中唯一系统地安排和分配时间的人(或许这是他先前会计师工作作风的延续)。

的往往不仅是他们自己的时间，还有其下属员工的时间。⊖

安排日程已经变成了彼得斯与沃特曼所谓的"分块"，即把管理问题拆分为各种不同的任务，并在一个个特定的时间段里完成。当然，问题在于如何把这些拆分开来的任务重新组合复原（这个问题我将在第 5 章中讨论）。这就到了构思框架发挥作用的时候了，如果框架非常清晰，它便能起到磁铁的作用，把被大卸八块的任务组合成连贯的整体。正如惠特利所说，管理的"重点并非在于小心谨慎地解决每一个固定而独立的问题，而在于灵活机动地处理一系列不固定但又具有内在联系的任务"。

虽然管理者一向重视制定决策，但是管理议程似乎都围绕着存在的重要问题或争议，具体决策根本排不上议程。用法森的话来说就是，议事日程关注的是"难题"（predicaments）而非"问题"（problems）。对于这一点，只要看看典型的管理层会议议程，或者问问管理者都在忙些什么，就能有直接的认识。⊜

借助信息进行管理

现在我们来探讨管理的三个平台。首先是管理的信息平台。**借助信息进行管理是指管理者待在距管理最终目标两步之遥处：管理者对信息进行处理，激励他人采取必要的行动**。换言之，在信息平台上，管理者没有把重点直接放在人员或行动上，而是关注信息，间接促使各项任务得以完成。

⊖ 在管理研究中，日程安排受到普遍的关注。这或许因为日程表是管理工作最明白易懂的表现形式。然而，巴里等人在对 45 位管理者的日程表进行透彻研究之后发现，那些日程表"形式各异：有下意识记在心里的，有在碎纸片上胡乱记下的，也有详细制定的清单或表格"。

⊜ 鲍曼在研究了 26 位管理者后发现，他们每一次处理的重要问题（鲍曼称之为"关切的事"）平均是五六个，即便这些问题占据了议事日程的很多项。我在上一节中提到过，管理者为应付日程表而手忙脚乱的情况似乎不在少数。这其中的差别或许就在于议事日程：需要处理的问题可能有很多，但在某个特定的时间里，只能把其中的少数几个排上日程表。

颇具讽刺意味的是，虽然这一经典的管理观点在 20 世纪大部分时间里主宰着人们对于管理实践的认识，但它至今仍风靡世界，这主要应归功于当前社会对于"底线"（bottom line）和"股东价值"（shareholder value）的痴迷：**两者都推动了一种独立的、信息化的管理实践。**

在信息平台上，管理工作主要有两种职责：其一为沟通，促进管理者周围的信息流动；其二为控制，利用信息，促进被管理单位的内部运转。

全方位的沟通

观察任何一位管理者，都会轻而易举地发现：**管理者有相当一部分时间花在沟通上，也就是说，他们花时间只是在收集和传播信息，并不一定对信息进行处理。** 巴纳德本人就是一位首席执行官（任职于新泽西电话公司），他指出，管理者的"首要管理职能"就是"建立并维护一个信息交流系统"。

在我 1973 年的研究中，我估算了一下，有 5 位首席执行官把他们 40% 的时间用来进行各种沟通。滕格布拉德在对瑞士企业高管的研究中也发现，这些高管有 23% 的时间用于"收集信息"，另有 16% 的时间用于"传达和通报信息"。

我没有把我后来研究的 29 位管理者在各种活动上花费的时间制成表格，但是沟通显然占据了他们很大一部分时间：加拿大皇家骑警诺曼·英克斯特浏览过去 24 小时的新闻简报；某人顺访加拿大皇家骑警分队指挥官伯奇尔，"告诉你出了什么事"；约翰·克莱格霍恩在向机构投资者简要介绍金融业的最新动态；史蒂芬·奥莫罗在难民营视察一堵围墙的重建工作，这堵墙最近被一场风暴吹倒了……诸如此类的情况不胜枚举。

在管理模型中，沟通就像是包裹着管理者的一种薄膜，管理者进行管理活动都要穿过这层膜。"沟通不仅是管理者花费大量时间在做的工作，而且是构成管理工作的介质"。管理者通过塞尔斯所称的"监控"活动来吸收信息,这种"监控"活动使得管理者成为所辖单位的神经中枢。然后他们在单位内部传播信息,并通过所谓发言人的活动把信息传递给单位以外的人。

监控 作为监控者,管理者设法网罗每一条有用的信息。不论是关于内部运营和外部事件,还是关于趋势预测和行业分析,一切可能的信息都属于他们的网罗范围。同时,管理者也为自己建立的网络带来了大量类似信息,搞得他们措手不及。莫里斯等人在以中学校长为例时说,他们"很多时候都在'忙个不停'":巡视办公大楼、视察自助餐厅、突击检查教室与图书馆等。他们不断地进进出出,以便"准确探测学校动态","防患于未然,把问题消灭在萌芽状态"。⊖

神经中枢 一般来说,管理者的下属都是专责人员,负责单位某个方面的具体工作。相比之下,管理者可谓他们中间的多面手或通才,负责全面监督。与负责具体工作的员工相比,管理者的专业知识较少,但是他们对该领域工作的全局了解得比任何员工都要多,因为管理者在单位内部建立了强大的信息库。由于管理者的各种监控活动,**他们成为所辖单位的神经中枢,至少在他们把工作做得很好的情况下,他们就是单位里消息最灵通的那位。**

这种角色对比同样适用于美国总统与各内阁秘书长、公司 CEO 与副总裁,或者基层主管与工人。正如莫里斯等人在讨论那些中学校长的工作时曾说:"在学校里,校长是关键的交换点,是传递所有重要信息的交换台。"

在皇家银行投资者的午餐简报会上,约翰·克莱格霍恩说了说上午在各分行看到的趣闻。当天的其余时间同样有大量的信息沟通与交流。大多数情况下,约翰都在了解情况,获取各种详细资料,有时则是综合性的数据。但是,他也会花时间将行里的一些大事,如某个悬而未决的收购项目告诉员工,向他们灌输其价值标准(约翰全天的工作内容请参阅附录)。

⊖ 参见埃尔维森和斯维宁森关于管理工作中"倾听与非正式闲聊的重要性"。

同样的情况也适用于外部信息的传播。由于管理者的特殊地位，他们可以接触到自己单位以外的管理者，而后者又是他们所辖单位的神经中枢。美国总统可以致电英国首相，此工厂的领班同样可以联系彼工厂的领班。我们不妨来比较以下两种描述，前者说的是美国街道的黑帮老大，后者则是美国总统：

由于街头黑帮老大是自己帮派信息流的中心，对于帮派成员的问题与需求，他比任何一个手下的消息都要灵通，因而更有能力采取相应的行动方案。加之他与其他帮派老大保持着紧密联系，因此对于（城里的）各种情况，他也比任何一个手下的消息都更灵通。

罗斯福收集信息的技巧说到底就是竞争。总统的一位助手曾向我透露："他会把你叫过去，让你去摸清一件复杂的事儿。几天后你回来了，等你把几经周折才在某个犄角旮旯里挖掘到的一丁点儿新鲜东西交给总统时，才发现他都已经知道了，甚至还知道一些你不知道的事儿。通常，他不会告诉你从哪儿弄来的这些消息，但等他这么干上一两回，你肯定会对你收集来的消息格外小心了。"

传播　管理者如何处理他们手上广泛而独有的信息？与我们看到的其他角色一样，管理者处理信息的方式多种多样。但回到这个角色上，管理者只是将大部分信息传播给所在单位的其他人员，与他们共享信息。**和蜜蜂一样，管理者也在相互传粉**。正如加拿大皇家骑警分队指挥官艾伦·伯奇尔在参加管理层会议途中所做的报告："我是知情的，但是我必须将信息传达到位，确保大家都了解状况。"

发言人　管理者还会把信息传递给组织以外的人，不论是单位内部的人把信息传递给单位以外的人，还是单位以外的人再把信息传递给另一个人。比如，信息在顾客、供应商和政府官员之间的传递。此外，**作为单位的发言人，管理者对外代表的是单位，必须为了单位利益向各类人群发表演讲**，为了单位目标进行各种游说，在各种公开论坛上代表单位的专业水准，随时向各利益攸关方汇报单位的最新进展。

班夫国家公园的地区负责人查利·辛肯就印第安人的土地所有权问题与某营地主人交涉。查利·辛肯耐心地向其解释了政府的立场。营地主人感激涕零：终于有人对自己说明了情况。国际红十字会坦桑尼亚地区的负责人史蒂芬·奥莫罗会见了某重要捐款机构的代表，后者前来审核难民营的资金使用情况。史蒂芬对代表提出的诸多问题做出详细回答，给人留下了深刻的印象。这同时也说明史蒂芬对红十字会的运营状况了如指掌，其信息准确、直观。

口头传递、视觉传递和内心感受　　通过第 2 章的讨论，我们知道有一个事实是不言自明的：管理者的优势并不在于拥有人人都可以获得的书面信息，而在于能够掌握当下的、尚未记录在册的、大多通过口头传播而获得的信息，比如，流言蜚语、道听途说，等等。实际上，消息灵通的管理者所获得的信息很多甚至不是通过口头传递，而是通过视觉传递或内心感受到的。换言之，他们看到和感觉到的比听到的多。这说明在管理实践中，更多的是利用管理艺术和管理技艺，而不是管理科学。高效的管理者能从说话者的语音语调、面部表情、肢体语言、情绪和氛围中捕捉信息。

这种对信息捕捉的敏感性，我在陪同史蒂芬·奥莫罗视察难民营时观察得最透彻。史蒂芬在视察过程中，想方设法感知难民营的状况。无论在难民的住宅前、在街上、在集市上或者在田间，史蒂芬遇人就打招呼或微笑示意。上前与史蒂芬握手、闲聊的人为数不少。"我的工作是帮助和培训当地的红十字工作人员，"史蒂芬说，"但是，我还是得到处走走看看，你必须与这儿的人打成一片。"

综上所述，**管理工作很大程度上是一种信息处理活动，尤其要通过大量

的倾听、观察、感觉和交谈来传播信息。但如此一来，可能会让管理者感觉不堪重负或挫败沮丧。一方面，管理者总忍不住想亲临现场，亲自弄清事情的进展，以"避免出现那种因脱离实际常常一事无成的情况"。当然，这种亲力亲为可能会导致微观管理：插手或干涉他人的工作。另一方面，管理者不这样做则会导致"宏观领导"：对工作进展一无所知。我们在第5章讨论管理难题时还会回到这一点上。

单位内部的控制

管理者对信息的一种直接运用就是"控制"，也就是指导他们"下属"的行为。诚如前文所述，在20世纪的大部分时间里，管理几乎等同于控制。这一观点源自亨利·法约尔1916年的著作，那是他根据19世纪时的法国煤矿管理经验撰写的。但这一观点的盛行其实是在传统的产品制造业（如汽车业），此后又盛行于政府部门。古立克与厄威克也将法约尔的理论奉为圭臬，提出了广受欢迎的7字箴言"POSDCRB"：计划（planning）、组织（organizing）、人员配备（staffing）、指挥（directing）、协调（coordinating）、报告（reporting）和预算（budgeting）。显然，这其中有4个词都与控制有关，另外3个词，即人员配备、协调和报告则反映了控制的几个重要方面。因此，可以说长期以来我们对管理工作的描述是错误的，至少是狭隘的，我们仅仅关注了管理工作的一个方面——通过正式权威来控制单位。

1960年之后，由于人员平台在管理中的重要性逐渐凸显，控制失去了原有的地位。但是，由于近来"底线"与"股东价值"思潮的涌现，控制卷土重来，而且气势较以前更甚。

在我之前的作品中，我情愿把"控制"排除在管理的10种角色之外（尽管10种角色中有一个"资源分配者"——这恰恰是控制的一个方面）。我这么做或许是一种过激反应，因为之前人们对控制关注得太多了。现在，我又将控制角色放进来，但这次是以一种切实的方式——管理者如何实施控制。

在加拉的难民营里，控制是非常重要的，因为管理者必须确保难民营所发生的一切事情在控制范围内，以防小事情演变为大灾难。在红十字会召开的一次会议上，阿巴斯·格莱特对史蒂芬·奥莫罗说："史蒂芬，你一定得耳听八方，尽量多去体会在难民中的感受。"当然，最重要的还是红十字协会的制度、流程和规章。相比之下，乐队指挥布拉姆韦尔·托维在一天的工作当中就很少有明显的控制。从下达命令、委派任务或者宣布决定这个意义来说，布拉姆韦尔那一天几乎没有"指挥"什么。与其他管理角色一样，控制的重要性确实会有变化。

人们认为行政在某些方面就等同于控制，并将之视为管理工作中的繁文缛节和枯燥乏味的例行公事。事实上，在20世纪50年代，彼得·德鲁克曾把"管理者"与"行政人员"区分开来，就像我们今天将领导者与管理者区分开来一样。我们不应该对领导力趋之若鹜，并因此把管理简化为行政——无论如何，那只不过是"拔去行政的丑陋黄毛，而披上领导力的光鲜羽毛"。我们应该把控制看成有效管理和有力领导不可或缺的部分。

琳达·希尔发现，她所研究的新任管理者对"行政"持消极态度，无论如何也不愿认可"行政"为其工作内容之一。○推测起来，原因可能有两点：第一，倘若单位的管理者不承担组织协调的责任，不实施必要的控制，谁又会为此负责呢？第二，管理者是对所辖单位的业绩负责的人。其实，**窍门在于，不要回避控制角色，而要避免被这一角色捆住手脚——这一点对各种管理角色都是有用的。**

○ 黑尔斯与穆斯塔法发现，他们研究的所有管理者对行政工作的预期是规划工作、分配任务与资源、监督工作业绩、下达命令等。事实上，他们发现这些管理者对员工发展的预期则要熟悉很多。员工发展指的是员工培训和指导等工作。

《牛津英语词典》将"管理"一词的源流追溯到法语当中,尤其是"main"这个词,意思是"hand"(手),与"训练、驾驭和指挥马的速度"有关。⊖这一层意思表达了控制角色的本质,即驾驭和指挥"下属",确保他们顺利完成工作。但是,管理者如何控制呢?要回答这个问题,让我们重新回到决策制定上。

通过决策进行控制 一般认为,做决策是决策者头脑中的思维过程。在组织中,决策者通常是管理者。如果说的是做选择,上述观点可能是正确的,但是做决策包含更多的含义。实际上,**做决策可谓包含了控制的各个方面**。⊖

让我们看一下图3-3的决策模型中所示的3个阶段:第一阶段是界定(与诊断)问题,第二阶段是制定可能的行动方案来处理问题,第三阶段是对最后结果做出决定。围绕这3个阶段的是控制的5个方面,即规划(designing)、委派(delegating)、任命(designating)、分配(distributing)和评价(deeming)。

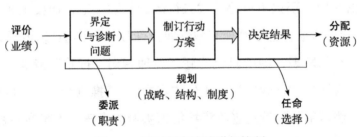

图3-3 通过制定决策进行控制

⊖ 这种用法仍然存在,正如我在班夫国家公园中听到的"熊堵管理计划"。

⊖ 参见滕格布拉德所做的一个相似的对比:一个是把首席执行官看成决策者,另一个是把首席执行官看成领导者,并且讨论"通过制定决策来获得有效控制的潜在弊端"。滕格布拉德在对8位瑞士企业首席执行官的研究中发现,在他们的管理工作中,只有7%与制定决策相关。他总结道:"如果没有人把决策制定看成高管的任务,只是当成一种控制的手段,就会出现完全不同的管理场景。在这篇文章中,影响力被视为是高管的主要任务"。

规划　管理领域最卓越的思想家郝伯特·西蒙认为，规划是管理的基本职能。规划指的是介入创建或改变某事。[○]管理者有时会参与规划实际的事情，比如，带领一个任务小组来开发新产品（我们会在行动平台上讨论这一点）。而这里关系的是要规划管理者所辖单位的基础结构，通过战略、结构和制度来控制单位的人员。[○]

战略规划　人们喜欢将管理者比喻成组织目标的"设计师"，也就是设计图纸，以便其他任何人都可以依之建造的人。用战略管理的语言来说就是，制定战略让他人来实施。这表明战略制定是一个深思熟虑的规划过程，其目的在于控制人们的行为和活动方式（在第 5 章里，我们将把这里讨论的战略制定与作为非自主性学习过程的战略制定进行对比）。

结构规划　管理者还要规划组织的结构：他们在所辖单位委派工作；给每位员工制定相应的岗位职责；再将他们按照权力层级组织起来，一如那些"组织结构图"所描绘的。这种结构有助于确定员工的日程表，以便控制他们的行动。

制度规划　更为直接的是，管理者可以负责规划乃至运行他们所辖单位的各项制度，包括各种计划、目标、日程、预算、绩效，等等。事实上，罗伯特·西蒙曾在他的研究中发现，公司的首席执行官往往会选择其中一项制度（如利润规划），使之成为他们行使控制权的关键。同样，莫里斯等人也指出，他们所研究的那些校长"创建并确立了学校的行政纪律制度"，比如，他们使用索引卡，以便让"学生认识到自己的不端行为会被记录在案"。请注意这种"无为而治"式的控制：管理者把制度建立起来，然后便由制度去自行实施控制。

委派　委派是指管理者将某项任务特别分配给另一个人，即由某个特定

○ 另参见基奥等人就"作为组织规划者的 CEP"对杰伊·福雷斯特的访谈。
○ 彼得·圣吉认为这种规划指的是通过 3 个步骤来建立单位的社会基础设施：首先，构思基本目标、愿景与核心价值；其次，制定政策、战略和制度，将目标、愿景与核心价值转化为决策；最后，确立学习流程，通过学习不断改善上述各项。

的个人奉命执行某项具体的行动。如图 3-3 第一阶段的决策制定所示。**在委派阶段，管理者认识到需要完成某件事情，却将决定和行动留给另一个人。**

委派阶段相当棘手的局面是我们在最后一章里提到的两难处境（在第 5 章里也有详细的讨论）：作为神经中枢的管理者，当他们对情况更为了解，却没有时间执行任务，甚至没有时间把信息传递给要去执行任务而需要该信息的另一个人时，管理者应该如何进行委派？

任命　如果说委派注重的是第一阶段的决策制定，那么**任命（包括授权）注重的则是做出明确的选择**。有时，这些来也匆匆的利害问题可能会去也匆匆，比如，当管理者授权或拒绝单位某个人提出的决策时。当然，选定未必都那么简单。

时装博物馆馆长凯瑟琳·约恩特-迪特勒的助手就空缺职位招聘一事征求她的意见。她回答说："哦，不行，我不了解这个人，不想雇他。"但在助手的坚持下，她同意见见他，于是那天就安排了见面。结果，凯瑟琳当场就录用了他，还说："他过得太不容易了，给他一次机会吧。"在我观察的 29 天中，很多要求授权的请求都是在行政会议上提出的，而且常常是关于悬而未决的支出，就像医院老年病科的那位门诊主任韦伯医生与他的业务经理的会议：她提出问题，而他则简短作答，多半为"是"或"不"。

这样的选定既可以是正式的，也可以是非正式的，后者可能更加司空见惯，也更加变化多端。我们来看看英特尔公司的安迪·格鲁夫是怎么说的：

毫无疑问，我们的管理者有时确实会制定一个决策。但每次制定这个决策的时候，我们也以各种各样的方式，参与了很多其他决策的制定。我们会摆摆事实，或者干脆讲讲道理，我们会针对备选方案的利弊争论不休，最后硬是逼出一个更好的决策，我们会对他人已经做出或即将做出的决策进行复审，或支持或反对，或批准或否决。

分配 分配就是由于其他各项决策而导致资源分配，它也是选定的一种形式。但是，鉴于分配在管理工作中的重要性，我们应该对它"另眼相看"。

管理者花费大量时间利用他们的预算制度来分配各种资源，如金钱、材料、设备和他人的努力。但他们也会用诸多其他方式来分配资源，比如，如何安排他们自己的时间，如何规划组织结构以决定其他人如何分配时间。

请注意：将某样东西视为一种"资源"就等于为了控制而把它视为信息（常常是用数字来表示的）。因此，"分配资源"就是控制这一角色在管理模型的信息平台上行使职责。事实上，**将员工视为"人力资源"是想把他们当成信息一样加以处理，仿佛他们可以物化，不论从规模还是数量上都可以被缩小**。后面我们将探讨，人员平台上的人际关系管理，如今已有多少变成了信息平台上缺乏人情味的控制。

评价 最后我们来探讨评价，这已经成为目前炙手可热的一种控制形式了，只是很少被冠以"评价"的标签（"目标管理"可能是更为人们所知的一个标签）。评价指的是把目标强加给人们，期望他们遵照执行，如"销售额提高10%"或者"成本降低20%"并且要"在我上任后100天内实现"。管理者发号施令，然后抽身离去。事实上，这些目标常常遥不可及，甚至与战略毫不搭界，因为管理者往往就是在缺乏清晰的框架时才会青睐评价。**当管理者不知该怎么做时，他们十有八九会逼迫下属去"做"**。

如今，为数众多的所谓战略规划与目标评价又有什么差别呢？把战略规划当成一种基于分析的公式化流程，而不进行综合考量，往往会阻碍创造性战略的产生。如此一来，管理就变成了"数字运算"——用既定的绩效目标来推动行为（参见我1994年的作品《战略规划的兴衰》（*The Rise and Fall of Strategic Planning*））。"销售额提高10%"不是一项战略。

在那29天里，我观察过的几个计划会议几乎无一与战略有关，多半是关于组织或预算，甚至日程安排，正如后面随附的资料框里所讨论的。

目标设定常常很有必要，所以我并没有认为它不值一提，我在这里只想阐明，评价是不可能独立存在的。管理者必须能够驾驭目标，也就是进入其中，继而超越目标，深入了解单位的工作情况。换言之，**适度的评价不无裨益，但仅靠评价进行管理则是行不通的**。

评价"大法"可谓简单易行，对那些不谙时势的管理者来说尤其如此。如果想让目标与思想结合实乃相得益彰，对组织的管理必须具有整体思想和全局观念，否则难免会降低管理效率。

总而言之，信息平台上的控制很有必要，但如果脱离人员平台和行动平台，甚至用它来代替这三个平台上的其他角色，那就失去它的价值了。

用人管理

利用人而不是借助信息进行管理意味着管理者又朝行动迈进了一步，但仍然没有到达采取行动的地步。在人员平台上，管理者假力于人：其他人员才是行动者。

人员平台上的管理对于态度的要求与信息平台截然不同。在信息平台上，管理者从事指导性的活动，利用信息来驱使人们达成特定的目标。在人员平台上，管理者不再驱使人们，而是鼓励他们自然而然地达成自己偏爱的目标。因此，琳达·希尔将"我必须让下属服从"与"服从不等于承诺"加以比较，然后继续评述说："管理既涉及行使正式的权威，也涉及确立相互依赖的关系，后者在管理工作中的地位即便没有前者那么重要，也是不相上下的……'作为一名管理者'不仅意味着居于权威地位，也意味着他们会变得更加依赖他人"，这里的"他人"包括局内人和局外人，而且职位越高，对他人的依赖程度也越高。

7字箴言（POSDCRB）和泰勒式（Tayloristic）管理出现几十年后，20世纪30年代进行的霍桑试验对管理产生了巨大的影响。这一系列实验证明，管理不只是关系到对"下属"的控制。参加试验或至少是资料记录的那些人刚开始的时候都有各自担忧和关心的事情，于是管理者先"激励"他们，然后又"授予"他们采取各种行动的权力。就这样，影响力开始取代信息传递，员工们不再盘算，而是承担起各自的义务。事实上，到20世纪60年代末70年代初，很多文献资料开始热捧人事管理这个与管理工作的实质并不相关的话题，并冠以一系列时髦的标签，如"人际关系""Y理论""参与管理""工作生活的质量"以及"全面质量管理"。接着就出现了"人力资源"——我们又谈到这一点上来了。

"战略规划"是构思框架，评价目标，还是安排日程？

有一次，绿色和平组织的执行总监保罗·戈尔丁与他的两位下属开会。他们一位是安妮列克，一位是史蒂夫，前者来的时候带了一大堆活动挂图（这一天的完整记录报告请参见附录）。安妮列克把挂图挂了起来，第一张的标题为"基本规划活动"，然后她开始阐述（这些图表都被冠以"财务与战略规划的含义""政治结构"和"信息结构"等标签）。但保罗打断安妮列克的话，问道："在我们开始之前，我先问一下，整个活动的目的是什么？"安妮列克回答："为整个组织制订一个工作计划，也就是哪些人做哪些工作。"在他们讨论这些图表时，保罗说："在实施之前，我们需要通盘考虑战略规划，而且我们应该给战略规划制定相应的绩效目标。"

于是安妮列克在白板上列出：（1）目标/使命；（2）分解目标；（3）沟通。然后，他们讨论了一下应该如何进行。安妮列克一会儿问，"我们是集思广益还是从头到尾逐一来看？"一会儿又指着另一张说，"我觉得我们应该继续，照这样下去，恐怕我们光讨论这个活动（即第一张图表）就能讨论两天。我们下面来看资源分配（即第二张图表）。"

　　暂且不提战略规划，绿色和平组织的这三位领导是在进行领导吗？他们确实想要理清思路，以便了解并应对绿色和平组织的管理工作中存在的复杂问题。但是，无论是从广义还是从特殊的角度而言，他们都没有提到战略。这个活动似乎变成了一种分解：将组织分解为一个个零散部分的组合，将图表分解为一个个愿望的组合。这几位管理者并没有从这样的安排中获得战略，至多只是在规划的过程中获得了一些想法。

　　或许正因如此，规划确实与"区分优先顺序"有关，也就是使各项事情有序化，以便决定在什么时候必须做什么事情，这在本章的管理模型中被称为日程安排。正如艾伦·威尔达夫斯基所言："当我们人类被不同寻常和不可预测的力量所控制时，难免会感到孤独和害怕，所以我们只能挑战命运，以此获得一切可能获得的慰藉。我们会向着生活的风暴大声喊出自己的计划，哪怕听到的只有自己的回音，我们也不再孤独。让我们不要相信计划，无疑会引发我们内心深处的恐惧。"

　　但是，自20世纪70年代初以来，**这些人员仍然是"下属"：正是"参与"**使他们一直当着下属，因为这是在管理者命令之下的"参与"，始终受到管理者的控制。而且，后来出现的"授权"一词也未能使这种状况有所改观，因为这个术语本身就表明，权力是属于**管理者**的。真正被授予权力的员工，如医院的医生，甚至蜂房里的蜜蜂都不会等着天上掉馅饼的。他们深知自己的职责所在，也正是那么去做的。当你跟班夫国家公园的工作人员"说起'授权'的时候必须十分小心"，那里的负责人查利·辛肯告诉我："我们一直在让机械师阅读《哈佛商业评论》！"正如莱恩·塞尔斯所说："内在的工作满意度不可能放在盘子上端给大家，只能由员工自己获得。"事实上，我们今天所谓的"授权"有很多只是在摆脱多年来的剥权（disempowerment）。

这些人员仍然是下属还体现在另一方面，即管理者将全部注意力都集中在组织内部这些向他们正式汇报的下属身上。通常来说，管理者在组织以外的人员身上花费的时间至少应该与他们在下属身上花费的时间一样多。这个显而易见的主张是在对管理工作进行过认真调研之后才得以证实的。因此，这一部分将要探讨人员平台上的两种管理角色：领导组织内的人员并与组织外的人员联系。

领导组织内的人员

专家当上管理者之后的最大变化常常是（或者应该是）从"我"变成了"我们"。正如希尔所发现的，当管理者开始对他人的绩效负责时，出于本能，他们立刻会想："很好，这下我可以制定决策，发号施令了。"但他们很快就会认识到，"正式权威的力量相当有限，"变成管理者无非变得"更加依赖他人来完成各项工作"。领导这个角色就是这样登场的。

有关领导力的著作可谓汗牛充栋，可能比管理其他各方面的著作加起来的还多。尤其是在美国，人们对领导力比以往任何时候都要痴迷（2007年我在哈佛MBA的网站上数了数，领导者和领导力这两个词出现了不下50次）。正如希尔所述：

从这些新任管理者走马上任的那天起，他们的口中就不时冒出"领导力"这个词，比如，他们宣称想要领导这个组织。领导力似乎变成了一个笼统的词语。但是他们甚至说不清楚自己到底想用这个词语来表达什么意思。

一旦发现某个组织存在问题，你就会发现几乎所有的人都提出了领导力这个解决方案。而且，如果新领导上任之后，组织的状况日益向好，那么，不管原因是什么（如宏观经济走势更加强劲或竞争对手破产），人们都会将此归功于领导。这就是我们"对领导力的浪漫联想"。

领导力的作用确实不容小觑。但是，与其说领导力的作用高于一切，不如说它是在控制或制定战略。领导力必须与其他因素相结合，尤其要配合"团体精神"才能使组织有效运转。事实上，很多组织现在已经较少运用领导力了。

人们往往使用领导力这个词来表达两个不同的含义。第一个含义与地位和领导有关：领导者对组织负责，激励与鼓舞员工，令人产生敬畏之感，使组织起死回生。这是领导者不同于管理者的地方，也是那些"领导力"课程打动人的地方：你只要上过几天或者几年 MBA 课程，那么（如果你相信那些天花乱坠的报道）一旦你学成回来，就准备执行领导力吧。然而，等你设法这么去做时，你就会发现，情况正如希尔对新任管理者的研究结果，**领导力是靠你赢得和习得的，而不是别人授予的。**

领导力的第二个含义是广义上的，常常超越了正式的权威。可以说，任何一位开创新局面、为他人指明方向的领导者都是在执行领导力。伟大的创造者就是领导者；同样，就像那些报道中为公司带来史上最丰厚回报的"臭鼬工厂"⊖一样，组织里带头的人就是领导者，不管他们的地位如何。

我非常赞同以上两个观点，因为我们需要创造性地确定方向。但是在这本书尤其是这一章中，我想将领导力作为管理的一个必要组成部分来加以阐述，尤其是领导力如何推动人们参与组织的活动，使其更加有效地运转。关于这一点，隆巴多和麦考尔曾经写过那些管理者"在提到自己的时候不

⊖ 臭鼬工厂（Skunk Works），是洛克希德·马丁公司一个很小的高级研究部门，素以研制隐形飞机和侦察机而闻名，其研制的飞行器产品包括 F-117 隐形战斗机，以及属于美军绝密航空研制计划的 U-2、SR-71 飞机等。在英语中，Skunk Works 常形容高度灵活、高度自治，从事高级项目的小组。——译者注

以领导者自称",他们自认为是在特定的情境中"起带头作用";在下一章的"非管理者的管理"部分,我们将探讨领导力的第二个含义。

管理者行使第一层含义的领导力时,既可以针对个人,也就像俗话所说的那样,一对一地进行;也可以针对团队;还可以针对整个单位或组织的文化来进行。我们先从两个方面来探讨管理者如何对个人行使领导力,即激励个人和培养个人。⊖

激励个人 管理者会花费大量的时间促进下属更为高效地工作,这一点是毋庸置疑的。他们会给予下属激励、劝说、支持、说服、授权、鼓励。不过,我们换一种说法来表达这一切或许更易于理解:管理者在扮演领导角色时,应该设法激发出员工身上固有的活力与能量。引用一位颇有名望的CEO的话来说就是:"管理者的职责不是监督或激励下属,而是让下属摆脱羁绊,使他们能够自由地做事。"

培养个人 培养个人也是从个人的角度来说的。管理者还要辅导、培训、指导、教授、劝告和培育个人,总而言之,管理者要培养组织的员工。大量类似的词语无不表明人们对这方面领导作用的重视。但话又说回来,**我们或许更应该将对个人的培养这一职责视作管理者帮助员工自我发展**。不仅管理者如此而且卡尔加里的两位老师饶有风趣地说:"都说老师的主要职责是'推动'孩子的发展……对于这个观点,我们已经忍无可忍了。我们的工作远比'推动'更加细微和深刻,我们要传道、授业、解惑。"

我在难民营的那几天里,领导力的这个含义表现得最为明显。国际红十字会的大多数代表都亲历过赈灾活动,而他们每个人在坦桑尼亚红十字会里都有对应的一个人,这个人正是他们自己培训出来的。除了完成日常工

⊖ 雇用、评判、报偿、提升和开除个人等各项管理活动都属于控制而非领导角色的范畴,因为这些活动都与做决策有关。当然,管理者如何完成这些活动则属于人员层面的事情。但有一个不争的事实是,每一种管理角色都会涉及做事与交易,同时也会涉及控制与沟通。

作如审核绩效、招聘、申请面试之外，阿巴斯·格莱特还要把大量的时间用来进行这样的培训⊖（阿巴斯一天工作的详细情况请参见附录）。

有时，作为这个培养工作的一部分，管理者还要"行动"起来才能培养他人，换言之，他们要采取行动，而行动的目的并非完成什么事情，是要以身作则。英特尔公司的格鲁夫认为，"最好的领导方式就是率先垂范，"而且，"价值观和行为规范的传达绝非嘴上说说或者发发文件那么简单，最为有效的方式莫过于采取行动而且是看得见的行动"。

打造和维护团队　从团队的角度来说，管理者要在所辖单位内部打造和维护各个团队。**他们不仅要将员工凝聚起来，组成相互协作的团队，还要解决发生在团队内部和团队之间的各种冲突，以便他们继续工作。**"领导者……是能够将团队组织得井井有条的人——不管是由领班负责的小团队，还是由部门或全厂组成的大团队……从而将整个团队的力量调动起来。领导者是创造团队的人。"

有关团队建设的著作不计其数，这里我们无须赘述。但希尔的一个观察资料仍然值得一提。她研究的新任管理者最初都以为他们的"人员管理职责就是尽力与每一位下属建立最有利于工作的关系"，因此，他们"未能真正认识到自己所承担的团队建设的职责，更不必说解决其中存在的问题了"。但是，随着时间的推移，在屡次失败之后，他们终于认识到团队建设的重要性。

新任管理者之所以会产生先前的误解，多半因为他们被组织的结构"愚弄"了，"他们想当然地认为，如果所有员工都能遵照某个总体规划或大政方针开展工作，就不需要再跟他们联系或者进行人为干涉了"。换言之，控

⊖　管理者在培训上所花的时间似乎都不一样。黑尔斯和穆斯塔法在对马来西亚中层管理者的研究中发现，他们"更期望能够保持员工的水平和绩效，而不是提高员工的绩效"，而希尔则发现，美国的新任管理者"更加醉心于"正规的人事管理技能（如培训），而不是非正规的技能（如咨询和领导力）。

制角色将负责必要的协调。塞尔斯却认为，情况并非如此。这与我所观察的一样：法碧恩·拉沃伊将她手下的护士组成了一个运转顺畅的团队；阿巴斯·格莱特则让红十字会的代表及其对应的人在难民营里协同工作。因此，塞尔斯的观点在我看来是显而易见的。

希尔引用了彼得·德鲁克的论述，即管理在团队里（如棒球队）的个人与管理身为团队一员（如足球队或乐队）的人有何不同。同样，克劳特等人认为，成功的竞技团队都具有"登峰造极的能力，能够将每位成员的努力完美无缺地融合起来，成为一个独立的整体来完成任务"。管理作为一个"团体项目……对其团队成员也具有类似的要求"。

打造和加强企业文化 单位的管理者在打造和加强企业的文化建设方面扮演着关键的角色。这里的管理者更多情况下是指整个组织的首席执行官。

企业文化旨在调动个人和小组的集体意识：通过把员工的个人利益与组织的需求结合起来，鼓励他们各尽其责。**文化是用来形成决策而不是制定决策的，两者的不同在于，前者是一种引导形式，后者则是一种控制形式。**在中学校长的例子中，莫里斯等人提到过："我们校长在学校里四处走动，提醒师生勿忘己任，勉励大家参与学习，努力认真工作，发挥楷模作用。"约翰·克莱格霍恩在加拿大皇家银行蒙特利尔分行工作期间，做到了以身作则，向每一个出现在他面前的人倡导该银行的价值观念。

在前文中，我们称管理者为单位的信息神经中枢。这里，**我们可以将他们称为单位的文化能量中心**。正如威廉·F. 怀特对街头黑帮的著名研究资料中所称：

> 帮派头目是他所在组织的焦点。当他不在时，帮派成员会分成许多小组，各自为政。当头目出现时，情况则会发生显著变化。这些小单位会组成一个大团体，听从命令，统一行动。

20世纪80年代，日本企业取得的空前成功引起了社会各界的广泛关注，人们认为其成功的秘籍在于企业文化。可是，由于日本后来遭遇了经济困境，企业文化也迷失了方向，事实上，保住盈利底线心态（如控制）的凸显，彻底击败了企业文化。这无疑是一个错误：无论在日本还是其他地方，强盛的企业无不拥有优秀的企业文化。不妨想一想丰田所获得的巨大成功，而丰田正是一个忠实于日本企业文化观念的公司。

关于管理者在打造企业文化中所扮演的角色，菲利普·塞尔兹尼克在1957年出版的一本书《行政领导》（*Leadership in Administration*）或许是最具有说服力的。菲利普在书中使用的称谓有所不同，但他强调的重点是显而易见的：领导者在"组织特征"的形成中起着重要的作用；他们将"机构的目标具体化"，在体制中灌输价值观念，以便制定"政策"（现在称为战略），"纳入组织的社会结构"。一个"消耗性"组织就是这样变成一个回应性"机构"的。㊀

另一些人将文化建设称为"意义管理"，它显然超越了信息处理，甚至超越了战略发展而上升为一种方向感，将组织作为一个团体来加以推动。波尔曼和迪尔写道："领导者的任务是阐释经验，如历史教训、世界形势，等等，从而用美丽与激情……带来意义和目的。"㊁

用玛丽·帕克·福列特的话来说就是，领导力可以"化经验为力量……最有才干的管理者不会只从大量的过往事实中得出逻辑结论……他们具有洞察未来的眼光"，这有助于"对我们阐释经验"，引导"我们做出智慧的决策"，而不是将"智慧的决策强加给我们。我们需要领导者，不要大师或司机……这就是创造团体的力量"。

关于这一点，我们不妨想想蜂群中的蜂后，"她从不发号施令，而是与

㊀ 塞尔兹尼克将领导力的这一文化因素与先前探讨的个人和团队因素区分开来，他称后者为"人际关系"，在处理这个因素时，"领导者的任务是推动良好的人际交往和沟通，唤起个人对组织的效忠，减轻他们的焦虑"，使企业有效运转。与此相反，机构的领导者关注的是"宣传和维护价值观"。

㊁ 科恩和马奇也做过类似的阐述，他们认为大学校长"应该将大学作为一个机构，抓住它的历史真实性"。

她那些谦卑恭顺的臣民一样服从命令，这是一种真实可见的力量……我们称之为'蜂群精神'"。但是，她散发出来的化学物质可以清楚地表明她就在那里，她将蜂群里的蜜蜂团结起来，激励它们采取行动。在人类的组织中，这种物质则被称为文化，这就是人类的蜂群精神。

确立一个组织的文化可谓困难重重，而要改变文化也得耗时数年，但是，如果疏于管理，组织的文化则很容易毁于一旦。我与那些久负盛名的组织的管理者在一起的几天中，发现他们都非常重视保持组织的文化，原因就在于：

在难民营里，作为代表团的负责人和最富经验的成员，阿巴斯·格莱特无疑就是红十字会的文化载体。他要让其他人理解赈灾的意义，就像他自己在培训时的感受一样。在警察机关里，我们或许以为会看到许多常规的控制活动，如规章制度、绩效标准、填写表格。我与加拿大皇家骑警的三位管理者在一起的那几天里，这些控制活动确实一样都不少。但是，他们似乎更加重视文化：所有的控制行为都以谨慎的社会化为基础，采取准则共享的方式进行。因此，英克斯特总监访问了警官培训学校，并做了半小时的即兴发言，随后坦率地回答了大家的提问。

在总结对领导角色的探讨时，我们不妨重温一下将领导者比作乐队指挥的比喻，他站在台上，仿佛一切尽在掌握中。那真的是在行使领导力吗？我们来看看下面的内容：

指挥是领导者的神话

在交响乐团的指挥身上，我们可以看到一幅不折不扣的有关领导力的讽刺画。那个伟大的首领站在指挥台上，他的部下全都整齐有序地坐在周围，随时待命。音乐大师举起指挥棒，乐队便和谐有序地一起演奏。大师做了另一个动作，他们又全部停下。全权掌控——这不正是管理者梦寐以求的吗？然而，这一切纯粹是个神话。

首先，正如维尼佩格交响乐团的指挥布拉姆韦尔·托维指出的那样，这是一个从属的组织，其中包括指挥（参见附录中对托维一天的完整描述，包括他的评述），是莫扎特在暗中控制和幕后操纵。就连音乐大师托斯卡尼尼也说："我不是天才。我没有创作过任何东西。我只是在演奏其他人的音乐。"不然，"客座指挥"现象又该做何解释呢？试想一下其他各种组织中的"客座管理者"吧。㊀

观看乐队排练进一步证实了上述论点。我在排练中看到的行动远远多于影响。布拉姆韦尔·托维在行动。排练是一种有组织的工作，而他在直接管理这项工作。他的管理是为了保证结果：节奏、形式、速度、声音，要让这一切变得流畅、和谐、完美（布拉姆韦尔后来给我写信，回复这些评述："从传统意义上看，我的领导大多体现在演出中，我在演出中通过身体姿势，完全控制乐队的节奏，而节奏便意味着一切。"对他来说情况可能如此，但对大多数管理者来说，这种控制几乎是不可能的）。如果你愿意的话，可以说布拉姆韦尔是在操作乐队，而不是在领导乐队，甚至不是在指挥乐队。

然而，如果我们必须经过台前指挥这个阶段，那么我们或许应该先在幕后进行。布拉姆韦尔本人使用了"隐性领导力"这个叫法。㊁正如前文所述，当被问到他的领导力时，布拉姆

㊀ 事实上，英克森等人写过一篇关于"中间管理人（interim manager）"的文章。
㊁ 《哈佛商业评论》的编辑对这个术语非常感兴趣，他们把它用作一篇关于这方面研究的文章的标题。

韦尔答道："我们从不谈论'那层关系'。"然而，领导力确实萦绕在他的心头：他所有的"行动"都深受各种心理忧虑的影响——演奏者之间的不合、演奏者的敏感、劳工合同事宜，等等。

在大多数管理工作中，我们可以轻而易举地辨别个人、团队、单位或整个组织层面的领导，但在乐队的工作中却难以区分。

布拉姆韦尔清楚明白地表示，在排练时对个人进行直接的领导干预基本上是行不通的。从团队层面看，最不可思议的情况是：这是一个70人的团队。当然，乐队里也有各个"部门"，每个部门都有自己的头儿，但他们都是演奏者，不是管理者。当乐队演出甚至排练时，他们只有一个管理者，也只有一个团队。因此，传统的团队建设几乎是不可能的事情。在我们后来一起做的一个演示中，布拉姆韦尔开玩笑地说："我看我不是管理者，倒像个驯狮员！"这句话非常奏效，博得了一片笑声，但他没有表达出这样的场景：70个相当温顺的小猫咪整齐有序地一排排坐着，随时等待指挥棒轻轻一挥，它们就会一起演奏。

这样又回到文化建设的话题上了。文化建设在这里意味着什么？70个人聚在一起只是为了排练，排练结束便如鸟兽散。那么，何时进行文化建设呢？同样地，你可能会说，他们是凭借指挥的干劲、态度和一般行为而隐蔽地进行文化建设的。但文化建设远非这么简单，应该将文化融入体系之中。换言之，我当时所观察的文化，不只是维尼佩格交响乐团的文化，还有交响乐团这个体系的文化，这种文化在100多年前就已经形成了。因此可以说，没有必要为这个特定的乐队创建文化，要做

> 的只是加强他们的文化建设。正如一位管理学者所言："指挥不过是戴着放大镜看世界，人类在他眼中都变大了。"
>
> 　　因此，诸位"领导者"（及领导力专家）请当心。或许某天你一觉醒来，发现布拉姆韦尔·托维的行为正体现了当代管理及其隐性领导力的真谛。那么，你就得走下层级制的指挥台，放下手中的预算指挥棒，脚踏实地，你真正的组织工作应该在这里进行。唯有如此，你和其他人才能合奏出美妙的音乐。

与组织外的人员联系

"领导者处理外部关系的能力是其领导地位的最好证明。至关重要的是，领导者能够在边界或交界之处进行控制"。联系和领导都属于人员平台的行为，**前者注重对外，而后者强调对内。所谓联系，关注的是管理者与他们组织外部（不论是同一组织的其他单位还是完全不同的组织）为数众多的个人和群体所维持的关系网。**

"与非管理者相比，管理者的人脉关系网络更加广泛——他们拥有更多俱乐部和社团等组织的会员身份"。霍曼斯将这称为"交换"关系，卡普兰称之为"互惠"关系——请参阅他对这一关系的另一种精彩描述：管理者的"贸易路线"，因为管理者给予某物是为了立刻得到某物作为回报，或者作为在某种人际关系银行的一笔投资。

我与加拿大公园的三位管理者在一起的那几天里，这种错综复杂的联系表现得最为明显。如图3-4所示，他们的管理都处于边缘状态，介于他们的单位与外部环境之间，但每个人的情况又各不相同。西部负责人桑德拉·戴维斯的管理涉及很多政治关系，她要在自己管辖的加拿大西部公园和渥太华的管理者及政客之间周旋，她将政治与流程联系起来。班夫国家公园的负责人查利·辛肯是桑德拉的下属，他的管理涉及利益攸关方，因为形形色色组织之外的人都会对他施加压力，他将影响与项目联系起来。班夫国家公园的前郡负责人戈德·欧文是查利的下属，他的管理主要涉及操作，工作介于运营与管理之间，他将行动与管理联系起来。

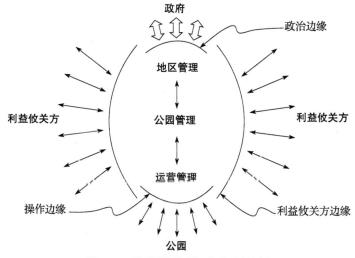

图 3-4　边缘管理（加拿大公园内）

令人惊讶的是，管理著作很少关注联系这一主题，尽管几十年来的研究一再表明，管理者花在外部联系上的时间丝毫不少于内部领导的时间。"高效管理者的撒手锏不是正式的计划和组织图，而是日程表和关系网"。现在的组织都广泛建立各种联盟、合资企业和其他合作关系，因此，在这种形势下，联系仍未引起人们的关注就更加出人意料了。⊖

这种联系多半是在同地位的人们之间建立的，换言之，"社会地位相同的人往往会频繁地进行互动"。但他们也会积极地扩大关系网，与更多的人建立联系，如地位更高的人（比如管理者自己的上司）、同一组织中的其他员

⊖ 有趣的是，希尔发现那些向管理者汇报工作的下属往往最了解这一角色，他们认为管理者会保护自己。"下属把管理者看作他们与外部世界的联络人"，尤其是"辩护人和起缓冲作用的人"。

工、工作流程中的很多外部人员（客户、供应商、合作伙伴、工会官员等）、贸易协会和政府官员、专家、社区代表，以及其他各色人等。⊖例如，莫里斯等人发现，学校的校长"结交……'祖母们'"——那些对社区了如指掌的街坊四邻，以便能够担任学校的"监督员"，"向他预先通报各种异常动态"。

在我29天的观察中，与那些管理者联系过的人可谓五花八门。住院部的法碧恩·拉沃伊联系过医生、病人和病人家属；约翰·克莱格霍恩与皇家银行的金融投资者共进午餐，向他们通报情况以便对其产生影响；布莱恩·亚当斯必须与世界各地的庞巴迪伙伴公司合作（日本的三菱公司、欧洲的宝马/劳斯莱斯等）；医院院长马克面临各种压力，他的办公室仿佛被包围了，政府想要削减医院的开支，医生们直接去董事会告他的状；在红十字会的难民营里，阿巴斯·加利特和史蒂芬·奥莫罗与他们在坦桑尼亚的合作伙伴、非营利组织的人员、联合国的官员、难民与捐助机构的代表进行了联系，他们还通过邮件和电话与非洲和瑞士红十字会的官员们建立联系。

图3-5是管理者的联系角色模型。它包括建立关系网络、代表、传达/说服、传递、缓冲等各项活动，我们将一一探讨这些活动。

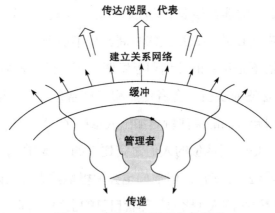

图3-5　管理者的联系角色模型

⊖ 塞尔斯在1979年的著作中将这些关系分为以下类别：工作流程关系、服务关系、咨询关系、稳定关系和联络关系。

建立关系网络　可以明确的一点是，**关系网络的建立可谓无所不在：几乎所有的管理者都会花费大量的时间建立外部联系人的网络，形成外部支持者的联盟**。科特在对总经理的研究中注意到，"在早期及后来的工作中，他们无不花费大量的时间与精力来打造一种合作关系的网络"，而且"那些表现出众的管理者……会更加充分地利用已有的关系网，从而建立起更加强大的人脉关系"。

鹰头电影公司的总经理卡罗尔·哈斯拉姆凭借自己强大的人脉关系及对英国电视业的深入了解，为客户与制片人牵线搭桥。她有一本厚厚的日志，上面多是手写的联系人电话号码。在红十字会里，阿巴斯·加利特充分发挥了桥梁作用，他不仅让英国人与斯瓦希里人、非洲人与欧洲人建立了联系，还让欧洲某个富裕城市的总部办公室与非洲某个贫困小镇的代表团办公室建立了联系。用古尔德纳的话来说，阿巴斯是一个既立足本地，义放眼全球的人，他能够将自己对机构合乎规范的认识和对形势心照不宣的理解结合起来。

同样，研读以下两段关于人际关系活动的描述颇具启发意义，虽然它们一个说的是美国总统，另一个说的是美国街头的黑帮老大，但二者在建立关系网络方面的做法却有着惊人的相似之处：

富兰克林·D.罗斯福总统的个人信息来源是他长期以来善交际与好奇心的产物。他交友甚广，在各个时期、在政府的各级各部门都有很多熟人。他还拥有他的妻子及其各式各样的联系人……罗斯福精心地利用这些关系，并将它们结合起来，从而拓宽自己的信息范围。一旦他的兴趣发生变化，信息来源也会随之改变，但是，所有曾经唤起他兴趣的人，他都会牢记在心，并能随时加以运用。

街头黑帮老大在圈外的知名度更大，圈外人对他的尊敬丝毫不亚于他自己的手下。他的社会活动能力非同一般。他的重要工作之一就是让他的帮派与该地区的其他帮派建立联系。无论帮派之间是发生冲突和竞争，还是建立合作，他都应该代表手下人的利益。无论是政治家还是敲诈者，都必须搞定老大，才能赢得他手下人的支持。黑帮老大在圈外博得的名声往往可以巩固他在圈内的地位，而他在圈内地位又能为他在圈外人中间树立声誉。

代表　从对外的角度看，**管理者扮演挂名首脑的角色，对外部世界正式代表他们的单位**，比如，公司的 CEO 主持某个正式晚宴，大学校长在毕业证书上签字，工厂的领班招待来访的客户（有人曾经半开玩笑地说，管理者的作用就是会见访客，这样便不会耽误其他人完成工作了）。"美国总统是执政党的领袖，除此之外，他还是'正式仪式上代表国家的首脑，是美国民族团结的象征'。"⊖

布拉姆韦尔·托维在乐团最慷慨的乐迷家里过了一晚，后者正在主持"音乐大师圈"的晚宴。在那里，他与大约 50 位乐迷一起交际往来，发表简短的演说，然后为他们弹钢琴助兴。加拿大皇家骑警的分队长拉尔夫·汉博与几位当地人会面，告诉他们投诉处理的最新进展情况，他认为这是一种公关的表现。

传达 / 说服　管理者利用关系网络赢得他人对自己单位的支持。如果要在信息平台上这么做，可能就得将神经中枢的信息传达给适当的外部人员。而在人员平台上，管理者要设法让外部人员相信，对于管理者所辖的单位来说，什么是最为重要的。例如，促使会计部门增加预算，或者利用各种盛会"精心安排社区参与"学校的活动。也就是我们常说的，**管理者要支持单位的需求，推广单位的产品，拥护单位的价值观念，为单位的理想而**

⊖ 塞尔兹尼克称这些代表活动是为了保护组织的"机构完整性"，虽然自那以后，保护其"合法性"变成了更流行的说法。另请参见古德塞尔的"例行公事化管理"。

游说，即四处宣传，扩大单位的影响力。○

罗尼·布劳曼一天的大部分时间里都在接受各种媒体的采访，他代表无国界医生组织就索马里的形势发表看法，以此影响公众舆论。他不只是在说话，而是在"直言不讳地发表意见"。在加拉，欧盟人道救援署的代表本就红十字会难民营的资金使用情况盘问了史蒂芬·奥莫罗一个半小时。当史蒂芬说，98%的住户都得到了他们应该得到的食物时，本问："那他们到底吃到多少呢？"他想知道这些住户是否把食物拿去换东西，或者被从中"抽税"了。本对细节情况的了解以及对检查工作的尽责都给人留下了深刻的印象，而消息灵通且对答如流的史蒂芬同样令人钦佩。

传递　联系是一条双向道：对外扩大影响力的管理者也正是外部人员意欲施以影响的目标，而大量进入单位的影响力则被传给单位的其他人员。

为了庞巴迪的布莱恩·亚当斯能使新飞机如愿飞上天，每个人都得协调一致，紧张有序地工作。因此，他不得不把来自供应商和他自己上级管理人员的压力转而施加给各位工程师，以确保问题得以及时解决。同样，鹰头公司的卡罗尔·哈斯拉姆也必须确保内部的电影制作能够符合外部客户的利益。

这些传达和说服以及传递活动可能需要将信息与影响力、愿景与价值观复杂而又精细地加以融合。多年前，希腊经济学家（及后来的首相）安德烈·帕潘德里欧将公司的首席执行官称作"最高协调员"，他们总会在有意无意之中将"施加给公司的各种影响"变成某种"偏好函数"，而这种函数的具体形式很难说得清楚。数年前，玛丽·帕克·福利特以社区领导者为例表达了相同的观点，但她阐述得更加实际，因而极具说服力：

○ 参见达顿和阿什福德的"论点兜售"、鲍威尔和温伯格的"治国之道"。

他必须既能对社区本身做出解释，又能对其他人说明情况……他必须了解社区当前的各项重大活动及其意义所在，同时，他还必须深谙这一点——我们时代的进步与发展如何才能符合社区里人微职卑一族的利益……他必须始终保持警惕，随时准备让上下拧成一股绳，齐心协力共创发展。他是耐心的看守人、积极的发言人，是社区意识真诚而热心的倡导者。

缓冲 正是在这些联系活动的结合过程中，我们才能特别充分地认识这一精细的平衡行为，它必须被纳入管理的艺术和管理的手艺之中。管理者不仅是信息流和影响流的管道，还是这些管道上的阀门，操控着什么才能通过、如何通过。套用两个常用的词语就是，管理者是影响流（flow of influence）中的看门人和缓冲器。为了认识这一概念的重要性，我们来看看管理者可能会采取的 5 种错误做法：

- 有一类管理者是筛子，他们让影响过于轻易地流入自己的单位。这会令他们的下属发疯，迫使他们承受所有的压力。这种情况如今并不鲜见，比如，证券分析师的种种要求会引发上市公司的首席执行官强迫全体员工设法实现短期绩效。

- 另一类管理者是堤坝，他们对外部的影响严防死守，比如，不让客户提出产品变革的要求。这么做或许可以保护单位内部的员工，但同时也使他们脱离了外部世界及外部支持。

- 还有一类管理者是海绵，他们独自承受了大部分压力。其他人或许会感激他们的做法，但他们自己迟早会不堪重负而被累垮。我在那些过度保护医生的医院负责人身上见过这种情况。

- 再有一类管理者是消防水龙头，他们对外部人员施加巨大压力，结果可能令其愤愤不平，从而疏离公司。这种情况常有发生，比如，公司对供应商的过度压榨。

- 最后一类管理者是水滴，他们对外部人员施加的压力太少，以至于没有将单位的需求充分表达出来。比如，管理者对他们的供应商几乎不做要求，结果反被他们占尽便宜。

高效管理者有时难免会变成上面某个角色，但他们不会始终扮演某个角色。换言之，**边缘管理（介于单位及其环境之间的管理）是非常棘手的：各个单位都必须受到保护，还要针对不同情况积极地做出反应。**

我观察的很多管理者似乎都在进行边缘管理，处理大量细枝末节的事情。在渥太华的加拿大广播公司里，各部门都在"轻轻推动"电台节目部的主任道格·沃德，想引起他的注意，但他很清楚该让哪些影响进入自己的单位，该将哪些阻挡在外，又该将哪些"轻轻推挡"回去（比如，他表示质疑的某个信息系统提案）。道格听到我对这种联系活动的评论时说："这种边缘管理工作挺不错的。"缓冲工作做得最为出色的莫过于马克，他极力保护和维护自己的医院，如果由他担任政府要职，哪怕就是医院董事会的代理人，恐怕也只会让医院在了解并应对各股内部力量时更加困难重重。

直接管理行动

如果说在信息平台上管理者可以凭借信息从远处进行管理，或者在人员平台上主动利用人员及其影响进行管理，那么在第三个平台上，管理者则可以直接参与行动，进行更加主动和具体的管理。这里，我们对管理工作公认的看法不是研究资料中长期以来过分强调的控制与领导，而是实践与实干。

莱恩·塞尔斯认为实干家的角色非常重要，坚持这一观点的人为数不多，汤姆·彼得斯也是其中一位。塞尔斯坚称，管理者必须成为行动的焦点，他们的直接参与必定比领导的拉力和控制的推力更加重要。他写道：

"管理的实质不是制定重大决策、进行规划和'激励'下属，而是没完没了地谈判、交易和讨价还价，以及为自己和下属的活动重新定位。"

琳达·希尔研究的新任管理者也是在细致深入地开展工作之后才认识到这一点的："在新任管理者走马上任一个月后被问及什么是管理者时，他们不再以'做老板'或'掌权人'作答。相反，大多数人都说管理者是一个'纠纷调解人''玩杂耍的'和'善变的演员'。"如果说，从远处看，信息平台上的管理都像是在控制，那么靠近之后，行动平台上的参与活动就都看得一清二楚了。

时装博物馆的凯瑟琳·约恩特－迪特勒是博物馆引进新服装展品的关键决策人，她还会在每件新展品送达时进行检查；她会亲自带领公众参观博物馆，并撰写新展览的建议书。鹰头公司的负责人卡罗尔·哈斯拉姆与凯瑟琳的做法不同，她亲自谈生意，而制作电影的事则任由他人去做。

在本章中，我们不止一次地发现，这些常见的管理角色创造了不少管理方面的行话。这里也不例外。管理者"拥护变革""管理项目""救火""做生意"。这些活动有些本身就与单位采取的各项行动有关，我们将在下面的"内部的行动"部分加以探讨；另一些则发生在单位以外，我们将在"外部的交易"部分加以分析。

内部的行动

作为实干家（doer）的管理者意味着什么？毕竟，很多管理者实际上不"干"任何事情。有些人在打完电话后甚至都不愿把电话放回原位。观察一位工作中的管理者，你就会发现他们大部分时间都在说话和聆听，而不在实干（doing）。

管理背景下的实干通常表示"差不多"在实干，也就是说，距离采取行动仅一步之遥：管理者会直接管理行动，而不是通过鼓励员工或处理信息来间接地采取行动。因此，身为"实干家"的管理者实际上是"使事情得以完成"的人，就像法语里的"faire faire"（字面含义为"使某事得以完成"）。

那么，管理者实际做的事情有哪些呢？这得跟单位里完成的事情和采取的行动联系起来，不论是在公司里制造产品、在医院接生婴儿，还是在咨询公司主持一项研究。当然，这是针对直接改变完成这些事情的方式而言的。这里的关键在于，管理者的参与不是被动的。这种参与不是坐在办公室里发号施令（"乔，给客户运去20箱货"），或者对这些行动做出评价。评价不算实干，这种参与也不是制定战略、规划结构和建立制度来推动他人，这些行为都是控制。作为实干家，管理者会亲自参与这些行动，"事必躬亲"：他们成为行动规划的一部分，为改变单位的产品或产量共同努力。

送给难民营的食物延误了好几次，所以阿巴斯·加利特来到某个营地视察；而各难民营对某个营地经理的投诉，致使史蒂芬·奥莫罗来到另一个营地，与各难民营的代表会面。

数年前，当宝洁公司重新设计他们的拳头产品时，是由公司的首席执行官来负责特别工作小组的。当强生公司面临泰诺速效胶囊投毒案危机时⊖，是公司的CEO负责应对危机的。这些例证表明，**实干家这一角色包含两方面的内容：前瞻性地管理项目和反应性地处理危机**。

管理项目 管理者情愿亲自负责项目或加入他人团队，其中原因各异。他们有时为了学习：获悉他们必须知道的某些事情。有时则为了证明：管理各项行动，以鼓励他人采取行动，或指示他们如何操作。大多数情况下，管理者亲自参与项目或许是出于对结果的关注。因此，在宝洁的例子中，公司的CEO可能亲自调查过产品及客户、证明过项目管理能力，或者做过

⊖ 1982年，不知名的凶手出于某种目的，将有剧毒的氰化钾注入数瓶美国人最常服用的镇痛药物泰诺速效胶囊中，在短短2天内造成7人死亡。——译者注

这种案例中应该做的其他事情，因为该项目是如此重要，以至于 CEO 觉得非亲自上阵进行领导不可。

"谷瑞"公司的理事长雅克·本茨主动参加一个为法国邮局开发软件平台的会议。在旁听一会儿之后，他说："我们需要做出选择。"之后他提出一些建议；在会议结束时，他催问下次会议需要做些什么。问及他为何要参加这次会议时，雅克回答道，这个项目将为公司开创先例，"是一个战略的开始"。在绿色和平组织中，实干不仅表示采取措施，还表示"举办活动"（套用其执行理事的话），高层管理者有时也会参与这些活动。"抱树"[○]是这里的常用语。在庞巴迪的布莱恩·亚当斯的例子中，实干、处理和联系这些活动统统出现了。亚当斯到处寻找存在的问题（任何可能阻碍飞机按时上天的事情）然后着手加以解决。

事实上，几乎没有管理者能够亲自负责所辖单位的所有项目，哪怕只是关键项目也不可能。但某些管理著作建议管理者不应该"干"任何事情——实干被视为微观管理而不予考虑。之所以会有这样的建议，是因为他们觉得管理工作枯燥乏味：作为组织中坚力量的管理者几乎不谙时势，他们脱离现实，只会一味宣布战略，让其他人去实施。正如摩托车企业的某首席执行官所言："某举世闻名的管理咨询集团的首席执行官极力让我信服，一种理想的管理状态应该是高管对与产品有关的事情知之甚少。这个了不起的人确实认为，这一理想状态可以让他们采取一种不受约束的独立方式有效地处理企业的一切事务。"

在一个简单、单纯的世界里，这招或许能够行得通。遗憾的是（实际上是幸好），我们生活在一个杂乱无章的世界。因此，管理者必须走出来，了解事情的进展情况，而一个实际的做法就是参与各种具体项目。这些项目

○ hugging trees，源于 20 世纪 70 年代初的印度，指当地人用身体保护百年老树的自愿运动。——译者注

虽然得益于管理者的神经中枢信息，但管理者仍然得学习新的战略方法。**战略不是在办公室里独自凭空想象出来的，而要在实际经验中习得**（第 5 章中还有很多这方面的内容）。换言之，项目不只是实施战略，首先应该有助于战略的确立，就像刚才列举的雅克·本茨的案例。已经开始起步的管理者往往不事学习——结果他们就会变成糟糕透顶的战略家。

最后一章将管理者称为"抛接杂耍的人"，他们要同时处理很多项目。我早先研究的一个首席执行官，在我一周的观察中处理过这些事情：处理公共关系、挖掘潜在的收购机会、建立一家海外工厂、解决与某个广告代理商的问题，等等。

由于管理者身担各种职责，他们大多无法专注于一个项目，正如我们之前在诺埃尔的研究中提到的"执拗的痴迷"。当然，也会有特别例外的情况，比如，当单位陷入重大危机或面临绝佳机遇时。此外，项目经理也会将注意力集中在一个项目上，如庞巴迪的布莱恩·亚当斯。

然而，对于大多数管理者来说，各种纷繁复杂的项目都需要他们的关注。因为这些项目往往出于一时兴起，很多都会耽搁或推迟，所以管理者从事每个项目时可能都是断断续续的，时而推动一下这个项目，继而要关注其他项目，然后另一个项目又需要他们推上一把。马普尔斯用了一个恰当的比喻来形容这种现象：

> 管理者的工作常被视为一股捻绳，由长短不一的线绳合股而成。线绳的长度代表时间，每根线绳都在看得见的"各种事件"中一次或多次显露出来，每根线绳都代表一个单独的问题……最好的管理技巧或许就是有能力长期在大量事件中同时处理若干"问题"。

处理危机　如果说管理项目主要是前瞻性地发起和规划单位的变革——重点在于利用机会，那么，处理危机就是对强加于单位的变革做出反应。始料未及的事件、长期被忽视的问题、新出现的竞争对手都可能带来危机，因而必须加以解决。"管理是一项偶然活动；管理者必须在惯例被打破、料想不到的困难出现时采取行动。"

正如前文所述，艾伦·惠兰在英国电信公司那一天的大部分时间里都在处理一个对他来说非常严重的危机——某个大合同未能获得上级的签署同意。庞巴迪的布莱恩·亚当斯不得不干涉某个"有问题的供应商"。由于不经意地解雇了护士长，阿巴斯·加利特遭遇营地医院的危机（这三天的详细情况请见附录）。

正如前文所述，法森认为，随着管理者向高管职位迈进，他们"越来越多地处理的是难题，而不是问题"。这些难题"由于过程和结果自相矛盾，因而要用解释性的思维方式加以解决。唉，难题是不可能迎刃而解的"，正如我们将在第 5 章的"难题"中所讨论的。

为什么做出反应的一定得是管理者呢？难道单位里的其他人就不行吗？当然，其他人经常做出反应。但是，某些危机需要管理者的正式权威或者他们的神经中枢信息。此外，很多问题正是因为被人忽略和遗忘才变成危机的：单位里没有人承担责任，所以管理者必须担起责任。研究表明，"领导者在危机时期的影响力比非危机时期要大"。我们再回到强生公司的事件上，在泰诺速效胶囊投毒案发生后，公司的首席执行官"立刻负起责任来"，他说：

我知道我必须这么做，而且能够做到……我了解媒体。我是个新闻迷，我以前经常对付网络媒体。我认识新闻界的那些头儿，知道该给谁打电话，怎么跟他们谈话……我一天 12 小时待在这间屋里，因为其他人以前都没处理过这种问题。这绝非什么稀松平常的事儿……我们几乎在一夜之间就创造出新的包装，而这项工作通常得花上两年时间。

由于管理不力或疏于管理而导致危机的情况屡见不鲜。每个组织都很容易发生危机（正如上面的例子），人们虽然较少探讨这个问题，但它同样值得注意。事实上，**有效的组织不仅可以避免诸多危机，而且在确有意外危机发生时，组织的管理者也能有效地处理**。实际上，组织越富有革新精神，则越有可能发生意料不到的危机。不愿冒险的组织或许可以避免危机，但最终一个危机就会置它于死地。所以，我们不能仅凭发生的事件来评判管理者，而要看他们如何反应。

维多利亚湖上发生了翻船事故，造成近千人死亡，阿巴斯·加利特一听到这个消息（如他所述），立刻致电达累斯萨拉姆的坦桑尼亚红十字会办公室。但他发现，离他所在的加纳较近的红十字会都没有相应的急救设备，于是阿巴斯召集了另外9位红十字会的成员，竭尽所能寻找一切救援物资——睡袋、担架、消毒剂。然后经由陆路于事故发生一天后抵达，成为第一个抵达事故现场的非政府组织。他们在那里待了两周，夜以继日地工作，设法寻找尸体，在附近的运动场设置太平间，帮助痛失亲人的家庭。

处理危机的另一个方面也值得一提。当单位里有人生病、突然辞职或者无法胜任工作时，管理者有时就得接替他们的工作。这时，管理者从事的是单位的日常工作。不过，既然他们需要处理危机，就包括在例外情况下充当替补，所以，这也应该算是管理工作的一部分了。

当然，有些时候是管理者自己想要做一些组织的日常运营工作：教皇带领大家祷告；医院院长每周五亲自给人看病；凯瑟琳·约恩特-迪特勒亲自组织博物馆的展览活动。或许他们只是喜欢这些工作，想要亲自参与，就像每个周末去打打网球，算不上是管理。但是，这些活动的背后可能也有管理方面的原因：教皇是在充当祈祷仪式的标志形象，而医院院长是想直接接触病人。

在总结实干家这一角色的讨论时，我们不妨引用切斯特·巴纳德的话：

"高管的工作是维持组织运转的专业工作，而不是组织的管理工作。"这话听起来没错，但问题在于如何区分专业工作与管理工作。⊖

外部的交易

交易是实干的另一面和外在表现。有时，交易也称"讨价还价"（尽管这些用语都表示交易与行动截然不同，这种情况就像是CEO做完交易，如谈判收购事宜，然后把考虑不周的结果推到他人身上）。管理者与外部人员，如供应商做交易，但也与自己组织内部的其他管理人员做交易。

道格·沃德在提到加拿大广播公司时说："这里已经变成一个企业化氛围非常浓厚的地方，十分注重交易。"公司的理念是"如果你能帮助我，我就会帮助你"。在他"已完成的交易"中，最令他自豪的似乎就是将能力差的员工撤换下来，这涉及大量的谈判，不仅要与被撤换的当事人谈，还要与公司里愿意接手的其他单位的管理者谈。

交易角色包含两个主要职责：首先，围绕各种具体问题建立同盟（有时称为动员支持）；其次，利用这些同盟，并结合已建立的网络来进行谈判。下面我会同时探讨这两个职责。

很多行动都离不开交易：要使项目得以开展通常需要与各色人等——供应商、客户、合作伙伴、政府官员以及其他很多人进行大量的谈判。但是，也有一些交易主要与外部人员进行，如公司的CEO与投资银行家共同解决某个股票问题，或者受邀就某个工会合同达成一致。塞尔斯写道："老练世

⊖ 布雷布鲁克写道："当一个人调查时，他似乎发现，高管只有在做较大或较为完善组织里的下属所做的那些事情时，人们才会说他们确实在做事。换言之，领导角色变得越专业，就越难说清楚领导的职责所在。在一个完善的组织中，所有与专业有关的权限都被下放到专业部门，于是，最高管理者变得无事可做，或者看起来不用处理任何事情。他只要批准下属的决策；在运转顺利的组织中，他根本就没有不批准的机会。"等我们探讨运转顺利的完善组织时，请别忘记这一点。

故的中层管理者非常重视谈判,视其为一种生活方式。"事实上,高层管理者亦然。

作为鹰头公司的总经理,卡罗尔·哈斯拉姆必须将全国甚至全球各家电视台的项目加以归纳,向她的潜在客户阐述想法,想方设法令他们信服她的公司有能力完成任务。这是个相当错综复杂的过程,要动用各种人际关系,还免不了要耍耍花招。作为庞巴迪环球特快项目的总监,布莱恩·亚当斯必须与合作伙伴及供应商进行各种谈判,以确保飞机的设计和制造能够顺利进行。

咨询公司的合伙人和某些高科技公司(如波音和空中客车)的首席执行官经常担任销售人员,确保拿下与客户的合同。他们所做的销售工作在大多数行业中都被视为操作性工作,但正如我们在本章开篇部分所述,有时只有高管才具备达成交易的地位与权威。换言之(既然我们已经介绍了一些新的称谓),**作为挂名领袖,管理者可以提高谈判的可信度;作为神经中枢,他们带来的综合信息可以增加谈判的砝码;作为分销商,他们可以实时调拨必要的资源**。因此,要了解管理工作,关键一点在于,不仅要认识到管理者在做什么,还有弄明白他们为什么这么做。

加拿大司法部副部长约翰·泰特不仅负责制定政策,同时也是一名政策专家,所以他必须以这一身份与政府其他部门一起行动。因为交易对于绿色和平组织的使命来说至关重要(与各公司及政府谈判,要求他们减少污染等),所以我在那里观察的两位管理者也非常重视这项工作。

微观管理过多 我们可以重温一下先前讨论过的微观管理和宏观领导,以此来总结行动平台的探讨。**既不实干也不交易的管理者无法了解周遭发生的事情,也就无法提出明智的决策和稳健的战略**。我们既不需要从不实干和交易的管理者,也不需要只会实干和交易的管理者。在每位管理者的四周，行动平台必须与人员平台相连，人员平台又必须与信息平台相连。

全面管理

我在本章开篇便指出，很多大名鼎鼎的管理学家都只强调管理的某一方面，而排除其他各个方面。现在我们应该都能理解，为什么这些理论都不得要领：如果只听从他们中任何一位的意见，管理实践就会失之偏颇。失去平衡的车轮会导致车身失去控制，同样，失去平衡的管理实践也很容易失去控制。

如果接受汤姆·彼得斯只重实干的观点，缺乏将管理工作在核心处固定起来的坚固框架，那么，管理工作就会像发生离心式爆炸一样四处飞溅。而如果接受迈克尔·波特的观点，认为管理者是分析仪，注重制定中心战略，那么管理工作又会像发生内聚式爆炸，不能与外部行动形成有形的联系，而实际行动正是管理工作的终极目标。[一]**思考很沉重，过多的思考可能会让管理者精疲力竭；实干较为轻松，但过多的实干又无法让管理者坚守阵地。**

同样地，**过多的领导可能会使工作变成空中楼阁——没有目标、没有框架、没有行动；而过多的建立联系又可能使工作脱离内在根基——只有公共关系，却没有实际联系。只注重沟通的管理者绝对无法完成任何任务，而只注重"实干"的管理者最终会变成一个人独干。只注重控制风险的管理者控制的无非一个空壳，他们的手下是一群唯唯诺诺的人。**我们不需要人员型、信息型或行动型管理者，我们需要的管理者是在这三个平台上都游刃有余的人。**只有将这三个平台上的各个管理角色结合起来，才能满足

[一] 1991年在蒙特利尔召开的战略管理学会会议上，汤姆·彼得斯在与迈克尔·波特举行的小组讨论会上阐述了一个有趣的观点：波特留意的可能是外部（竞争环境），彼得斯留意的则是内部（组织的运营）。实际上，波特注重的是内部——思想，而彼得斯注重的是外部——行为。

管理实践的必要条件——平衡。

因此，图 3-2 的模型或许可以提供一些有益的建议：**管理者必须从事一项全面的工作**。毫无疑问，各种管理角色有时可以相互替代（比如通过领导来拖动员工而不是通过控制来推动他们），完成工作的方法也不尽相同。但是，这些角色无法像一个投资组合那样任由管理者挑挑拣拣：所有角色必然都会以某种形式出现在每项管理工作中。内部的实干不可能与外部的交易截然分开，内部的领导不可能与外部的关系建立截然分开，信息平台也不可能与人员平台及行动平台截然分开。同样地，试图构思一个简洁的框架，如令人印象深刻的战略，然后希望仅仅通过控制、摒弃领导来"实施"战略，这样做其实毫无意义可言。我们已经见识过太多这种所谓的战略规划。

我们都经历过失之偏颇的管理，其中原因各异：与战略脱节、粗劣的控制、热衷于领导。一方面，"研究人员发现，不称职的组织领导者往往都有过严重失衡的管理经历"。另一方面，哈特和奎因发现，"有能力扮演多种竞争性角色的 CEO……会创造最佳的公司业绩"。为什么本章的模型显示在一页纸上，现在我们便知道原因所在了：它是为了提醒管理者，必须全盘看待管理工作，这是一项整体工作。

我们可以用与图 3-2 的模型有关的形象来打个比方：每位管理者都得吞下整个药丸。从某种意义上说，模型可以比作一粒药效渐渐释放的胶囊，外面一层起到快速作用的效果，接着才是里面的药物颗粒逐个缓慢地释放药效，就像模型上的人员和信息。

这样的吞咽量或许太大，但问题是在实践而非理论中。我在开篇便说过，这是一本关于管理的书，尽管不怎么简单，但很纯正。表 3-1 列出了本章介绍的所有角色和次要角色，表 3-2 列出了扮演这些角色所需的各种能力（取自很多管理著作）。管理者一个人可以独自扮演所有这些角色吗？简略的回答是，不可以。但是，正如我们在第 6 章中所要讨论的那样，管理者与其他人一样是有缺陷的，但他们仍然将管理工作做得有声有色。我们别无选择。

表 3-1 管理角色

	构思工作框架和安排工作时间	
	内　　部	外　　部
信息平台	沟通 • 监控 • 神经中枢	• 发言人 • 神经中枢 • 传播
	控制 • 规划 • 委派 • 任命 • 分配 • 评价	
人员平台	领导 • 激励个人 • 培养个人 • 打造和维护团队 • 加强文化	建立联系 • 建立关系网络 • 代表 • 传达／说服 • 传递 • 缓冲
行动平台	行动 • 管理项目 • 处理危机	交易 • 建立同盟 • 进行谈判

表 3-2 管理能力

A. 个人能力
1. 内部自我管理（反应、战略性思考）
2. 外部自我管理（时间、信息、压力、职业）
3. 时间安排（分块、理出优先顺序、制定议程、"玩杂耍"、选择时机）
B. 人际交往能力
1. 领导个人（甄选、教授／指导／辅导、激励、应对专家）
2. 领导团队（建设团队、解决冲突／调解、推动流程、主持会议）
3. 领导组织／单位（文化建设）
4. 行政（组织、资源配置、委托、授权、系统化、目标设定、绩效评估）
5. 联系组织／单位（建立关系网络、代表、合作、推广／游说、保护／缓冲）
C. 信息能力
1. 口头沟通（聆听、访问、演讲／演示／简报、撰写、信息收集、信息传播）
2. 非口头沟通［看（视觉认识能力）、感觉（感官能力）］
3. 分析（数据处理、建造模型、衡量、评估）
D. 行动能力
1. 规划（计划、制作、想象）
2. 动员（救火、项目管理、谈判／交易、政治活动、变革管理）

资料来源：编纂自各种来源；摘自明茨伯格，2004：280。

跨角色管理

当药丸分解时，里外各层便融为一体。本章的模型也是如此：**管理者在进行管理的时候，各种管理角色之间的差别在边缘处就会变得模糊不清。**换言之，要从概念上区分这些角色或许较为容易，但并不是说我们就一定能从行为上把它们区分清楚。

在谷瑞公司，雅克·本茨的工作严格来说算不上实干，倒是常常介于实干与其他角色之间：沟通、控制、领导，尤其是构思框架。雅克是个实干家——他亲自参与项目工作，但他似乎在用实干家的角色来推动其他角色。

这个例子是否与模型背道而驰呢？当然不是。药丸被吞下之后里外各层确实融为一体了，但这并不能否定药丸里各种不同成分的存在。我们要了解管理实践活动，就必须了解其各组成部分，即使我们不一定能够界限明确地一个个予以实施。这种模糊不清的状况可能会以三种形式出现。

多种角色的管理活动　在前文中我们列举过管理者同时扮演不同管理角色的情况。比如，一位管理者既要宣传某个项目，又要领导并实施这个项目。英特尔公司的安迪·格鲁夫把自己的工作形容成"轻轻推动"，这个词可以说把领导、控制、沟通和实干结合在一起了。

你在办公室做的事情常常是为了影响各种事件，比如你打电话给同事，暗示他应该如何做出某个决定……在这种情况下，你或许偏向于某个行动方案，但并没有直接下达指令或命令。然而，你的做法也不仅仅是传递信息。我们且称之为"轻轻推动"吧，因为你用这种方式将某个人或某次会议轻轻推往你希望的方向。这是一项我们一直在从事的、非常重要的管理活动，应该与那种方向坚定而明确的决策制定区分开来。事实上，我们所做的每一个模棱两可的决策，可能都包含了很多次的"轻轻推动"。

跨角色的管理活动 管理者除了扮演多种角色以外，还会进行跨角色管理。比如，我曾经说过，管理者能够控制内部人员，但不得不说服外部人员。毕竟，老板给员工发薪水，就是为了让他们接受管理者的权威。然而，对于那些技艺精湛的员工，如医院里的医生或实验室的研究人员，管理者往往必须使其心悦诚服，而不是一味控制。但是，对于公司那些无权选择的供应商，管理者有时又可以像控制下属一样来控制他们。因此，管理者有时必须对内进行交易，对外采取行动。

跨角色管理在布莱恩·亚当斯身上体现得最为明显。对于布莱恩而言，完成目标远比层级制度重要得多。这样一来会导致所谓的延伸控制。比如，布莱恩在晨会上发出的指令不会传到他无权管理的人员那里，但他可以飞去洛杉矶解决分包商的问题，这是一个有意思的现象。

结果，近年来，很多组织中自"上级"至"下属"的垂直线越来越不牢固，而合作伙伴和同事之间的水平线却在增强（见图3-6）。这表明，控制和管理这两个长期以来在管理著作中占据重要位置的角色已经让位给联系和交易了。

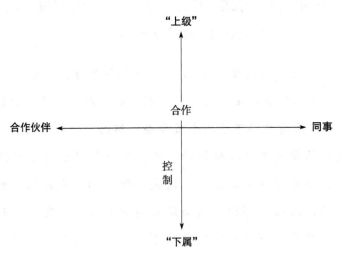

图 3-6　管理工作中的垂直关系与水平关系

我认为，所有这一切并没有削弱我们的模型基础，因为仍然有大量的外部人员需要说服，而要加以控制的内部人员也不在少数。这反而阐明了应该如何运用模型来理解管理实践中发生的各种变化。

当管理信息不慎被人误解时，也会出现跨角色的情况。伯恩斯在研究著作中写道："管理者自以为下达的是指令或决策（控制），事实上其中一半都被别人当成了信息或建议（沟通）。"卡尔森却得出截然相反的研究结论："我发现，首席执行官与下属之间的对话在前者看来不过是信息，后者却有可能把它当成决定甚至命令。"

融合角色的管理活动　第三种情况是某一角色汇入其他角色并融为一体。这种情况在领导角色中表现得最为明显：管理者所做的一切都有可能受到下属的仔细研究，他们想摸清管理者的领导意图。但是，其他角色中也会存在这种情况；例如，下属会设法了解管理者的领导风格，以便查明他们希望如何进行控制。"欢迎批评"，我认识的一家公司的 CEO 如是说，然而，他却炒了一位批评者的鱿鱼，这可一点儿也不含糊了。

卡尔·维克在评论我 1973 年那本书时，称领导角色"最无说服力"，他甚至质疑这一角色所包含的内容："激励这一活动完全可以放到其他角色里去。"当然可以，但是，领导角色中还有很多独特的活动（如辅导和培训），正如控制角色中也有很多独特的活动一样（如委派和评价）。⊖

维克对于思考（在该模型中称为构思）的看法似乎最为强烈。毕竟，我们何时停止过思考呢？但在另一本著作里，维克认为无拘无束的思考（可以称作"反思"）有别于那种"与行动密不可分且同时发生的思考"。因此，"任何一种管理行为或多或少都可以理性地去做"。我们会在最后一章再次

⊖ 例如，麦考尔等人写道："计划出现在许许多多的活动之间或活动期间。'决策'也是如此。"对于决策，索尼的一位高管是这样说的："坦率地说，我所做的决策中，大约有 60% 是我自己的决策。但我不让别人知晓我的意图。在与下属讨论时，我提出问题，寻求事实，设法把他们轻轻推向我希望的方向，却又不流露我的立场。有时，一场谈话下来，最后是我改变了立场。但不论结果如何，他们都会觉得自己参与了这个决策。这种参与也丰富了他们的经验。"

探讨这个有趣的观点。

倾向某种态度

所有管理者都得扮演该模型中的各种角色，即吞下整个药丸。但是，我们强调这一点并非意味着管理者不会偏好某些角色。每位管理者都必须对各种特定的需求做出回应，因此，他们也都有各自特殊的管理"态度"，我们在下一章里将讨论这一点。此外，管理者的性格、习惯各不相同：他们都有自己的风格，这一点我们也将在下一章中予以讨论。管理活动中出现的很多机会将取代、结合和区分各种不同的角色。因此，**高效的管理者不会在这些角色中保持绝对的平衡；虽然他们无法对不喜欢的角色置之不理，但他们会倾向于某些角色。**

思考几个显而易见的例子（下一章我们还将重温这部分内容）。诸如医院和大学里的专业人士的管理者可能更喜欢扮演联系而非领导的角色，更别说控制了，因为那些专业人士往往表现得更像同事甚至供应商，而不是下属。他们不需要来自管理者的鼓励或监督，而需要大量的支持。那些经营自己公司的企业家非常强调实干和交易，而大公司的高管则对控制尤为重视，尤其注重通过他们的绩效控制系统来进行控制。其他管理者同样如此。

加拉的红十字会代表团必须维持难民的生活，避免难民营出现暴乱。为确保这一点，难民营的管理者非常重视沟通和控制，以便将他们自己的行动减到最少（也就是说，尽量没有什么不得不出现的危机）。换言之，他们不得不做的事情越少，他们就越成功。这就说明了他们为什么要耳听八方，时刻保持消息灵通，各种活动都处于严格控制之下。

动态的平衡

作为本章的结语，我想说的是，首先，管理必须是全面且成熟的，要避免出现不平衡的现象；其次，管理不可避免地会倾向此角色或彼角色。但我认为这两点并不矛盾。**久而久之，管理必须保持动态的平衡**。全面的管理可以根据不同时刻的压力向前或向后倾斜。"管理工作……不是一个互不相连、停滞不前、一次只做一个决定的过程，而是会议、请求、压力和谈判的定时'交替'"。

我在29天的观察中多次感受这种动态的平衡。令我感触最深的是法碧恩·拉沃伊在病房里的一天，她所做的一切是那么自然，仿佛一气呵成。我可以清楚地看出她扮演的每个角色，她却流畅而连贯地将这些角色融合在一起。她在与护士的简短对话中似乎已将巧妙的控制角色与富有同情的领导角色结合起来；然后，她又跟病人家属通电话（联系的角色）；而且，自始至终她都没有间断过做事，尽管我们很难将这个实干的角色与她的领导角色及沟通角色区分开来（参见附录中对这一天的详细描述）。

正是这种动态的平衡使得课堂上教授的管理学理论全都白费了，尤其是一次一种角色或能力。即使掌握了全部能力也造就不出有能力的管理者，因为管理工作的关键在于，要将管理的方方面面融合起来，形成这种动态的平衡。而这一切只有在工作中才会出现，因为我从未发现课堂上的模拟——案例、活动等内容几乎与工作本身相同（不妨看看附录里对那些管理者工作日的描述）。

实践中的管理者来到那种鼓励他们反思工作经验的课堂上当然会获益良多（我们将在第6章探讨这一点）。但是，正如我们下一章将要探讨的，他们在工作中获得的经验是如此大相径庭，所以，这种课堂必须将重点更多地放在管理者的"学"而非教授的"教"上。

第 4 章
难以述说的管理多样化

放眼望世界
并非打成一团乱糟糟
和谐之处见精妙——
物物不相属，携手归大道

亚历山大·蒲柏，《温莎林》

只要与各种各样的管理者在一起待上几小时，你就会发现这工作竟然如此多样和多变：银行的董事长要视察各个分行；红十字会的代表必须提防难民营里的紧张状态；乐队指挥先彩排，然后演出；非政府组织的负责人要参与正式规划，同时还要反击一场政治性挑战。管理所包含的内容大多出现在生活当中，所以管理与生活本身并无二致，二者都丰富多彩，变化莫测。

本书最后两章将探讨管理的共同特征以及各种管理角色，在这一章里我们要探讨管理的绝对多样化。如何在我们看到的多样化里发现有序？这就是本章的目的。

管理：每次一个因素

一直以来我们都喜欢每次处理一个因素。管理学家称之为"权变理论"（contingency theory），他们将各种因素称为"变量"。在研究中，这些变量是独立的（如组织的大小或层级制中的级别），而人们研究的正是这些变量对管理实践的影响。例如，"组织的总体规模越大，高层管理者在正式沟通上花的时间越多"（摘自我1973年的作品）。

无独有偶，不仅管理学家倾向于"每次一个因素"，这种情况也存在于管理实践中。不信的话就请你想想自己时常听到或问起的那些问题：日本的管理者与美国的管理者有何不同？政府中的管理与企业中的管理差异何在？"高层"管理与"中层"管理有何区别？

我正是沿着这样的思路开始这一章的写作的。我将研究人员和从事实际工作的管理者所撰写的资料文献中常见的12个因素挑拣出来，力求证明每个因素对管理造成的影响并加以总结。这12个因素分成以下5组：

- 外部背景：民族文化、部门（商业、政府等）和行业。

- 组织背景：组织形式（企业性质的、从事特定专业的，等等），组织的年限、规模和发展阶段。

- 职位背景：层级制中的级别、所管理的工作（或职能）。

- 现时背景：暂时的压力和管理的时尚。

- 个人背景：在职者的背景、任期（在该工作岗位、该组织和该行业）、个人风格。

但是，当我开始梳理例证时，却感到有些不对：这次肯定无法与我从29天的观察中所获得的丰富见解相提并论，我大概得不到我想要的真知灼见了。

管理：每次一天

于是，我将流程颠倒过来。我以 29 天的每一天为例来问自己，这一天中的哪些因素对管理者的所作所为产生了特别的影响？

答案令我颇感惊讶：在 29 天的大部分日子里，对管理者产生过特别影响的因素少之又少。而且，资料文献中的很多重要因素（如民族文化）似乎毫无影响力。

表 4-1 显示了这些结果，虽然都是印象式的（是我根据观察所做的个人评价），但随着我们探讨的深入，我相信您会理解我的看法（即便不是每一条具体的评价您都赞同）。充满阴影的方格表示该因素对该管理者那一天的影响很大；包含一个圆点的方格表示影响适中；空白方格表示这是偶然因素，几乎说明不了问题。请留意表中所有的空白方格。

在 20 个合理的因素中，每天最多有 5 个，最少有 1 个因素显得特别具有影响力，平均起来是 3 个。最具影响力的因素是组织形式，在 29 天中出现过 20 天；其次是行业，在 29 天中出现过 12 天；而影响力最小的当属时尚和文化，分别出现过 1 天和 2 天。管理风格也只出现过 5 天。所以，**管理学家和实践工作者在资料文献中关注最多的那些因素（如民族文化和个人风格）对管理者行为的影响可能比我们普遍认为的要小。而一些备受冷落的因素（如组织形式、行业和任期）的影响力则要大得多**。此外，当我们在某种背景中，把一些看似孤立的因素与其他因素放在一起考量时，结果发现它们之间其实是有关联的。[⊖]有一个实例可以佐证：

维尼佩格交响乐团的指挥布拉姆韦尔·托维是英国人或者在加拿大指挥，这个因素真的那么要紧吗？因为这是一个小组织，没有管理上的层级制度，所以他既是"高层"管理者，同时又是一线管理者。但这又是一个

⊖ 参见诺迪格雷夫对荷兰卫生保健机构高管所做的研究中就部门、组织规模、组织形式和暂时的压力等因素相互影响所做的阐述。

大单位：一位管理者有70名下属。那么，他的个人风格如何呢？这是个因素，而且永远是个因素，但这个因素更多的是关乎布拉姆韦尔如何工作，而不是他实际做了什么工作：他指挥乐队，这与其他指挥家并没有什么两样。两个确有影响的因素是行业（也就是说，这是一个交响乐团）和组织形式（它拥有经过良好训练的专业人士）。事实上，这两个因素是相辅相成、缺一不可的。

管理：每次一位管理者

通过讨论，我们可以得出两个结论。第一，我们不能摈弃任何一个因素（或许除了时尚）。原因在于，虽说不是每个因素都在29天的大部分日子里产生过影响，但它们对其中某几天的管理工作已经产生了深刻的影响。不过，更重要的是第二个结论，**我们不用再费尽心思地去认识"每次一个因素"对于管理的含义。即使每个因素都有助于解释管理实践中的某些变量，但仅靠某一个因素是无法掌握不同背景下管理的本质的。因此，必须每次针对一项工作，将这些因素放在一起加以考量。**⊖

本章分为4个部分。第一部分简要探讨表4-1中所列11个因素的证据，即每个因素是如何影响（或未影响）这29天管理的。第二部分着重探讨一个特定的因素——个人风格及其影响，尤其是管理者如何履行职责，而不是履行什么职责。第三部分将各种因素综合起来，以便阐述管理者普遍采取的各种方式（如"保持工作流程"或"跳出中层进行管理"）。第四部分将讨论对"非管理者的管理"的各种方式。

⊖ 麦考尔得出了举似的结论（尤其是关于领导风格），他是这样阐述的："错误的做法是，领导者或研究人员想当然地认为'情境'是由一些固定部分构成的。组织及其环境都是动态的。国会的一项法案、一项新发明或新上任的公司总裁都可能在一夜之间改变所有已存在的因果关系。"卡普兰指出了一个相似的原因："令人两难的是，我们越是要让管理工作的某个理论抽象化，以使其包含各种各样的情况，这个理论就越无法准确表示任何具体的情况。"卡普兰其实是在主张权变理论，但他的话也可以被视为对权变理论的一种批判。

表 4-1 根据因素

因素	约翰·克莱格霍恩（皇家银行）	雅克·本夹（谷瑞）	卡罗尔·哈斯拉姆（鹰头公司）	马克斯·明夹伯格（电话亭公司）	约翰·泰特（司法部）	诺曼·英克斯特（加拿大皇家骑警）	邓肯·尼科尔爵士（英国国家卫生局）	"马克"（医院）	保罗·戈尔丁（绿色和平组织）	罗尼·布劳曼博士（无国界医生组织）	凯瑟琳·约恩特-迪特勒（博物馆）	布拉姆韦尔·托维（乐队）	布莱恩·亚当斯（庞巴迪）	艾伦·惠兰（英国电信公司）	格伦·瑞德（司法部）
I 外部背景															
民族文化										●					
部门	●	●	●	●	●	●	●					▓	▓		●
行业		●	▓	▓	●	▓	●		●			●		●	▓
II 组织背景															
组织形式		▓	▓	▓	▓	▓	▓		▓	▓		▓	▓	▓	▓
组织的年限、规模、发展阶段		▓	▓	▓	▓		▓		▓				●	▓	
III 职位背景															
级别	▓				●			●	●						
职能（所管理的工作）					●	●		●		●					
IV 现时背景															
暂时的压力															
管理的时尚															
V 个人背景															
背景					▓	▓							●		
任期	▓				▓			●							▓
风格	●		●	●	●			●				●	●	●	
重要影响	3	1	3	3	4	2	2	3	5	1	3	4	4	5	4
态度	6	6	2	3	9	5	2	2	4	2	3	1	3	8	3

注：▓ 重要影响　● 适度影响　□ 几乎无影响

划分的管理日

	道格·沃德（加拿大广播公司）	艾伦·伯奇尔（加拿大皇家骑警）	桑德拉·戴维斯（公园）	查利·辛肯	皮特·科（英国国家卫生局）	安·西恩（英国国家卫生局）	保罗·霍南（绿色和平组织）	阿巴斯·加利特（红十字）	戈德·欧文（公园）	拉尔夫·汉博（加拿大皇家骑警）	迈克尔·思克医生（英国国家卫生局）	斯特华特·韦伯医生（英国国家卫生局）	法碧恩·拉沃伊（医院）	史蒂芬·奥莫罗（红十字）	重要影响
I 外部背景															
民族文化		·					■		·		■			■	2
部门			■			·					·	■	·		5
行业		·		·		■			·				·		12
II 组织背景															
组织形式		■	■	■	·	■	■	■		■	■	■	■	■	20
组织的年限、规模、发展阶段					■										8
III 职位背景															
级别		■	■	■	·					·	·		·		6
职能（所管理的工作）	·	·				·									7
IV 现时背景															
暂时的压力			■	■	■		■								7
管理的时尚															1
V 个人背景															
背景						■			■				■		6
任期		·		·			·						·		9
风格			·				·				■		·		5
重要影响	2	1	3	2	4	3	2	5	2	2	3	4	4	4	
态度	3	7	7	7	8	1	3	1	1	1	4	4	1	1	

外部背景

每一个管理职位都处于某种外部背景中,具体来说就是所处的文化背景、大体所在的部门,尤其是所属的"行业"。

文化背景

我们大多数人都会认为自己生活的地方有着独特的文化。那么,如果我们对管理感兴趣,就一定特想知道自己的文化会对管理实践产生怎样的影响。因此,一直以来关于文化对管理的影响的研究比比皆是,这些研究得出各种结论,如"德国的中层管理者与其下属的沟通注重任务,而英国的中层管理者则强调激励"[1]。然而,也有大量类似研究发现,不同文化背景中的管理实践有着惊人的相似之处。[2]我的研究也表明了同样的结果,虽然这29位管理者有着各自不同的文化背景,但只有两例情况表明文化是影响他们行为的重要因素,而且这些案例甚至不是来自本地文化的管理者。

阿巴斯·加利特和史蒂芬·奥莫罗在坦桑尼亚加拉的红十字会营地,因为边境那边的乌干达刚刚发生了惨剧。这对他们的管理产生了重大影响,引起他们对安全工作的高度敏感,也因此格外重视控制角色。我们再来对比一下在阿姆斯特丹绿色和平组织总部的两位澳大利亚人的情况:他们本来可以待在任何地方,因为绿色和平组织的文化是全球性的。加拿大皇家银行的管理者约翰·克莱格霍恩和蒙特利尔电话亭公司的马克斯·明茨伯

---

[1] 另请参阅布瓦索和梁关于中国管理者,卢桑斯等人关于俄国管理者,黑尔斯和穆斯塔法关于马来西亚管理者,皮尔森和查特基关于四个亚洲国家的管理者以及滕格布拉德关于瑞典管理者的研究。广为人们引用的是霍夫史特德对40个不同国家的IBM雇员文化差异的研究,尽管那是对文化的各个方面(如美国的个人主义)而非管理实践本身的研究。

[2] 例如,"在本例中,中国企业的管理者与美国企业的管理者有着很多相同的行为特征"。于等人进一步证实了这一结论。另请参阅路巴金等人和道特的研究。正如黑尔斯和穆斯塔法所述:"虽然管理工作不是完全一致的,但它也不是绝对不同的。"

格虽然都是加拿大人,但他们那几天的经历有着天壤之别。对于加拿大司法部负责制定家庭法律的格伦·瑞德来说,他的工作当然得完全符合加拿大的文化。这种文化因素会对他的工作内容产生影响,但是否也会影响他的管理呢?如果换一个人到他的位置上,比如说查利,管理方式就必定有所不同吗?㊀

琳达·希尔在审阅我这个文稿的初稿时曾经问过:"文化因素确实重要,是吗?"我想是的,因为我思考过加拿大的某种管理风格。但或许我们都喜欢夸大我们的差异。又或者,文化因素对如何履行职责的影响远远超过了履行哪些职责(正如我们将会讨论的个人风格)。

部门

在本书第1章的表1-1中,我将29位管理者按部门列了出来:企业、政府、医疗卫生和事业部门。这是研究组织时的一个常见做法,而且这样来表示那29天也很方便。但是,理解管理工作是否非常关键呢?工作环境(比如,在政府里工作与在企业里工作)对管理行为是否会产生重大影响?我们一直以来所接受的培训都会让我们得出"是"的答案。毕竟,在私营部门中起主导作用的是经济力量,而在公共部门中起主导作用的则是政治力量,诸如此类。这里也一样,一概而论在特定的情境中可能站不住脚。

我这项研究中的所有私营部门组织里肯定都存在各种竞争(经济)压力,但只在三个人身上表现得最为明显:电话亭公司的马克斯·明茨伯格、庞巴迪的布莱恩·亚当斯、英国电信公司的艾伦·惠兰。在我这项研究中的公共部门里,巨大的政治压力只出现在班夫国家公园的查利·辛肯的那

㊀ 在加拿大皇家骑警的三位官员的案例中,文化背景的影响不大也不小,他们对于警务的规范化处理在加拿大这样的自由国家中应该是可以预料到的。同样地,罗尼·布劳曼高度政治化的一天发生在一个青睐强权政治的国家。

一天里（在政府里，政治压力主要出现在加拿大国家公园总监桑迪·戴维斯的工作中，但还没有大到要用政治尺度来衡量的地步）。事实上，无国界医生组织的罗尼·布劳曼和绿色和平组织的保罗·戈尔丁在工作中遇到的政治压力最大，这两个组织都属于事业部门。我却无法用一种常见的方法来对事业部门的管理者进行分类。在我研究的医疗卫生部门，工作的专业性因素对操作层面的管理者有着明显的影响，而对职位较高的管理者影响较小（随后将进一步探讨）。

通常来说，不同的文化在管理方面会有差异，同样地，不同的部门在管理方面无疑也有差异。⊖但是，即使同一部门内部也会存在矛盾冲突，就像同一文化内部也有分歧一样。在这种情况下，那些跨部门管理的差异对于理解管理层和忠告管理者又会有多大的用处呢？所以，**如果我们想认识管理的多样化，就必须抛开一概而论，深入到指挥家、产品经理和规划者的世界里一探究竟**。但这样一来，我们便会得出另一个结论：**既然企业本身的管理实践变幻莫测，那么，将部门作为一种重要因素加以考虑就没有多大意义了**。

行业

从行业这个词的广义概念来说（如管弦乐行业），管理者所在的行业范围显然非常广泛，因此，即使我们可以在某些特定的行业中找到具体的结论，但要得出普遍适用的结论仍然相当困难。例如，"学校校长不得不采取更加坦率、诚恳，实际上也更加明显的管理方式"，因为他必须应对"不会持久和谐共存"的师生。

在我29天的观察中，行业这一因素对其中12天产生过重要影响，如卡罗尔·哈斯拉姆那天在进行电影制作，布拉姆韦尔·托维那天在指挥乐

⊖ 参阅诺迪格雷夫和斯图尔特关于公共部门管理对私营部门管理的研究，以及邓肯等人关于医疗卫生管理对企业管理的研究。

队，还有 2 位管理者那天在司法部工作。但行业与层级制是分不开的：行业因素对大多数第一线管理者的影响较大（6 位中有 4 位，对其他 2 位的影响适中），而对中层管理者（11 位中有 4 位）和高层管理者（12 位中有 4 位）的影响较小。这表明，**行业因素对与产品生产和提供服务有关的管理活动影响最大**。㊀但不论对于哪个层级，我认为至少对于管理层来说，行业的隐性知识仍然是至关重要的。

组织背景

接下来我们将探讨管理活动所发生的组织背景，特别是组织形式，组织的年限、大小和发展阶段。

组织形式

有趣的是，我的这项研究证实，**组织形式是理解管理者行为的最重要的因素**。29 天中有 20 天是作为重要影响被记录的。然而，出于一个简单的原因，人们常常会忽略这个因素。

组织的种类 不妨想象一下，如果没有生物学方面的词语我们如何讨论物种：比如，除了哺乳动物这个词之外就没有别的生物学词语了，那我们如何区分海狸和熊？这就是我们在实践和研究过程中谈到组织时所碰到的状况：如果没有一个大家都理解的词语来表示"这种"或"那种"组织，首席执行官怎么能让顾问或董事会成员明白"你把我们当成了'这种'组织，其实我们是'那种'组织"到底是什么意思？结果，"唯一最佳见解"继续盛行于管理界：如果这种见解对加拿大皇家银行有利，那么它必定适

㊀ 事实上，4 位高级管理者中有 2 位深受行业因素的影响，即卡罗尔·哈斯拉姆和布拉姆韦尔·托维。他们 2 位都是小组织的负责人，所以从事的多为运作层面的管理工作。而对于第三个人，绿色和平组织的保罗·戈尔丁来说，"行业"（环境保护）这个因素已经渗透到每件事情中了。

用于绿色和平组织（负责战略规划的任何人）。

数年前，我提出了一个词汇表，现在我把它用在这里，以帮助理解组织这个因素对29天管理活动的影响。⊖

- 创业家型组织：以某个单独的领导为中心，该领导采取大量的行动和交易，并构思战略愿景。

- 机械化组织：正式的结构，含有简单重复的运作任务（典型的官僚机构），管理者按照详尽的权力层级结构履行职能，他们从事大量的控制活动。

- 专业化组织：拥有各种专业人士，他们大多依靠自己完成运作任务，而管理者更加注重外部的联系和交易，以支持和保护这些专业人士。

- 创新型组织（活力型组织）：以创新型专家组成的项目团队为基础，而高层管理者则从事联系和交易活动，以便获得这些项目，项目管理者集中精力领导团队工作，采取行动履行任务并将不同的团队联系在一起。

- 教会型组织：受一种强有力的文化所支配，管理者非常重视领导活动，以保持并加强这一文化。

- 政治型组织：受冲突所支配，管理者有时不得不用救火的方式来加强行动和交易。⊜

尽管所有这些形式的方方面面在大多数组织里都可以找到，但很多组织都倾向于采取这种或那种形式。例如，医院多半为专业化组织，他们的医

⊖ 这里我用的是后者。最近，在谈到战略时我又对该词汇表进行了详细阐述。
⊜ 我们也可以将最后两种形式看成其他四种形式的融合，如政治活力型组织或教会机械化组织。还有一种组织形式是多元化或事业部制组织，这种组织由总部管理各个部门，各部门自主开展业务（即多元化的）。我认为，这些单个部门大多会采取机械化的组织形式。

生更像是管理者的同事而非下属。大多数零售企业（尤其在早期阶段）则为创业家型组织，而电影制片公司实际上多半属于活力型组织。㊀

活力型组织的性质在以下几位管理者的工作中表现得最为明显：布莱恩·亚当斯从事新飞机的项目工作；格伦·瑞德为政府制定家庭法律政策；雅克·本茨参与谷瑞公司的客户系统设计的工作；卡罗尔·哈斯拉姆从事制片工作。以格伦的工作为例，律师和其他专业人士在项目团队中共事，起草法律文件。据格伦说，他本人也参与项目工作：监督、审查和推进项目，有时还要亲自行动。电话亭公司的马克斯·明茨伯格是典型的企业家，然而，机械化组织的控制特性却在红十字难民营的阿巴斯·加利特的工作中表现得最为明显。教会型组织的特征在加拿大皇家骑警总监的工作中表现明显，而政治型组织的特征则在绿色和平组织执行总监的工作中表现出来。但是，**组织形式对专业化组织中的管理活动影响最大，尤其当管理者的下属都是操作层面的专业人士时**，如护理部的两位管理者，医院的两位管理者以及乐队的指挥。

组织的大小、年限和发展阶段

我们通常认为，创建时间不长的小组织不太正规，工作较为紧张。但我在29天的观察中发现情况并非如此：

> 虽然交响乐团是由一个大单位组成的，但它仍然算是个小组织。即便如此，就连刚刚成立的乐团也会遵守沿用了数百年的正式规章制度。英国国家卫生局的庞大规模当然对其首席执行官的工作产生了影响，㊁但对于医院

㊀ 与此有关的还有钱德勒和塞尔斯对管理工作的研究，他们描述了在相当于活力型组织里的项目管理者的工作。黑尔斯和泰蒙甘尼对有关组织与管理工作之间关系的少量实验证据进行了评论。黑尔斯本人利用案例研究的证据对一个观点提出了怀疑，即各个组织大体上都在向活力型组织倾斜，其管理实践正从"命令和控制"转向"推动和协调"。而他用这个案例来阐明，实际上这些组织只是部分转为"官僚型机构"（后面还有更多关于这方面的阐述）。

㊁ 参阅诺迪格雷夫等人关于"规模"如何在高管应对医疗改革的工作中"发挥作用"的著作。

和护理部的那几位管理者来说，如果他们是在独立自主甚至很小的医院里工作，他们的工作就会有很大不同吗？

在大多数情况下，我们很难将这三个因素截然分开。比如，加拿大皇家银行的规模大怎么能与行龄长分得开呢？而这两者又与该行发展到了成熟期密不可分。㊀但是，即便把这三个因素合在一起，似乎也只是对29位管理者中的8位产生过重要影响，而8位中有6位是首席执行官（29位中共有12位首席执行官）。比如，约翰·克莱格霍恩是在一个历史悠久且成熟的大型银行里有条不紊地从事管理工作，而马克斯·明茨伯格则管理着一家成立时间不长的小型零售连锁企业，相比之下，他的工作要紧张得多（另外两位受组织大小影响最深的都是中层管理者，即英国国家卫生局的皮特·科以及英国电信公司的艾伦·惠兰）。

职位背景

当我们思考管理时，除了在这个职位上的人所具有的风格，我们往往还会关注这个职位本身，特别是其级别及职能。㊁

职位的级别

级别指的是该职位在正式的权力层级制中所处的位置。通常来说，层级制分为"高层"管理、"中层"管理和基层的第一线管理。当然，这几个

㊀ 我应该补充的是，这项研究中其实没有新成立的组织。但在一些成立时间较长的组织中有很多新的项目和一些新的单位。值得注意的是，坦桑尼亚的那些难民营是本研究中年限最短的单位，但都是很快就创建起来的。鉴于此，阿巴斯·加利特应该是所有管理者中最具有企业家精神的人，虽然他在规模大而且成熟的红十字会里从事管理工作，属于事业部门的人，但他具有企业家的技能。

㊁ 沙特尔（Shartle）早先引用的一份研究称"一半以上的工作业绩都与该职位上的人无关，而与该职位的要求有关"（1956：94）。在他自己的研究中，他发现"人们对海军之间的差异和商业组织之间的差异的讨论要多过对海军和商业组织之间差异的讨论"（p.90）。

层级无非印在一张表格中的位置。你没必要到"事情的中间"去寻找中层管理者,也没必要到"事情的最高处"去寻找高层管理者,就算有时你去他们的办公室恐怕也难觅"芳踪"(医院院长常常喜欢坐在主要出入口附近,大概是为了随时脱身吧)。

一般来说,身为高层管理者意味着要让组织里的其他人统统向你汇报,也就是说,你对整个组织的各项活动负有正式责任。而身为基层管理者意味着,只要让操作层面的员工而非其他管理者向你汇报。所以,作为中层管理者,从那张表格上看,你的上下应该都有管理者,即有人向你汇报,你也得向他人汇报。不过我们都会发现,中层管理者这个术语有时会被滥用。

"高层"对"底层" 我在1973年的那本书里提出这样的假设:通常来说,管理者在层级制中的级别越高,他的工作就越无系统性,并且长期性越强,其管理活动也越为简短和支离破碎。此外,高层管理者工作的时间更长,而较低级别的管理者更注重保持"实时"的工作连贯性。我当时研究的首席执行官在每项活动上平均花费29分钟;盖斯特研究的工头在每项活动上平均花费48秒。高层管理者要谈判企业收购事宜,而塞尔斯研究的中层管理者"商议交货日期"。⊖

我的设想与研究似乎是一致的。那么,我后来研究的12位高层管理者与6位基层管理者的情况与我当初的设想一致吗?(我们随后将谈论11位中层管理者)可以说,既有相符之处,也有不符之处。很显然,基层管理者确实注重保持工作的连贯性,对于各种问题及时做出反应。但在工作时间方面,基层管理者,如在医院工作的法碧恩·拉沃伊一点儿也不比大多数首席执行官工作的时间短。绿色和平组织的执行总监保罗·戈

⊖ 黑尔斯发现,与较高级别的管理者相比,第一线管理者的工作更加稳定和一致,他们更注重以绩效为导向的管理,他们所做的决定"大多与日常的操作性事务有关"。莫里斯等人也有类似的发现:与校长相比,学校制度的监督者在预先安排的活动、礼仪活动以及书面交流上花的时间比较多,而在制定决策上花的时间较少。

尔丁试图把重点放在长期规划上，但他又不得不处理随时冒出来的各种问题。

约翰·科特写道："级别较低的管理职位中不包含长期性的职责。"那么，正如第1章里指出的，为什么班夫国家公园的前郡管理员戈德·欧文会对停车场扩建工程所造成的环境影响忧心忡忡，而加拿大皇家骑警警长诺曼·英克斯却在认真收看前一天晚上的电视新闻片段，以免在当天的议会上提出令其部长尴尬的问题？的确，为什么现在有那么多公司的CEO要在公司季度财务报表上花费那么多时间？

如果再加上组织大小这个因素，那么，很多对级别所做的归纳就未必准确了。比如，某些较小组织的首席执行官的工作（零售连锁企业的马克斯·明茨伯格、交响乐团的布拉姆韦尔·托维等人）与一线管理者的工作并无多大差别：层级制被压缩得很厉害，"高层"和"底层"都碰到一块儿了。此外，马克斯忙碌的工作节奏也与法碧恩·拉沃伊在病房的工作节奏不相上下。因此，**要说哪个因素对管理工作造成的影响较大，那么，组织大小有时会胜过组织中的级别。**

"中层"管理者　中层管理者这个词在通常的使用当中可以表达的含义非常广泛，因此常常让人迷惑不解。这个词时常像大杂烩，除了最高级和初级管理者以及工人，它差不多把组织里的其他人员都包括进来了，比如那些没有一官半职、在员工岗位上的专家。

在这本书里，管理者这个词仅指那些具有人员配备的单位的负责人，中层管理者这个词仅指那些既有管理者做上级，又有管理者做下属的人。我研究的29位管理者中有11位中层管理者。但即使同为中层管理者，他们负责的工作也各不相同，包括：（1）地理区域（如驻加拿大某省的加拿大皇家骑警）；（2）产品或服务种类或特别的客户（如英国电信公司的IT大合约）；（3）基础职能（如医院护理工作）；（4）特定的规划、项目或政策（如加拿大司法部的家庭法律）；（5）职能部门（如绿色和平组织的经济单位）。

尽管中层管理者的"工作职责"如此纷繁复杂，但丝毫阻止不了大家对它们进行归纳的热情。㊀

中层管理者成为众矢之的已颇有些年头了，他们被指"人员过剩"，并因此成为很多公司一再**精简缩编**的对象。**精简缩编仿佛成为当今的一种放血疗法，是治疗所有公司病的良方**。这种流行一时的做法或许不乏适当之处，但也难免有"泼掉财务洗澡水的同时泼掉管理婴儿"的嫌疑。否则，那么多公司怎么会不约而同发现这个问题呢？难道他们的高层管理者此前此后对这个问题都是如此疏忽？

因此，很多人著书立说，试图挽回中层管理者的工作，他们特别强调中层在战略进程中所扮演的角色。有的管理学者对中层管理者是"破坏分子"和"游手好闲者"的观点提出了怀疑，他们也不同意把中层管理者当成只会"变上级制定的战略为下级执行的行动"的人而解雇。相反，他们希望像夸伊·休伊说的那样，**中层管理者"在利用公司的非正式网络方面往往比大多数高层管理者要强得多……使重要而持久的变革成为可能"**。他们既能"从大局着想"，又能发现"问题所在"。

渥太华电台的管理者道格·沃德一边要负责电台节目的实际运作，一边又要应对加拿大广播公司错综复杂的正式层级制度。"在夹缝中工作也不错嘛。"他调侃道。由于道格有过这方面的经验（他负责过整个电台），因此他既能激励组织里的其他人员，又能采取对组织有利的方式做事，比如，他帮助大家创办了一个新节目，后来被广播站采用了。

所管理工作的性质（包括职能）

如果首席执行官管理整个组织，那其他管理者管理什么呢？前面已经提

㊀ 比如，参阅保利洛的著作，他让"高层、中层和低层管理者……根据各自的职位要求来评估各种职责"。

出过一个完整的清单，罗列了各种可能存在的管理活动。[○]在这份清单上，有三项职责与管理者所管理的工作密切相关：职能、项目（包括规划和政策）以及参谋小组。[◎]

当然，每个管理职位都会受到其工作性质的影响。问题在于，这一因素在29天中的多少天里产生过特别的影响？对于首席执行官来说，似乎只有两天：博物馆的凯瑟琳·约恩特-迪特勒的一天以及乐队的布拉姆韦尔·托维的一天。这两位管理者负责的都是小型组织（请谨记，大型组织的首席执行官可以不用从事操作层面的工作，他们可能还要关注其他事务，像无国界医生组织的罗尼·布劳曼，那天大部分时间里他都在做外部的工作）。从中层管理者的那11天来看，工作性质这一因素只对其中两天产生了重要影响，而且都是在项目管理中：庞巴迪的布莱恩·亚当斯的一天和司法部的格伦·瑞德的一天（例如，艾伦·惠兰负责销售，这是一项明确的职能，在我观察他的那一天里，他主要是在公司里说服自己的上级签署他所辖单位的一份合同，而不是在对公司的客户做销售工作）。在基层管理者中，这一因素的影响力稍强一些，6人中有3人受到了影响：公园的戈德·欧文、加拿大皇家骑警的拉尔夫·汉博以及医院的法碧恩·拉沃伊。

职能一词主要用来表示传统的业务构成：生产、市场营销、销售，等等。[◎]但从更加普遍的意义上说，职能就是带来最终产出的一连串经营活动

○ 黑尔斯和穆斯塔法在对马来西亚管理者的研究中发现，"中层管理者工作的多样化与他们职能的专业性关系最为密切"。但他们也认为，"管理工作的共性不容低估"。西班牙伊萨德商学院的卡洛斯·洛萨达（Carlos Losada）进行了一项非常有趣而且详尽的研究，他将政界管理者（部长）的工作与加泰罗尼亚政府行政部门管理者的工作进行比较，特别是职能方面的差异。他发现，前者在履行人际关系、联络以及构想等职责上花的时间较多，而充当发言人角色的时间较少。

◎ 严格来说，这29位管理者中没有专职参谋，不过（我们后面还将讨论这点），司法部的约翰·泰特担负了一些类似的职责，保罗·霍南也一样，他负责绿色和平组织经济与政治部门。

◎ 麦考尔和赛格瑞斯在1980年所做的研究中发现，销售经理重视的是联系角色，生产经理重视的是控制角色，而财务经理重视的则是沟通角色。但他们也发现了跨职能和跨级别管理工作中的一致性。

中不可或缺的部分。提升公司的销售额是一项职能，但如果没有生产，它就是无法独立存在的；医院里的护理也是一项职能，但如果没有医疗，它也就不复存在了（反之亦然）。事实上，出于同样的原因，在某些公司里被称为"部门"的其实就是职能，就像铝业公司从铝土矿里提炼铝的采矿业务。

同样，由于现实的千差万别，简单的分类是无法准确无误地表示出职位背景的。级别强调的是权力的层级制，我们已经不止一次地提到过这个因素的局限性，而职能的局限性更是有过之而无不及。⊖因此，如果我们重新构思，将这两个术语变成"规模和范围"或许会更为妥当。

规模和范围

规模是指所管理单位的大小，正如前文所述，它与组织的总体规模完全是两码事：一个极小的单位可以存在于一个大组织中（像英国卫生局里的思克医生肝脏移植团队），而一个大单位也可以存在于一个极小的组织中（像布拉姆韦尔·托维那个由 70 位音乐家组成的单一团队）。

范围是指管理工作的广度，尤其是管理者在工作中的自由度。⊖规模和范围是相辅相成的：单位越大，管理者的操控能力就越大。但是，高居庞大的英国卫生局顶尖位置的邓肯·尼科尔爵士是否比处于基层、拥有自己小小研究单位的思克医生的操控力更大呢？前者要推动一个近百万人的组织，处处受到钳制，后者带领一个反应敏捷的小团队，从事自己感兴趣的工作。布拉姆韦尔·托维可以决定将要演奏的作品，当然会有一定的限制（包括观众是否接受）。为了理解范围，我们可以将垂直范围（层

⊖ 罗斯玛丽·斯图尔特对管理尤其是中层的管理工作研究得最多，用她的话来说就是，"用层级制中的级别和职能来区分各种管理职位，这种传统的做法并不适合有效的甄选、评价、培训、发展以及职业规划活动"。

⊖ 方达斯和斯图尔特的看法略有不同，他们将工作范围界定为"正式职责的领域"，后来，他们又称之为"职责范围"，包括下属的人数、营业额以及预算大小。

级制的上下）与水平范围（组织里的其他单位和组织以外的单位）进行比较。

垂直范围 约翰·克莱格霍恩是加拿大最大银行的CEO，他会提议让某个分行安装招牌。邓肯·尼科尔爵士也会对英国卫生局所属的某个医院提出类似的建议吗？他对思克医生的影响其实有多大呢？或者，就此而言，思克医生对他所在医院的上级管理者能有多大影响呢，更不用说对卫生局这个层级制中上级管理者的影响了？英国电信公司的艾伦·惠兰在那天的大部分时间里想方设法做的事情正是去影响他的上级，而他最终成功地说服上级签署了那份合同。可以说，艾伦对上的影响力虽然不及约翰·克莱格霍恩对下的影响力，但他确实获得了垂直范围。

水平范围 那么，管理者对他旁边如单位内外的人影响如何呢？有些管理者能力较强，即使无法在工作流程中控制他人，至少也能对他人造成显著影响。我们不妨回想一下布莱恩·亚当斯对庞巴迪的"合作者"的影响，那些合作者实际上是飞机供应商。红十字会的阿巴斯·加利特和加拿大广播公司的道格·沃德似乎对周围的人颇具影响力，这或许因为他俩都是组织中经验丰富的人。相比之下，加拿大皇家骑警新斯科舍省的拉尔夫·汉博和负责加拿大西部公园的桑迪·戴维斯的工作地域性都比较强，这可能使他们的水平范围受到了较大的限制。

范围的框架 第3章介绍了管理者的工作框架，现在我们可以利用范围来理解管理者是如何控制框架的。

如图4-1所示，矩阵的上方是管理框架的清晰度，在相当清晰（"扩大单位规模，今年增加10位销售人员"）和相当模糊（"加强团队建设"）之间。模糊的框架可能意味着相当大的范围（"哦，天哪，我想干啥就干啥"），也可能表示什么都没有（"那我现在该做什么呢？"），而清晰的框架可以集中注意力（到我们先前讨论的"执拗的痴迷"的地步），但又会使管理者的眼光变得短浅。

在这次研究中，布莱恩·亚当斯和阿巴斯·加利特的管理框架或许是最清晰的。前者要在确定的日期内让飞机上天，后者要避免在难民营里发生冲突。负责英国卫生局里采购和供应事宜的皮特·科采用了一个对他单位有利的相当模糊的管理框架。

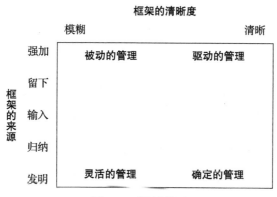

图 4-1　管理范围

矩阵的旁边是框架的来源，从上到下分别表示：(1) 框架是由该工作本身的性质强加的（布莱恩和阿巴斯）；(2) 框架是前任管理者留下来的（诺曼·英克斯特，关于加拿大皇家骑警的文化）；(3) 框架是被输入的，意思是，这个框架来自其他组织（乐队的布拉姆韦尔·托维）；(4) 框架是由管理者本人归纳出来的（可以看看皮特·科是如何解决采购商/供应商架构的）；(5) 框架是由管理者发明的（可以看看艾伦·惠兰是如何追求他所在单位的使命的）。

虽然每个管理职位都会体现其框架的各个方面，从清晰到模糊，从强加到发明，但多半会有一种总体倾向，我们在图 4-1 中标出了其中四种倾向。**就框架而言，管理可以分为被动的（强加给管理者的模糊框架）、驱动的（强加给管理者的清晰框架）、灵活的（管理者发明了模糊的框架）和确定的（管理者发明了清晰的框架）**。我们在本章后面谈论管理风格时会举例说明这四种倾向。

现时背景

下面我们来探讨现在的状况和眼前的情境。这可能会牵涉太多偶尔发生的事件，比如罢工、兼并、诉讼、突如其来的竞争攻势，等等，所以很难进行分类。除了时尚这个因素之外，其余的我将做大体讨论。时尚可谓管理"当月的新口味"。

暂时的压力

我们从经年累月的研究中认识到，当某个组织出现危机时，如行将破产、突然交战、币值暴跌，它便会施行集权，使某一个人能够迅速而果敢地采取行动，尤其要运用实干和控制角色。我们还发现，当竞争加剧时，管理者会在非正式沟通上花费更多的时间，他们的工作也会变得更加支离破碎、变幻莫测。

我在这次研究中发现，这些暂时的压力只对29天中的7天产生过重要影响，这令我颇感惊讶。⊖这是否与第 2 章的研究结果相悖，即管理者是否会对眼前的压力及时做出反应，在工作中表现出以行动为导向和反应迅速的特征？我认为它们之间并不矛盾。不过，或许我们提出这样一个结论会更加恰当一些：**管理工作的压力往往不是暂时的而是长期的**。正如前文所述，管理工作的步伐从不间断（就像我在马克斯·明茨伯格、布莱恩·亚当斯和法碧恩·拉沃伊等人的工作中所看到的）。换言之，管理工作中的压力是司空见

⊖ 面临挑战的有保罗·戈尔丁和查利·辛肯，前者是绿色和平组织的负责人，后者负责公园的那个停车场；医院的马克遭受来自各方的压力；艾伦·惠兰的压力是要设法签下那份合同；布莱恩·亚当斯必须让飞机按计划上天；阿巴斯·加利特和史蒂芬·奥莫罗想让难民营保持稳定（只有最后这两个人的压力既非竞争性也非政治性）。或许还应该加上无国界医生组织的负责人罗尼·布劳曼，由于担心索马里的政治形势，他在巴黎四处奔波，而且是他自愿这么做的。成为一名新任管理者也会感受到暂时的压力，琳达·希尔在《成为管理者》一书中明确阐述了这一点，我们随后还将进一步探讨。班夫国家公园的前郡经理戈德·欧文是位新任管理者，但他似乎没有面临任何压力。保罗·戈尔丁是绿色和平组织的新任管理者，但他所面临的似乎远不止"新官上任"这一个压力。马克在医院遭受的压力或许与他从事这一工作时间较短有关（本章后面还将讨论这一点）。

惯的，正如第 2 章里所引用的，管理工作就是"该死的事一件接着一件"。

庞巴迪的布莱恩·亚当斯的工作职位并不是在传统的"例外管理"部门，但他现在要管理各种例外的事件。因为布莱恩管理的不是例行操作程序，而是飞机设计项目，所以他要应对和处理各种例外情况。

管理时尚

这里值得一提的是时尚这个现时的因素。**就像政治正确性一样，我们也有"管理正确性"，即一度流行的管理实践方法**。这就好比管理当月的新口味（该表述本来一直是"管理数月的新口味"）。比如，多年来在员工管理方面流行过的"新口味"有："人际关系""参与管理""Y 理论""工作生活的质量""全面质量管理""授权"，等等。

这种时尚会对管理工作造成暂时的影响，至少对那些喜欢人云亦云的管理者来说（这样的管理者似乎越来越多）。此外，还有时尚的管理风格，如我们以前探讨过的"英雄领导"。但经过 29 天的观察，我们发现时尚的影响并不明显（或许与选取的例子有关）。相反，我们看到诺曼·英克斯特在加强加拿大皇家骑警的文化，而布拉姆韦尔·托维遵循着更为古老的管乐领域的传统。只有一例情况与组织内的时尚有关：英国卫生局围绕采购商

⊖ 第 2 章的研究发现，管理工作在一周的数天之内或数周之内似乎没有很大的差异，该研究结果进一步证实了这一结论。

⊜ Political Correctness，这是 20 世纪 60 年代开始在美国兴起的民权运动催生出来的一个新概念。顾名思义，即一个公民有义务按照宪法规定，保持一国所奉行的政治原则和立场。对于美国公民来说，一个政治上正确的人必须做到不能流露出任何歧视性的情绪。这种思想的影响逐渐波及日常生活中语言的使用。——译者注

⊜ 麦考尔等人把很长时间以来的领导力模型制成了表格，奎因等人把较近年代的模型制成了表格，如理性目标模型 1900—1925 年强调的是"生产者"的角色（控制和行动）；人际关系模型 1926—1950 年强调的是"推动"和"指导"的角色（领导）；开放系统模型 1951—1975 年强调的是"创新"或"中间人"的角色（行动和交易）；从 1976 年往后的内部流程模型强调的是"协调"和"监控"的角色（控制和沟通）。另请参阅帕斯卡尔制作的表格，包含多年来几十种不断变化的管理技巧。

和供应商进行的改革对皮特·科的那天产生了重要的影响。○

个人背景

在所有因素中，最受关注的就是管理者的"风格"，也就是，除了应环境、职位、组织和眼前情境的要求之外，管理者会采用的工作方式。换言之，风格关乎在职者如何创造这个工作，而不仅仅是执行这个工作。将两个人放到同一状况下的同一个岗位上，他们的做法一定会有差异，而这种差异可能就是由于他们各自的风格所致。○道尔顿称杜鲁门总统是"喜欢做决策"的人，而且决策迅速，而艾森豪威尔总统总是不愿做决策。不过，个人背景中的因素不只是风格，背景和任期也起着重要作用。

与生俱来 + 后天教化　　风格是性格所致还是源自经历，是与生俱来还是后天教化的？答案当然是两者皆有，缺一不可。比如，偏爱控制角色的管理者是天生权力欲望强烈还是打小精心教育的结果？谁也不敢断言。再者，天性与教养也会共同发生作用。我们都会寻求符合我们天生癖性的情境，而这种情境反过来又会加强我们的癖性。

首先，我们结合管理者在职位、组织和行业中的背景和任期，简要讨论教养的作用。然后，我们将详细探讨不同的个人管理风格，分析它们是与生俱来还是后天教化的结果。

背景

管理者的背景可能包括各种各样的经历：教育、早先的地位、成功与失

○ 有一个因素对桑迪·戴维斯的那天产生了类似但不是特别重要的影响：她要求把遗产这个词放入即将送往渥太华的新遗产部门的文件中。

○ 具有讽刺意味的是，尽管有关管理风格的著作不计其数，但从没有系统的研究对此进行过直接比较。虽然当某个人一接任另一个人的领导职位，受到影响的人们立刻就会进行这种比较，但都没有过系统的研究。

败，如此等等。麦考尔等人列举了一个颇具说服力的实例说明培养管理者不能指望正式的培训，而要让他们不断接受各种挑战。同样，在《管理者而非MBA》中，我提出，传统的MBA培训提倡的是一种强调分析、失去平衡的管理方法，与此相对的是，让经验丰富的管理者进入课堂，反思他们自身的经验。事实上，这里还是教养加强了天性：传统的MBA课程吸引的往往是那些天生喜欢分析的年轻人，而接下来的课程学习又加强了他们爱分析的天性；与此相反，我们的课程吸引的是偏重管理手艺的实践型管理者，而课程的学习会加强他们的务实取向。[二]

虽然背景对研究中的29位管理者均有明显影响，但只对其中6位具有重要影响。这6位中除了一位，其余都是受教育背景影响的，包括：司法部的约翰·泰特（他的法律背景使他非常注重分析）；安·西恩、法碧恩·拉沃伊以及思克医生和韦伯医生都具有护理、医学背景。医院负责人马克没有临床背景和专业组织经验，特别是考虑到他早先的任期，他确实是个例外，但他似乎开辟了一片新天地。

约翰·泰特所受的培训以及他自身的经历都与法律有关，这使他在管理活动中非常注重分析。但司法部从本质上来说也很注重分析，他们要做政策分析。同样，政府从本质上来说也注重分析，他们要正式证明各种措施的正确性。因此，约翰的那天是在信息平台上从事通知、建议和控制活动。约翰适合这个职位，也就适合这个组织与部门。

[一] 参阅科特对背景所做的详细探讨，包括童年时代、教育、职业生涯，等等。
[二] 这些课程包括针对企业管理者的、针对医疗卫生管理者的、针对致力解决公司关键问题的团队管理者的。IMPM班级的某些调查显示，这些管理者认为自己是在艺术—技艺—科学三角形中的技艺型。29位管理者中只有公园总监桑迪·戴维斯是MBA，我发现她确实偏爱正式规划。29位管理者中有三位参加了我们的管理实践国际大师班：红十字会的阿巴斯·加利特和史蒂芬·奥莫罗以及英国电信公司的艾伦·惠兰。他们三位似乎明显倾向于技艺管理（随后还将探讨管理活动中艺术、手艺和科学的风格）。

任期

我研究发现，在职位上的任期、在组织中的任期以及在行业中的任期对29位管理者中的9位具有重要影响。

阿巴斯·加利特年轻时就加入了红十字会，他从青少年时期开始便参加各种国际会议，并在总部工作。因此，他对该机构的情况了如指掌，这一点在他充当坦桑尼亚营地与日内瓦总部之间沟通的桥梁时表现得尤为明显。同样，在另外4位管理者的身上我们也可以看到，由于在组织中的任期较长，组织文化已经在他们心中根深蒂固了。这4位是加拿大广播公司的道格·沃德、司法部的约翰·泰特、皇家银行的约翰·克莱格霍恩、加拿大皇家骑警的诺曼·英克斯特。⊖绿色和平组织的保罗·戈尔丁和公园的桑迪·戴维斯都是刚刚任职不久，他俩偏爱正式的规划。我们是否可以这样推断：管理者依赖这种正式规划是为了对新工作有个认识？或许这种偏爱只是偶尔为之，因为英国电信公司的艾伦·惠兰也是新近任职的，但他似乎没有这种倾向。我确实把任期作为影响班夫国家公园戈德·欧文的一个因素，但另有原因：他对管理一无所知，而且深感困惑。

作为管理者的医生

在一篇有关卫生保健的文章中，我和肖洛姆·格劳伯曼谈到，从本质上说，护士或许比医生更适合从事管理活动，原因就在于他们的专业性质。

⊖ 我们也注意到凯瑟琳·约恩特–迪特勒在时装行业的任期较短。我本来还可以再列出一些人，如布拉姆韦尔·托维和卡罗尔·哈斯拉姆，只是我觉得行业这一因素对他们管理活动的影响之大远远超过了他们在该行业的任期这一因素。比如，如果布拉姆韦尔·托维出任乐队指挥的年限较短，他的管理行为会变得迥然不同吗？

> 首先，行医注重的是治疗而不是照料。医疗实践的本质就是干涉主义（实际上，法语里"外科手术"这个词就是"intervention"，即干预），但这或许并不是一个好的管理模式。好的管理模式必须包含持续不断和先发制人的照料，使各项活动平稳运转，保持战略地位，而不是断断续续、专业而根本的治疗（我在本章后面的一个方框里比较了无国界医生组织的罗尼·布劳曼医生的"阳管理"和巴黎时装博物馆的凯瑟琳·约恩特-迪特勒的"阴管理"）。
>
> 其次，医生所受的培训要求他们独自而果敢地做决定，而管理者经常得在各种模棱两可的问题上仔细考虑和集体讨论。医生每次给病人看病时，通常会做出明确的判断，哪怕先不采取任何措施。担任委员会成员，就一些含糊不清的问题的细微差别争执不休，这简直与医生的工作大相径庭（我曾经看过一幅漫画，一群外科医生围着一位病人，下面有一行字"谁来开刀？"在管理中，这是一个严肃的问题）。
>
> 最后，行医讲求的是部分而非全部。如今很少有医生包治百病。但组织需要的是整体治疗。
>
> 问题仍然在于，这些都是一概而论的情况。我便遇见过一些医生，堪称出色的管理者。尽管医生接受的专业培训基本相同，但他们在管理方面的表现确实很有差异。医院需要的是高层领导和管理者，他们不需要分类。

个人的管理风格

现在我们来探讨个人风格，即个人在工作中的癖性是否受到背景和任期的影响。由于个人风格始终广受关注，所以我们在这里另辟篇幅对之进行详尽细致的探讨。

管理风格的诸多维度

我们有很多维度来描述管理风格的方方面面。诺迪格雷夫列出了一长串"狭义的风格"：

任务导向对以人为本，"开放式"对"封闭式"（听对说），"离心"对"向心"（授权对非授权），正式对非正式，"耐心"对"急躁"，系统有序对杂乱无章，团队合作型对非合作独立型，流程导向对结果导向，改革创新对固守现状，长期型对短期型，数量型对质量型。

我们还可以在这张清单上加上很多更为具体的维度，比如法碧恩·拉沃伊马不停蹄的管理以及卡罗尔·哈斯拉姆的"硬"处理和"软"领导。

在学术文献中，"任务导向对以人为本"这个维度备受关注。令人遗憾的是，很多文献都称之为"定规"对"关怀"。既然如此，何不干脆称为"命令加控制"对"推动加授权"？

在管理实践者撰写的资料文献中，最受欢迎的一个维度大概要数"改革创新对固守现状"。比如麦尔斯和斯诺对管理者的分类便广受欢迎，他们将管理者分为勘探者、防御者、分析者和反应者。有些管理者创造组织（马克斯·明茨伯格的零售连锁店）；有些管理者则通过相应的变革来维持组织（公园总监桑迪·戴维斯）；还有一些管理者设法推动根本变革（英国电信公司的艾伦·惠兰、英国卫生局的邓肯·尼科尔爵士）。但不管是哪一类型的管理者，**要推动变革必定得保持一定的稳定性，同样，如果不推动相应的变革，稳定性也无从谈起。**

前瞻性 如此一来，我们便要谈到管理风格的另一个维度——前瞻性，它似乎与变革有几分相似，其实两者相差很大。**在我 29 天的观察中，如果**

要说有一个特别引人注目的因素，那就是前瞻性：管理者会在多大程度上利用那些对他们单位或组织有利的自由度，即便是为了增强稳定性。比如，阿巴斯·加利特与该研究中的其他管理者一样具有前瞻性，但他采取积极主动的措施是为了稳定难民营，而艾伦·惠兰则力求推动公司的变革（请参阅附录，了解这两天的详细情况）。

正如前文所述，**管理者并不需要广阔的范围，以便具有前瞻性**。我发现，29位管理者中的很多人都喜欢强行采取行动：他们对所能采取的措施做出估计，然后推动实施。

皮特·科就是一个突出的例子。皮特所在的英国卫生局的组织结构非常复杂，在庞大的层级制中，对上他要听命于高管，对下他应该管理很多活动，但又无权直接控制（那些独立的医生和医院——他应该从他们那里"采购"）。他的工作框架非常模糊，而且是由其工作性质强加而来的，这使得他的管理工作较为"被动"（用图4-1中的术语来表达），事实上，在我观察皮特的那天里，他表现得非常具有前瞻性。

用爱德华·拉普的话来说就是，**高效管理者走的是"别人不感兴趣的道"**。在最后一章里，我们还将探讨前瞻性这一维度，我认为它是高效管理的决定性因素。

顶部、正中还是贯穿全程　　管理文献中还可以增加一个维度：与单位中的其他人相比，管理者对自己位置的感知。

有些管理者认为自己位于权力层级制的顶部，但这是比喻性的：表示他们比下属的地位高。虽然我不敢妄言邓肯·尼科尔爵士对此会做何感想，但我可以问的是，一个统管近百万员工的人还能觉得自己的位置在哪儿呢？

一般来说，一个组织越重视层级制，其管理者越觉得自己属于单位里的高层，所以，即使他们并不一定对单位发生的一切了如指掌，他也非常关注控制角色。因此，我们可以想象得到，对职位的这种观点在机械化组织中尤为常见。

有些管理者觉得自己处于正中央，单位内外的各种活动都以他们为中心。 我观察的管理者中有6位似乎就是这种情况，他们中间有4位是女性。㊀在《柔性优势：女性的领导力风格》中，莎莉·海格森认为女性管理者"通常会说自己正夹在各种事情中间。她们不在顶部，而在正中；她们不是往下看，而是往外看"。性别差异表现最为明显的是我在巴黎的那两天。资料框里的文字对比了凯瑟琳·约恩特－迪特勒的阴管理和罗尼·布劳曼的阳管理。

管理的阴与阳

我对无国界医生组织的罗尼·布劳曼和凯瑟琳·约恩特－迪特勒的观察只相隔了9天，两位又都在巴黎，所以将他们进行对比便成为自然而然的事情。他们都是经常公开露面的机构资深负责人，但管理的领域却毫不相干。他们都有一间小办公室，都骑两个轮子的交通工具上下班，不过是完全不同的轮子——一个是摩托车，一个是电动车，这也反映出他们的工作节奏。他俩都对工作非常专注，但一位是非常积极主动的，所以可以说他们二位有着截然不同的风格。

无国界医生组织在世界各地东奔西走，处理各种危机。他们的工作是间歇性的，哪里有疾病，他们就去哪里治疗或至少减轻病痛，然后便离开。而巴黎的时装博物馆却哪儿也不会去，他们收集传家宝，永久保存。

㊀ 法碧恩·拉沃伊和安·西恩在医院工作，卡罗尔·哈斯拉姆在电影公司工作，凯瑟琳·约恩特－迪特勒在博物馆工作，布拉姆韦尔·托维在乐队工作。零售连锁业的马克斯·明茨伯格是典型的企业家，公司里的所有事情都以他为中心。

管理工作会相互效仿（至少现如今），一般有两种情况，一种好比"阳"，紧张激烈、进取心强；另一种好比"阴"，春风化雨、鼓舞人心。前者为短期干预，后者为长期参与。

阴阳管理方式都能发挥良好的作用。无国界医生组织不只与医疗有关，它如同医疗。他们会果断地做出决定——处理危机还是撤销治疗。他们更愿意治疗急性病而不是慢性病，等病人情况稳定即离开。该组织的负责人本身就是一位医生，这并非巧合。在我观察他的那天，他也像行医一样实施管理，即干预治疗。因此，他那天的工作内容大多属于外部活动——建立网络和宣传推广。

博物馆既要保存服装，也要保护遗产。工作人员是这样说明的：一件新服装需要 4 小时到 4 天的时间来清洗，此外至少还要 4 小时来给人体模特穿上衣服，准备展出。博物馆的负责人显然被称为"首席保护官"，她那天的工作更多是对内的——采取行动和详细叙述。她凡事亲力亲为。她仔细查看和触摸衣服，亲自挑选，同样，她对组织的管理也是事无巨细。当她谈到衣服与人体的亲密关系时，或许就是借此隐喻组织的使命与组织自身的关系，也就是说，在法国服装业精心构建的框架内保护法国服饰的传统。

实上，阴阳的象征意义不止于此。"阴"代表兼容并蓄，但它也有黑暗、晦涩和神秘的一面。"阳"代表清晰、明亮、白色，但难免会有言过其实之时。如果说"阳"是积极的，那么"阴"则较为被动（虽然从这点上说，凯瑟琳一点儿也没有这方面的特性，她既不黑暗，也不晦涩和神秘）。

> 或许，我们在管理中应该对被动性稍加利用，以使他人更具主动性。最重要的是，据说这两种"巨大的宇宙力量"无法共存。任何事物都是对立统一的，正如光中有影，影中有光。如果当阴阳平衡时就可以达到和谐状态，那么在大多数管理活动中还需要进行重新平衡吗？

此外，还有一些管理者觉得自己既不在层级制的顶部，也不在什么中心的正中行使职责，他们的活动范围遍及纵横交错的活动网。如今我们都在大谈特谈组织好比网络——各种互动活动的网络，沟通是其中必不可少的要素。那么，我们不妨想象一下，然后问问自己，管理者处于图 4-2 的什么位置。在顶部吗？管理者位于这种网络的顶部无异于处在网络之外。在正中吗？在网络正中采取行动的管理者不啻在集中化，即管理者将各种沟通模式都吸引到自己这边来。

因此，管理者要管理网络，必须贯穿其中发挥作用。换言之，管理者必须无所不在，他们不能将员工引入某个中心，而要走出去，到员工那里去。[1] 这意味着管理者的活动应该联系多过领导，交易多过实干，说服多过控制，这种情况在活力型组织的项目工作中表现得最为明显，如庞巴迪的布莱恩·亚当斯。同时，

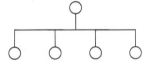

在（层级制）顶部的管理者

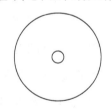

在（中心）正中的管理者

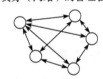

贯穿（网络）的管理者

图 4-2　对管理者位置的感知

---

[1] 莎莉·海格森用的是"网络"（web）而不是"中心"（hub），与她对女性管理者的描述中（1990：46）有所不同，随后她又出版了《融入网络》（*The Web of Inclusion*）（1995）。她提到蜘蛛网，"形状大致为圆形，领导者在中心点上，蛛丝向四方各点伸展"，以及"领导组织的女性孜孜不倦，劳心劳力，一心想要靠近中心"（1995：20）。

这种贯穿网络的管理还意味着其管理活动可以脱离管理者,而由那些承担管理类职责的其他人来推动创新(在本章的最后一部分,我们将进一步探讨这一观点)。

管理活动的诸多风格

如果管理风格的维度如此之多,那么我们不妨设想将这些维度组合起来,形成各种可能的风格本身。为了解决这个问题,多年来研究人员、作家和顾问提出了各种风格的分类,即所谓的类型学,他们试图将之套用在管理者身上,但有时难免格格不入。

迈尔斯·布里格斯的分类法虽然不是专为管理者提出的,却是最受管理界追捧的理论。迈尔斯通过 4 种维度的组合,形成了 16 种性格类型。这 4 种维度是感觉(S)对直觉(N),思维(T)对情感(F),外倾(E)对内倾(I),判断(J)对知觉(P)。所以,我们周围才会有自称 STIJ 或诸如此类的管理者。

我从未追捧过这种分类法。(因为我永远都想不通感觉对直觉:如果更加具体地加以分析,难道不应该是思维对直觉吗?)我觉得麦柯比的分类法更为可取,他将管理者较为简单地分为可靠的工匠型(craftsmen)、权力欲望强烈的丛林斗士型(jungle fighters)、稳定的企业人型(company men)和竞争力强的赛手型(gamesmen)。我也赞成康德瓦拉更为系统的分类,他将管理者分为保守型、冒险型、直觉型、技术统治型、参与型、强制型、机械型和有机型。⊖

就艺术、手艺、科学而言的风格　对我来说,认识各种管理风格最有效的方式就是第 1 章中介绍的艺术—手艺—科学三角形。如图 4-3 所示,靠近科学一角的风格可称为大脑型风格,这种风格深思熟虑、注重分析,长期以来在商界的影响举足轻重(在我 29 天的观察中,这一风格最具代表性的

⊖ 另请参阅斯图尔特精心推导的管理风格类型。在我 1973 年的书中,我根据所探讨的角色提出了 8 种类型:联系人、政治管理者、企业家、知情人、实时管理者、团队管理者、专家管理者和新任管理者。

例子却是司法部的约翰·泰德)。靠近艺术一角的风格可称为远见型风格,这种风格关乎思想和眼光,从本质上来说更注重直觉(或许英国电信公司的艾伦·惠兰那天的表现最为显著)。靠近手艺一角的风格可称为实干型风格,这种风格的管理者亲力亲为,有所助益,注重经验(这一风格的代表性人物包括医院病区的法碧恩·拉沃伊、加拿大广播公司的道格·沃德,还有其他很多人)。

图 4-3　基于艺术、手艺和科学的三角管理风格

但是,仅将其中一种风格付诸实践,可能会由于太注重科学、艺术和手艺中的某一项而导致管理工作的失衡。因此,图 4-3 也显示了这三种风格失调的情况:大脑型风格可能变得过于算计(太过注重科学),远见型风格可能变得自我陶醉(为艺术而艺术),而实干型风格则可能变得枯燥乏味(管理者不敢尝试他们未曾亲身体验过的事情)。即使将其中两种风格加以结合,但缺少第三种也难免会出现问题,正如图 4-3 中三角形的三边所示:只有艺术与手艺而缺乏系统周密的科学调查可能形成杂乱无章的管理风格;只有艺术与科学而缺乏源自经验的手艺可能导致互不关联的管理风格;只有手艺与科学而缺乏艺术的眼光可能带来令人沮丧的管理风格,虽谨慎、

连贯,却死气沉沉,缺乏活力。

因此,三角形的内部才是适宜之所:**无论是管理者个人,还是通力合作的团队,要实施有效的管理就必须将艺术、手艺和科学融合在一起**。换言之,管理或许不是一门科学,但它确实需要一定的科学条理,加之手艺的实用性以及适度的艺术热情。我和比弗利·帕特威尔开发了一个工具(如图4-4所示),让您能够在这个三角形上标绘自己的风格。欢迎您随意使用。

想想您在工作中是如何管理的,然后从每行的三个单词中圈出一个对您的管理方式描述得最为准确的单词。等您全部圈完之后,将您在每列里画圈的单词数加起来(三列的数字相加应该是10)。

第一列代表艺术,第二列代表手艺,第三列代表科学。

想法	经验	事实
直觉	实际	分析
心	手	头
战略	流程	结果
激励	参与	信息传递
热情的	有助益的	可靠的
新奇的	现实的	坚决的
想象	学习	组织
看见	行动	思考
"无尽的可能!"	"放手做吧!"	"好极了!"
总分		

将您的三个分数标在这个三角形上。横线A0到A10表示艺术,找出您的艺术分数所对应的那条横线(以右边的小三角形为例,A7那条横线对应的是第一列的总分为7)。对角线C0到C10表示技艺,同样找出您的手艺分数所对应的那条对角线,并在与刚才找出的横线相交处做上标记。对角线S0到S10表示科学,那么您的科学分数应该落在您刚才做标记的那个点上(否则,您的三个数字加起来就不会等于10)。这一点即表示您自己的管理风格,与您在表格中的感知是一致的。您可以随意使用这个工具来测定自己的风格,然后将结果与您认识的其他管理者的结果进行比较。您也可以用它来评估你们对彼此风格的感知,了解如何进行团队作业。您还可以用它来思考您的组织里流行的管理风格,等等。

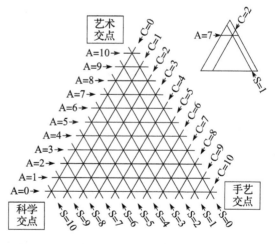

图4-4 评估您在艺术、手艺、科学方面的个人管理风格

资料来源:亨利·明茨伯格和比弗利·帕特威尔©开发,2008。

将风格置于合适的位置

在前文中，我称卡罗尔·哈斯拉姆那天是在进行"硬"处理与"软"领导。请注意这里名词和形容词之间的差别。名词表示她做的是什么，她扮演的角色；形容词表示她是如何做的，她如何扮演这些角色。

管理者是下属寻求帮助的对象，管理者可能会以此角色或彼角色的身份予以"什么"式回应。比如，"你可以看看萨莉对此的反应"（沟通）；"你觉得什么最合适"（领导）；"我不知道，但你最好在星期五之前解决它"（控制）；或者"交给我来管吧"（实干）。而在这每个"什么"式回应中又蕴涵着"如何"。比如，那个沟通的回应，不妨比较一下"根据我的经验，萨莉对此会说变就变的"和"告诉萨莉我们想念她——这一定会管用的"⊖。

那么，个人风格是如何影响这 29 位管理者的呢？其影响力可能比预期的要小得多。虽然个人风格对他们的工作方式都产生了影响，但对于他们的工作内容的影响却微乎其微。

事实上，29 位管理者都展示了各自的管理风格：护理部主任安·西恩动作敏捷；谷瑞的总裁雅克·本茨深谋远虑；凯瑟琳·约恩特-迪特勒的偏"阴"与罗尼·布劳曼的偏"阳"，不一而足。所有这些在我观察的管理者身上都表现得非常明显。但是，当我回头重新思考那 29 天并且问我自己，管理风格对于多少位管理者的工作内容起到重要的决定性作用时，我发现答案只有 4 位。

罗尼·布劳曼似乎特别热衷于就索马里的形势进行游说活动，同样，皮特·科也很积极地代表他的单位与英国国家卫生局的高层管理者进行交涉。英国国家卫生局的斯特华特·韦伯医生想要着手开始他的临床工作，所以

⊖ 卢桑斯等人在《真正的管理者》一书中表明，"走动式管理"是一种"控制"。但人们可能认为，控制就像沟通（获得信息）或领导（激励他人）一样简单，这都取决于管理者心里想的是什么以及是如何执行的。

想方设法地尽快摆脱管理工作，这使他不得不加强控制角色：让他的助手迅速决策。作为绿色和平组织的负责人，保罗·戈尔丁通过参与制定和执行详细的规划，努力了解并认真对待他的新工作。其余25天的典型代表是鹰头公司卡罗尔·哈斯拉姆的一天：她进行的交易非常"硬"，她的领导方式则很"软"，但我们还能期望另一家类似的电影公司的头儿做出不同的举动吗？还有布拉姆韦尔·托维，他的个人癖性对他在指挥台上的行为会有很大影响吗？

为什么在管理著作中广受关注的个人风格，尤其是领导力的个人风格对这些管理者的所作所为影响甚微？因为真正关键的要素是背景：一般来说，人们并不是无意间发现自己处于管理职位，所以他们不会随心所欲地计划管理工作（或者说，如果他们真的想怎么做就怎么做，那日后将会麻烦不断）。事实上，**管理者要做的事情多半取决于其身为管理者所面对的事情**。通常来说，管理者必须适合这个工作。

布拉姆韦尔·托维从事音乐工作之后，他天生的癖性使他成为乐队的指挥。诺曼·英克斯特无疑是深受加拿大皇家骑警文化的吸引而加入其中的，或许正是因为他与这种文化产生了如此强烈的共鸣，最后才成为骑警总监。桑迪·戴维斯与她所担任的加拿大国家公园地区总监的职位非常契合。

事实上，你的职位决定了你将要面对的事情。卡罗尔·哈斯拉姆的工作需要进行大量的外部交易，这并非因为巧合；而法碧恩·拉沃伊的工作需要进行大量的内部领导也绝非出于偶然（试想卡罗尔与法碧恩互换工作会是怎样的情形）。

让我再一次重申：**毫无疑问，个人风格是重要的。但是，个人风格对管理者的工作内容影响甚微，更多的是对他们的工作方式包括如何制定决策和如何规划战略产生影响**。在这点上，管理的文献资料、管理实践者和管理学家可能全都过分强调了个人风格的重要性。风格和环境都是重要的因素，但它们多半要在一种共生关系中才能产生重要影响。正如卡普兰所说，"如果要思考某种特定的（一般管理）工作，唯一的办法就是想想在该职位上的人"。[⊖]

管理者是变色龙吗　《哈佛商业评论》上有一篇题为"富有成果的领导艺术"的文章，作者丹尼尔·高勒曼将领导艺术精简为六种基本风格，从而揭开"领导艺术的神秘面纱"。这六种风格是：命令型（"按我说的去做"，高勒曼认为这是一种"消极风格"）；远见型（"跟我来……奔向愿景"，他认为这种风格"最积极有效"）；合作型（"员工第一"）、民主型（"你怎么想"）和教练型（"试试这个"），他认为这三种都是积极的风格；领头型（"按我做的去做"），他认为这种风格是消极的。顺便提一下，用人际关系的术语狭义地来表达领导风格是很多这类文献资料中的常见现象，这就好比在人员平台上执行领导力风格而不涉及信息平台或行动平台。

高勒曼称，这六种风格就像"高尔夫职业选手球袋中的各种球杆"，可供选手"根据挥杆的需要"进行选取，他还声称："选手意识到前方的挑战，敏捷地抽出合适的球杆，挥出漂亮的一杆。高效的领导者也是这么做的。"

这种"我们可以像变换高尔夫球杆一样变换我们的行为"的假设在大多数应用心理学和管理发展学中经久不衰，现在我们必须对它进行仔细的研究。

以医院院长马克为例。如前文所述，马克对外是一位辩护者，他为医院进行游说活动，并取得了明显效果。高勒曼或许会将马克的领导风格纳入

⊖ 麦考尔提出了一个类似的结论，尤其关于领导力风格，"如果领导力模型强调的是与下属相比的领导者的'风格'，即使它们介绍的是偶发情况，这些模型的效用也是非常有限的。在涉及非下属的互动时，这些模型便不具备说明力，而且很难弄懂某个衡量领导者风格的全球性标准与管理者日常生活中上百项活动之间的关系"。

"远见型",甚至"领头型"(暂且不去考虑这两种风格一种是积极的、一种是消极的情况)。但是,转过身向内看,马克自己也面对着许多辩护者,他们都在想方设法争取各自的利益。所以,正是那个让马克有效处理外患的风格为他带来了内忧,当然,本来他可以抽出另一支球杆的——用更为通俗的比喻来说就是,像变色龙一样变换颜色。那种强硬的、颇具攻击性和鼓吹性的做法,即"远见型""领头型",甚至是"命令型"(虽然这些方式对医院来说或许不失为积极的一面,但它们实际上都是消极的方式),就得变成诸如"合作型""民主型""教练型"。但遗憾的是,对他来说,这不是放下高尔夫发球时用的球棒,换成球杆的问题,而是像从打拳击换成打羽毛球那么难。

请您谨记,变色龙虽然会变色,却变不了尾巴或舌头,更别说改变它们的生活环境了。事实上,它们能做到的不过是躲起来,也就是利用颜色进行伪装,让自己与周围环境融为一体。㊀这招在非常有限的环境中对变色龙或许会有用处,但对管理者来说,这招又能用多久呢?**一般来说,高效管理者天生就具有适应环境的风格,而不需要改变风格来适应环境,或改变环境来适应风格**(更不用说那些所谓的职业经理人了,他们应该具有适应一切环境的风格)。㊁

干工作和制定工作 毫无疑问,我们每个人或多或少都具备适应能力,只是适应的范围不同而已。㊂以史蒂芬·奥莫罗为例,他在红十字会的各种会议上表现得谨慎克制,而当他在难民营营地巡视时就会表现得热情洋溢。

㊀ 维基百科(2008 年 7 月 5 日)称,变色龙变色并非为了适应周围环境,而是为了表达情绪,以及进行沟通。为了达到这两个目的,变色龙会自然而然变换颜色。

㊁ 斯金纳和萨瑟总结道,"几乎所有管理者往往会形成一种相当刻板或狭隘的管理风格",但是(如我们随后将会探讨的那样),他们通常认为这种风格与分析型或专业型风格极其接近。

㊂ 布雷布鲁克说,高管会运用"个人资源",而信息是其中尤为重要的一项资源。有些资源(如讨价还价的技能)可以转移到不同的工作中,另一些资源(如当地的关系)则无法转移。

披着英雄式领导力外衣的管理风格如今大行其道，而就另一方面而言它可能极具破坏性，也就是说，组织只好适应其首席执行官的风格。这种风格可能会无情地凌驾于组织的各个重要方面如文化之上。**期望管理者严格遵守工作的各项要求，这或许是官僚作风，但是，任由管理者大权独揽，在工作中为所欲为，那就等于独断专行。**⊖

当然，管理者必须关心他们自身的变化以及他们周围环境的变化。我观察的 29 位管理者中的大部分人都在推动变革，但都是凭借各自的地位，即对该行业和组织的深刻认识，加之与当时工作需求的天然契合。

以英国电信公司的艾伦·惠兰为例，这是一个有趣而又恰当的例子：他对该行业、技术、销售部门都很了解，却对英国电信公司非常陌生。他雄心勃勃地要在他的组织里推动变革，而这正是他谋得这份工作的原因。

因此，虽然每位管理者都得制定工作，但同时他也得干这份工作。这就是为什么我们不能像大多数文献资料那样，脱离管理实践的具体情境来思考管理风格。这也是大多数有关管理风格的文献资料令人颇感乏味的原因，至少在我看来如此。⊜

如果你是一位管理者，请注意，你应该在你的管理实践背景而非普遍背景下认识自己的管理风格。此外，当你担任其他人的管理职位或让其他管理者担任你的职位时要格外小心。最近，有位教育学教授问我，如何看待

⊖ 范尔评论说，"艺术永远不会犯这样的错误：认为某个角色完全可以脱离表演者而得以诠释，然而，这一想法在 20 世纪的大部分时间里盛行于各个组织中。艺术中的角色限定构成了事件的背景，表演者应该在这个背景中进行艺术创作"。

⊜ 毕加特坚称："管理风格的理论或体系想当然地认为管理风格是领导者或管理者的财产……认为那是一种个人能力，无须在社会环境中运用，而总能以某种方式独立存在，至少可以出于分析的目的而存在。比如，许多理论家把原型风格固定在各式各样的表格中，试图开发出一个适用于很多环境的通用模型……这种做法是将管理风格……与它的运用……以及实施过程和反应分离开来，结果便产生了那些无法捕捉管理者及其下属之间动态的相互关系的理论。"为了改变这种状况，无疑需要在研究领域彻底进行改变：摒弃"每次一个变量"的方法，采用厚实描述（按照戈茨的叫法），以便在整个环境中认识和了解行为。

美国现在任命退休军官做学校负责人的做法。我回答说，主意不错啊，那就让我们的学校老师去管军队吧。

管理工作的态度

我们在这一章中探讨了管理工作的各种背景，如外部背景、组织背景、职位背景、现时背景、个人背景，这些背景往往是相互结合、密不可分的。以马克斯·明茨伯格为例，他的公司创立时间不长，规模虽小但颇具竞争力，属于创业家型组织，这使得公司的首席执行官总能在工作中广泛采取行动，但同时也承受着巨大的压力。如此一来，他必须采取大量的行动和交易，致使工作节奏紧张异常，而这一切都与马克斯的个性非常吻合。

其他很多天里也出现了这种天然的吻合。但必须指出的是，没有哪两个管理职位是一模一样的，甚至同一职位上同一个人的任意两天也不可能完全一样。这是否印证了第3章里引述的惠特利的观点：管理工作缺乏一致性？

一致性只有当你刻意寻找时才会出现。如果你是查尔斯·达尔文所称的"细分学者"（splitter），那么万事万物在你眼中都有细微的差别。而"粗分学者"（lumper）寻找的正是一致性。细分或许更加准确，但是，如果我们想要认识事物，那也需要粗分——只要我们不会把事物概括到极端的地步。

所以，我的推断如下。首先，如果我们确实想要全面了解管理活动的多样化（旨在甄选、培养和评估管理者，等等），那么，我们不能只是断定管理活动是无穷的，而要有条理地对管理活动进行分类，归拢出管理工作中的各种重要模式，这样我们就可以弄懂管理活动的多样化了。其次，要全面认识多样化，我们不能逐个思考影响管理活动的每个因素。相反，因为这些因素是管理工作中普遍存在的，所以我们必须对它们进行综合考量。

于是，我又重温了那29天（以及日程表里讨论的其他日子），努力寻找对多样化描述得最为贴切的模式。我把类似的模式集中起来并归结成组，我称之为态度，也可以说是管理者在工作中所采取的立场。当然，管理者不可能一天或连续数天都采用一种态度，但在一段时间内似乎的确会出现各种模式。

我一共找出了 9 种态度，外加两种临时性态度。我用数字把这些态度列在表 4-1 中，数字为几即表示有几位管理者采取了这种态度。当某位管理者采用的态度超过一种时，我就选取了其中最为明显的一个，但我也会探讨其他态度。

这些态度内容各异，从保持组织的工作连贯性到将组织与其外部环境联系起来。有三种态度描述了大型组织的高管如何设法渗透他们的层级制：通过遥控、加强文化以及战略干预。有一种态度阐述了全面平衡的管理活动（组织内外），而另两种态度对比了处于中间的管理与跳出中层进行管理。最后一种态度阐述了从旁建议的管理。讨论完这些态度之后，我又简短地探讨了两种临时性态度，即新任管理者和勉强的管理者。本章最后一部分探讨了日趋重要的态度：非管理者的管理。⊖

保持工作的连贯性

这项研究中的很多管理者显然都很重视工作的连贯性，他们会想方设法保持基本的工作流程：亲自参与工作，确保各项活动的顺利运转。说得好听一点儿就是，**这些管理者要保持体内平衡，即一种动态的平衡，以便使组织始终保持正确的方向。**

与其说这种管理态度关乎重要的更新，还不如说关乎微调。正如塞尔斯所言："大多数情况下，管理者都是设法在人际关系系统可能崩溃的地方进

⊖ 罗斯玛丽·斯图尔特在《管理工作的对比》（*Contrasts in Management*）中提出了管理态度的两个类型，一个涉及联系模式，另一个涉及工作模式，后者与我们这里提出的类型较为接近。另请参阅方达斯就"创建管理工作的行为模式"和"概述管理职位"所做的论述。

行检测……试图通过补救和改正措施,使系统恢复平衡。"

这种态度应该最为适用机械化组织里的新任管理者,就像难民营营地的史蒂芬·奥莫罗。但是,我在另外一些专业化组织里也见过这种管理态度(医院的法碧恩·拉沃伊和安·西恩,班夫国家公园的戈德·欧文,加拿大皇家骑警分队拉尔夫·汉博㊀)。而且,一些中层管理人员(难民营营地的阿巴斯·加利特),甚至一两位首席执行官也都采取过这种态度。布拉姆韦尔·托维在排练和演出时确实保持了基本的音乐连贯性,比如,乐队的节奏流畅,步调一致等。㊁作为零售连锁企业的负责人,马克斯·明茨伯格的工作也可以说成保持工作的连贯性(虽然我把他列入了后面一种态度)。

我们可以用很多常用的管理术语来表达这一态度:"现场"管理(戈德·欧文确实如此);"亲力亲为"(布拉姆韦尔·托维确实手拿指挥棒,而法碧恩·拉沃伊则忙得脚不点地);"例外管理"(用来做阿巴斯·加利特和史蒂芬·奥莫罗的报告标题)。这些术语无不表明,管理实践尤其仰仗手艺,它甚至全无分析可言,而且可能会显得非常琐碎。这种情况在法碧恩和马克斯的工作中表现最为明显。

这里的一个关键角色是实干,此外还有领导或控制,具体是哪个角色则要看管理者如何执行权力(法碧恩和史蒂芬偏重领导,而阿巴斯偏重控制)。此外,沟通角色也特别重要:管理者需要即时信息,以便随时了解哪些活动偏离了方向。以阿巴斯为例,他不停地四处搜寻,不放过一丁点信息,可以看得出,他希望所有细节尽在掌握之中。

这种态度也不乏一些有趣的不同寻常之处。第一,虽然保持工作的连贯性意味着一种明确的权威感,但是,像法碧恩、安、马克斯、阿巴斯和

㊀ 不过,皮特纳在学校里就没有发现这种管理态度:"校长的工作主要涉及服务和咨询以及审查各种关系;他们既不直接参与课堂教学工作,也不利用创新或稳定的关系力求改革或改善。"

㊁ 在我观察布拉姆韦尔的前三年,我也这样描述过法碧恩·拉沃伊:"这一天让我觉得最不可思议的事情是,一切都运转得那么协调、流畅和自然。"正如前文所述,在布拉姆韦尔那天的记录报告中,我说他参与了乐队的运转而非乐队的指挥。

史蒂芬一样的管理者似乎都在层级制的中间而非顶部实施管理活动。就像我对极为重视层级制的阿巴斯所做的总结，他无疑是管理活动的"神经中枢"，他周围的信息交流从未间断过。第二，虽然为了保持管理活动的忙碌性，这些工作的整体结构狭小而有限，但我们仍然在29位管理者中找到了几位最具前瞻性的人，包括法碧恩和阿巴斯。为了让组织始终保持正确的方向，管理者必须具备相当大的主动性和积极性。

对外联络

与此相反，有一种管理态度注重的是对外联络而非对内控制。套用正式的用语就是，**这些管理者必须保持组织的边界条件**。

虽然每位管理者都或多或少得这么做，但我们对高管的期望值难免会高一些，他们要进行各种代表性活动，完成挂名首脑的职责，代表整个组织开展游说活动。关于这一点，无国界医生组织的罗尼·布劳曼是最好的佐证，此外，鹰头公司的卡罗尔·哈斯拉姆、英国国家卫生局的邓肯·尼科尔爵士以及医院的马克也是很好的例子。

这些管理者之所以能够把主要精力放在对外联络上，最显而易见的原因是有其他管理者从事内部的运营活动，或者就是这些活动无需太多管理。事实上，我们刚才提到的管理者所管理的全都是知识型组织，他们中间有三个人在卫生保健部门（包括无国界医生组织），一个人在电影制片业，这些组织的员工都很清楚自己要做的事情，并且多半也是那么去做的。这样一来，不仅使得高管能够将精力集中在外部事务上，而且这也是为了支持知识型员工所必需的。

然而，这些高管的做法却大相径庭。卡罗尔为谈妥各项新电影合同，必须尽力应对各种难以理解的思想观点、错综复杂的客户关系以及难以分析的计划预算，然后将合同交给足以胜任的剧组。邓肯·尼科尔爵士和马克扮演的更像是组织的拥护者（用马克自己的话来说），他们的组织被各种错综复杂的势力关系所左右。尤其是马克的医院，深受各方势力，如政府、病人、董事、医生的干预，要应对这一切必须设法巧妙地在各方间周旋，协调各方利益。任由过多压力渗入组织只会使本已困难的处境雪上加霜。

正如第一种态度由组织层级制中的基层以上人员使用，同样，第二种态度是由高管以下人员使用的。各部门，如政府关系和采购部门的中层管理者或许不得不把重点放在外部工作上。虽然我把英国国家卫生局的地区总监皮特·科列入了另一种态度，其实他也经常使用这第二种态度。实际上，在我观察他的那天里，他就在管理自己单位以外，包括卫生局总部和其他单位的事务。

显然，这一态度注重的是联系角色（与领导角色相比）和交易角色（与实干角色相比）。在这里，我们发现了最优秀的谈判者，也发现了最热心的联络者，事实上就是麦柯比所说的"赛手"。我们不妨比较一下罗尼·布劳曼的外"阳"与凯瑟琳·约恩特－迪特勒的内"阴"，以及马克的倡导辩护与法碧恩·拉沃伊的不喜欢"公共关系那玩意儿"。如果说第一种态度包含了较多的技艺成分，那么第二种态度则包含了较多的艺术成分。同时需要注意的是，注重外部活动并且采用这种态度的管理者几乎没有人在层级制的"顶部"；说他们"贯穿"外部网络进行活动会更合适一些，同时，在施加给他们组织的诸多压力方面，他们还要起到中心枢纽的作用。

完美融合

第三种态度涵盖了前两种态度的各方面内容以及其他内容。采用这种态度的管理者既注重保持工作的连贯性，也会与外部世界保持紧密联系，而最为重要的是，他们会将这两者结合起来。因此，较之前两种态度，这种态度更加均衡和全面（我在第3章用过"融合"这个词，阐明了所有管理者必须将模型上的各种角色加以整合。我们将会看到，融合对于某些管理者来说尤为重要，所以我在这里再次使用这个词）。

值得注意的是，我们都以为这是首席执行官应该采用的态度，但实际情况并非如此：在我观察的管理者中共有12位首席执行官，而采用这种态度的只有两位，即博物馆的凯瑟琳·约恩特－迪特勒和零售连锁店的马克斯·明茨伯格。其余都是中层管理者：庞巴迪的布莱恩·亚当斯、司法部的格伦·瑞德、加拿大广播公司渥太华电台的道格·沃德以及绿色和平组织的保罗·霍南。我在前文中曾经数次指出，**中层管理者在组织中所处的位置或许是最适合进行整合活动的**。

这些管理者中除了一位（马克斯），其他人员全都积极参与了在组织中或至少在单位中实施的项目工作，他们都很赞同这种临时性任务编组的形式。其中，布莱恩参与的飞机制造和格伦参与的司法部政策制定本来就是项目，而其他人参与的工作也包括了某些重要的项目，如加拿大广播公司的电台节目制作，博物馆的展览规划，绿色和平组织的新政策创立。项目差不多都是独立的，需要进行相当全面的管理，整合各方资源，协同努力。比如，为了制定司法部的家庭法，格伦必须联合社会、法律和政治各界力量，监督、审查和推进一系列立法项目。以马克斯为例，他必须同时扮演实干、交易和控制角色，不仅要把战略交易与运作细节结合起来，还要整合内部和外部的利害关系。或许我们应该把这称为战略转移而非战略制定。

由于这种横向关系非常重要，因此管理者负担不了待在组织顶部甚至中央位置而带来的损失，他们必须贯穿整个网络，全程参与管理工作，这种情况在布莱恩·亚当斯的身上表现得最为明显。事实上，采用这种态度时，可能根本分不清谁是上下级，谁是同事和合作伙伴。布莱恩从事的是对分包商进行所谓的"延伸控制"，另外，我在前文中说过，虽然道格·沃德直接领导了那些并非他下属的人，但他与人们联系得非常自然，并没有人觉得他在实施领导。

这一切无不说明，采用这种态度的管理者不能只扮演某个特定的角色，而要将各种角色融合起来。但是，如果一定要指出几个关键角色，那么肯定少不了交易、实干和沟通。这一态度与管理的手艺风格最为接近，它更多的是进行推动而非命令。项目管理当然需要艺术，尤其需要分析，但至关重要的还是手艺。采用这种态度的大多数管理者在管理过程中往往会深入每个细节，而且他们都是综合性行业中身经百战的老手，掌握着大量的隐性知识。

遥控

下面三种态度着重针对大型组织中的高层管理者，阐述他们如何设法渗入层级制，把自己的印记带入组织。

遥控描述的是信息平台上内部管理的一种态度，这种态度较为独立，需要分析，如果你愿意，也可以称之"放手型"。采用这种态度的管理者认为自己处于层级制的顶部，他们喜欢那些可以充分利用控制角色的手段，比如自行制定决策，通过资源配置来进行正式规划，以影响他人的决策，或者简单地进行绩效评估。这样一来可能会放慢管理工作的节奏，弱化管理工作的多样性和口头性特征，把重点更多地放到正式命令和控制上。这种态度最靠近艺术—手艺—科学三角形中的科学一角。

我在《管理者而非 MBA》一书中写道：遥控似乎是近来尤为盛行的一种管理方法，特别是在大公司的高层管理者中间。[○]或许是我对这种现象的担忧促使我研究了那些更加侧重管理手艺的管理者，因为在 29 天当中，只有 3 天倾向于管理的科学一面。侧重管理科学的管理者，如绿色和平组织的保罗·戈尔丁和英国国家卫生局的韦伯医生，他们都出于特殊的原因。

保罗·戈尔丁是绿色和平组织的一名新成员，他似乎想运用正式规划来

○ 滕格布拉德以瑞典大公司的 8 位 CEO 为例，阐明了"金融市场与管理工作之间的联系"。他发现，由于金融市场的各种压力都被转嫁到层级制中 CEO 以下的其他管理者身上了，因此这些 CEO 可以进行大量的遥控。正如前文所述，"通过设定和监控期望值进行控制，结果会让某些管理者感到筋疲力尽，而且他们的工作全都循规蹈矩，缺乏富有建设性的交流"（另请参阅滕格布拉德 2000 年的著作，其中论证了采用这种工作方式的公司首席执行官越来越多）。

把一切置于他的控制之下。具有讽刺意味的是（正如附录里所述），虽然他鼓励他人积极参与行动，亲身实践，他自己却对一线工作不闻不问（尽管那天有个员工曾经一个劲儿地劝他参加）。所以，他始终没有机会检验这种态度是否行得通，我们也无从知晓他是否应该予以改变。

或许我们以为采用这种态度的多是大型组织尤其是机械化组织里的高层管理者，其实不然，韦伯和思克医生就在专业化组织的基层工作。他们二位都是兼职管理者，参与的临床和研究活动（他们在这方面展示得更多的是管理的手艺一面）多过管理工作本身。所以，他们的管理工作只是蜻蜓点水，至少在我观察他们的那天确实如此，他们赞成扮演控制角色的管理者要授权他人做决策。

我把邓肯·尼科尔爵士、桑迪·戴维斯、约翰·泰特和布拉姆韦尔·托维列入了不同的态度，其实，在我观察他们的那天，他们多多少少也采用了这种态度。邓肯爵士负责的组织拥有一个庞大的层级制，任何人想要直接渗入其中都难如登天，这就会促使人们在一定程度上进行遥控。作为加拿大国家公园的地区总监，桑迪处于组织层级制的中间位置，她偏好规划等诸如此类的活动。而司法部约翰的管理工作似乎更加正式。

就这种态度而言，布拉姆韦尔·托维无疑是最有趣的一位。在我看来，他的管理态度当属第一种，即保持工作的连贯性。但布拉姆韦尔也运用了或许是最远程的控制力——这种控制力正是乐队指挥的本质内容。正如前文所述，虽然领导力的实施不是大张旗鼓而是隐形的，但指挥者一旦挥动指挥棒，所有人都要听从指挥。这根小小的棒子凝聚了如此巨大的权力（只要使用者遵守规则），这种遥控的力量可要比预想的大多了！

加强文化建设

这种态度主要也为高层管理者采用，但它与前一种态度截然不同。它注重艺术和手艺，设法通过个人参与而非无人情味的控制来提高绩效。**这种**

态度旨在加强组织的文化建设，提高组织的社区意识，从而可以放心大胆地让员工恰如其分地发挥作用。换言之，优秀的企业文化有助于权力下放，使组织各层广泛拥有自主权。

采用这一态度的管理者所扮演的一个关键角色是领导，同时辅以大量的沟通，并与联系角色相结合，以保护组织免受外部扰乱，就像加拿大皇家骑警总监诺曼·英克斯特的"绝无意外"政策。同样，我们或许应该料到，在这种情况下，管理活动的节奏会相对和缓，管理者并不认为自己在层级制的顶部，而是处于各项活动的中心。领导者身处组织文化的包围之中，他们就像散发化学物质的蜂王，可以将蜂群里的蜜蜂团结在一起。有一位CEO甚至将他的主要任务界定为"讲述公司的历史"。

正如刚才提到的，这一态度在我与加拿大皇家骑警总监诺曼·英克斯特在一起的那天表现得最为明显，而这一态度的影响在我与艾伦·伯奇尔指挥官及拉尔夫·汉博队长在一起的那几天里也表露无遗。这就好比他给加拿大皇家骑警这个花园浇浇水，然后任由花儿盛开。以下几种因素的综合促成了加拿大皇家骑警的这种管理实践：崇高的使命、优良的历史、长期任职且全心致力于组织文化的首席执行官、注重人员平台的个人风格。

被我列入其他态度的某些管理者也采用过这种态度。在我观察约翰·克莱格霍恩的那天里，他确实在加强皇家银行的文化，效果同样显著。加拿大广播公司的道格·沃德、外科病房的法碧恩·拉沃伊以及史蒂芬·奥莫罗（尤其当他在营地时）也都在加强各自单位的文化。这表明，中层管理者以及组织中操作层面的人员同样可以采用这一态度。

战略性干预

另一个渗入组织层级制的态度就是实施特别的个人干预，以推动各种明确的变革。谷瑞的雅克·本茨就是这么做的，他参与了那些他认为具有战略影响的项目，而皇家银行的约翰·克莱格霍恩则埋头于那些他知之甚多的经营问题。从某种程度上说，所有的管理者都会采用这个态度。我称之为态度，其实这是管理者经常会做的一件事情。

因此，这里的关键角色显然是实干，实干可以通过控制和沟通加以巩固。采用这种态度的管理者往往为手艺型，他们的管理以实践经验为基础，采用的战略多为灵光乍现而非深思熟虑的结果，也就是说，他们的战略不是由正式规划产生的，而是出自非正式的信息渠道（我们将在下一章里再次探讨这个要点）。此外，虽然别人可能认为管理者位于层级制的"顶部"，"居高临下"地推动变革，其实他们往往全程参与活动，在很多地方进行干预。约翰的那一天就是一个显而易见的例子。管理者一般会绕过层级制，直接去往必须进行变革的地方。

处于中间进行管理

接下来，我们探讨位居层级制正中间的管理者，但他们采用的两种态度大相径庭。他们要么就在层级制的中间，确保工作的连贯性，要么就抵制这种态度，而跳出中间去实施管理。

传统的观点认为，在层级制中，中层管理者处于制定战略的高层管理者和实施战略的基层管理者之间。中层管理者既不制定战略，也不实施战略，而是通过沟通和控制，促进信息平台上信息的向下流动，再将战略履行的信息向上传递。因此，这里较少涉及行动平台上实干和交易角色，以及人员平台上的领导角色。总而言之，这种态度主要依靠规划、预算和其他正式系统，因而包含的分析或理性成分较多。它注重的是维持稳定，而不是促进变革。较之其他几种态度，这种态度更加程式化，且节奏较慢。

我发现29位管理者中有3位采用这种态度，他们都是分管某个区域的负责人：加拿大皇家骑警的艾伦·伯奇尔、加拿大公园的桑迪·戴维斯和查利·辛肯。○比如,指挥官伯奇尔在层级制中位于总部与分队之间,总部负责制定政策、确立制度、影响标准,而分队里受过良好训练、得到授权的官员则负责完成任务。当我对他说,在我观察他的那天里他花了多少时间用来沟通时,他答道:"我的工作似乎就是干这个的。"(我们在下一章区域管理的特例中还会就这一点进行探讨)。

这些管理者差不多都是在政府供职的。近年来的"精简缩编"会令这一态度在商界过时吗?我对此表示怀疑:我们仍然需要能够将层级制中不同层级联系在一起的管理者。要找到学习的榜样并非难事,英国电信公司或加拿大皇家银行里就不乏这样的管理者。

跳出中层进行管理

我们在前文探讨过,中层管理者并非只在层级制的中间位置进行管理。现在我们就来研究那些跳出中层进行管理的管理者,这表明了管理工作可能会多么变幻无常而又趣味十足。

英国电信公司的艾伦·惠兰无疑就处在中间位置:他位于庞大的层级制中间,处于文化变革之中、夹在一个复杂的问题以及由此带来的道德困境之中。或许由于与这一切相关的都是模棱两可的状况,他便能够跳出中层进行管理,充当变革先锋,鼓励高管认识一个电信的新世界(请参阅附录中对这一天的描述)。有趣的是,在我观察的29天中有12天的观察对象是首席执行官,而我只在这一天听到了对战略的清晰表述(但艾伦并没有进行"战略干预",他在干工作)。○

○ 我把约翰·泰特列入了另一种态度,但他也在一定程度上采用了这种态度。他是司法部行政部门的负责人,但在他的上面还有部长,所以他也属于中层管理者。

○ 我引用我在报告上对艾伦的评论,"供应商推销服务,而客户只要订购这些服务,这样的日子早已一去不复返了。现在,企业客户想要的是能满足自己特殊需要的服务。权力已经转到用户手上。像英国电信等公司提供网络服务只是客户需求的一部分,而客户则设法通过单一协议来寻求'端对端'服务,因而整合者需要整合数据中心、桌面、网络及其他服务,这又要求各个供应商通力合作。"

作为英国国家卫生局地区总监，皮特·科也突破了中层，但不同的是，他是从另一个地方，一个类似桎梏的地方突围出来的。压在皮特身上的是英国国家卫生局庞大而极具控制力的层级制，从某种意义上说，这个层级制就停留在他的单位里：大多数操作性工作都是由医生完成的，但他们并不向单位汇报，卫生局的各个经营单位变成了"供应商"，这些地区都要"购买"它们的服务。这一切仿佛一场超现实的游戏，只是皮特还可以利用它为自己的单位获得一些好处（正如下一章将要探讨的）。

跳出中层进行管理似乎注重的是联系和交易这两个外部角色，特别是要利用管理者的谈判技巧。 这些管理者是该研究中名副其实的赛手，他们建立联盟来影响那些他们无法对之施加正式权威的人们。在这种态度中，我没有发现多少控制或领导——至少不是整天盘算着如何控制或领导。与其他态度相比，它体现的管理工作最接近艺术。

因此，这一态度的关键情境因素似乎是以下3点：（1）管理者个人的前瞻性风格；（2）管理组织的庞大层级制；（3）让管理者觉得必须逃离的偶发性临时压力。管理者自身的前瞻性可以使工作的狭窄范围得以拓宽。

请将艾伦·惠兰和皮特·科与布莱恩·亚当斯、阿巴斯·加利特和桑迪·戴维斯进行比较。我将后面3个人分别列入了不同的态度，但他们本身又都是前瞻性很强的赛手，给所在单位留下了清晰的印记。但是，他们的工作内容关乎执行而非战略，需要有效地完成任务：布莱恩要让飞机按计划上天，阿巴斯不能让难民营营地发生骚乱，桑迪要保持总部与公园的联系。⊖比如，桑迪或许一直在机敏地应付政治环境，但从某种立场看，她顺应了环境的要求。皮特的做法则相反，他由于地区问题推翻了政治流程。还有艾伦，他在英国电信公司力推一个重要的全新理念。

⊖ 在维多利亚湖的危机事件中，阿巴斯的管理方式接近这一种（如前文所述），当时他认识到坦桑尼亚红十字会没有能力处理翻船惨剧，于是当机立断，与加拉的一个团队赶赴那里。

从旁建议

还有一种态度,虽然本研究没有对它进行详细阐述,但它非常普遍,所以也很值得一提。这种态度就是,管理者基于专长而非权威来充当顾问、专家、介入者。**如果说传统的中层管理者处于半空中,那么这些顾问型管理者则坐在一旁,设法影响他人或者只是回应各种请求。**因此,他们不在顶部,甚至不在中央,而只能涉足有影响的领域。

这听起来可能像是专家的态度,而不是管理者的。不过,管理者可以用两个办法来采用这种态度。第一,职能单位需要管理者(保罗·霍南是绿色和平组织的管理者,他只有两位下属)。事实上,这些管理者有时就是他们单位里最有经验的专家,所以必须代表单位。第二,一线管理者有时可能会被拉来充当这种顾问角色。约翰·泰特除了管理加拿大司法部以外,还得充当部长在政策和立法问题方面的顾问。事实上,任何管理者都有可能因学识渊博而受到约请(布拉姆韦尔·托维在音乐上的深厚造诣,思克医生在肾脏移植方面的精湛手艺,戈德·欧文在山林援救方面的全面认识)。

采用这种态度的管理者在个人风格方面似乎更加靠近科学而非艺术或手艺,注重的是联系和沟通角色。而且,他们所在的组织通常都很稳定、规模庞大且相当正规,专家建议都是为内部管理工作准备的。

新任管理者

为了完善我们的讨论,还有两种态度也是值得一提的:新任的管理者和勉强的管理者。

我在前文指出过,**从某个人第一次当上管理者的那天起,一切都改变了。昨天你还在做这些工作,今天就要管理它们了。**这可能会让你措手不及。就算一位经验丰富的管理者到新的职位就职，也需要一段时间进行调整。正如我在早前的作品里所探讨的，新任管理者必须建立人脉（联系）以便获得该工作所需的基本信息（沟通），而这些信息最终可以使管理者采取行动（实干和交易）。

我观察的29位管理者都拥有丰富的经验，他们大多是本职工作的老手，有些（如布拉姆韦尔·托维、阿巴斯·加利特和布莱恩·亚当斯）则管理过类似的工作。地地道道的管理新手大概要数班夫国家公园的戈德·欧文了；而对自己的管理工作所在行业或背景完全陌生的人就是马克了。这些管理者力求在脚踏实地工作的同时寻找自己的空间。保罗·戈尔丁对绿色和平组织非常熟悉，但对执行总监这一职位并不了解。⊖

琳达·希尔的《上任第一年》一书对这一态度进行了详尽探讨，我们也在讨论中多次引用过她的观点。希尔指出，成为管理者意味着必须驾驭从专家和实干家到通才和日程决定者的这种突变。此外，成为管理者还得经常适应这样的变化：从个人行动变成网络缔造者，从而通过他人来完成任务。

希尔在题为"从控制到投入"（用我们的术语就是从控制角色到领导角色）的章节中描述了在她研究的19位新任管理者中有多少人都"迫不及待地想要执行他们的正式权威，实施他们关于如何管理一个有效组织的想法"。因此，他们大多数人都"采用了事事过问、独断专行的管理方法"，结果却发现他们的正式权威其实少得可怜，"好像没几个人会遵从指示"。正如其中一位新任管理者所言：

⊖ 参阅加巴罗对就任新职位且经验丰富的管理者的研究，他指出，这些管理者"负责的过程"可能也需要"很长时间"（2~2.5年），他将这段时间分为5个阶段："扎根"（学习、定调、采取改进措施）、"浸入"（更多变革、步伐放缓、更加细致和"重点更加突出"的学习过程）、"重塑"（重新配置组织的某些方面）、"巩固"（处理残余的问题以及不断出现的难题）以及"提炼"（少量改变，完善各项运营活动，寻求机遇）。加巴罗总结道，他研究的14位管理者之所以能够成功，是因为他们"拥有行业经验，能够清楚认识自己肩负的期望，支持下属并保持良好的人际关系"。

成为管理者可不是变成老板，倒像变成了人质，这个组织里有很多想要绑架我的恐怖分子。以前我热爱我的工作，大家也都很喜欢我。现在我还是原来的我，却没人听我的了，也没人在乎我。○

这些管理者"必须学会如何通过说服而非命令来进行领导"，并且找到"衡量成功以及从工作中获得满足感的新方法，这意味着要培养一种全新的职业认同"。为此，希尔开出了这样的处方："新任管理者应该觉得自己是在通过在职的学习，努力进行自我发展。"关于这一点我们将在第 6 章继续探讨。

勉强的管理者

在我看来，有两个人属于勉强的管理者，事实上，他俩从某种程度上说都是兼职管理者。这种情况在韦伯医生身上体现得最为明显，他总是很快地将管理职责分配好，以便尽快着手自己的临床工作。他很喜欢给人看病，一到那时，他便像变了一个人。

韦伯医生与他的"业务经理"认真而紧张地交流了一个小时，业务经理提出各种问题，韦伯医生很快地一一回答，在这期间，他喝了一杯咖啡，还不时地抽上一支香烟。然后，他便动身去给病人看病了。到了病房，他立刻静下心来，成为一位沉着冷静的医生。他解答病人的疑问，满足病人的需求，同时也和随行的工作人员一起放松。在病房的两个小时里，他再也没有喝过咖啡，也没有抽过香烟，甚至连提都没提。

司法部的约翰·泰特无疑是位管理者，虽然他的工作职责不只是管理，正如我们前文指出的，他还是部长的顾问，他也很清楚地表示不愿意涉足管理工作。

○ 戈德·欧文遭遇过同样的挫折，他边查收电子邮件边说："你一旦成为管理者，就很难让他人完成有意义的工作了。"

还有一些管理者也表达过同样的想法，比如戈德·欧文，虽然他对管理工作知之甚少；此外还有布拉姆韦尔·托维，原因在于，做音乐家与做音乐家的管理者之间本身就是相互抵触的。但是，我不想把他俩称为勉强的管理者。

当然，绝大多数管理者会从管理工作中获得乐趣，他们喜欢在管理工作中采取的行动，热爱管理工作的节奏以及管理工作产生的影响。写到这里，桑迪·戴维斯、约翰·克莱格霍恩、安·西恩、皮特·科、卡罗尔·哈斯拉姆和阿巴斯·加利特全都浮现在我的脑海中。虽然这些管理者时而也会发发牢骚，哪怕只是对他们配偶抱怨一下，但从未因为身为管理者而忧心忡忡。在我看来，偶尔的抱怨实属正常。**管理工作切忌不情不愿：这项工作需要的就是一个人全身心的付出。**管理工作如同行医，不能被另一个焦点分散了注意力。这两项工作都需要全身心投入。因此，勉强的管理者应该是暂时的，要么得把这种勉强抛到九霄云外，要么就得换人。

融合一切的态度和目标

我将这 29 天的每一天都与一种可以最恰当地描述那天管理活动的态度联系起来，有时也会加上另一种态度。但必须注意的是，所有管理者都会采用这些态度中的大多数，至少有时会采用。因为，**所有这些态度都是为了实现管理工作的基本目的。**所有的管理者都得与外部（各种各样的利益攸关方）联系，以保持工作的连贯性（使各项事务保持正确的方向，即便只是针对他们自己办公室里的事务），甚至可以进行遥控（谁可以不要预算进行管理）。大多数管理者必须加强文化建设，推动某些战略计划，时不时地在自己的领域里充当专家。每一位管理者，无论他在层级制中的位置如何，都必须在一个复杂的影响力网络的中间进行管理，事实上，这也就意味着，他们有时还得在中间以外的地方进行管理。因此，为了有效地发挥作用，每位管理者不仅得把这些态度结合起来,还得使它们融为一体。

正如我们已经看到的,管理者确实会偏向于这种或那种态度,至少在某一段时间里难免会这么去做,这也正是这些态度产生的原因。那么,这些态度算是"某天的态度""某月的态度",还是"某项工作的态度"呢?这大概是因人而异的吧。从我对管理者观察的那些日子以及他们日程表上的其他日子看来,这些态度都是他们经常采用甚至可能是唯一的态度。

从图4-5中可以看出这些态度在艺术—手艺—科学三角形上的位置。它们大多围绕在手艺这点附近,或者朝上向着艺术,或者朝左向着科学。这就进一步证明管理是一项植根于情境的实践活动,否则就说明我自己偏爱手艺。

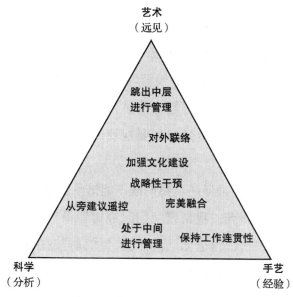

图4-5　就艺术、手艺和科学而言的态度

非管理者的管理

除了勉强的管理,或者说,有时正是由于勉强的管理才出现了非管理者的管理。事实上，这种管理是与勉强的管理迥然对立的：那些并未担负正式管理职责的人欣然接受某些管理任务。

到目前为止，我们都将管理严格视为管理者做的事情。但是，**管理工作由那些受托作为管理者的人来做的情况一直都有发生，而且大有愈演愈烈的势头**。这个工作，或至少是部分工作分散到其他人那里，由他们来履行某些管理职责。

人们对于非管理者的管理越来越关注的原因或许有二。第一，随着知识性工作和网络的日益普及，制定某些决策的权力就会自然而然地转移到非管理者手中。比如，专业化组织中的各种战略便是专业人士自己大胆尝试的结果。

第二，我们很多人与管理者，尤其是"领导者"都有一种爱恨交加的关系，这与第一个原因并非毫无干系。我们有些人热爱管理者，认为他们无所不能，可以解决世界上任何问题，只要培养伟大的领导者，一切就都会好起来的；而我们另一些人则憎恨管理者，认为他们乃一切问题之根源，除掉这些管理者，一切就都会好起来的。我猜想，我们大多数人对管理者应该爱恨交加吧，而到底是爱是恨则要视我们的心情如何以及最近一次与管理者打的交道如何了。

这两个原因我们都必须谨防。**我们既不能排除管理者，也不能把他们当成偶像崇拜**。对于这一点，我希望我们已经讨论得很清楚了，管理者在组织里需要履行基本职责：营造团结的氛围，加强行动的信息，对外部世界代表自己的单位，对单位的绩效负责，诸如此类。同时，我希望我们也已经清楚阐明，**组织的目标、成就和责任比管理者所做的要多得多**。

因此，在图4-6所示的连续统一体上，我们应该忽略两端（一端是由管理者全权负责的管理，另一端是完全没有管理者的管理）而去探讨所谓的最大化管理、参与型管理、共担型管理、分配型管理、支持型管理和最小化管理。

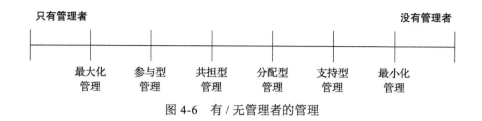

图 4-6 有/无管理者的管理

最大化管理

从某些方面来说,法约尔是正确的,大致说来:确实存在那些进行计划、组织、协调、命令和控制的管理者。我们不妨将他们的管理称为最大化管理,以此与最小化管理形成对比。这种管理在马克斯·明茨伯格和阿巴斯·加利特的工作中表现得最为明显,前者是典型的企业家,后者管理的机械化组织需要严加控制。

珊·马丁在《没有管理者的管理》中提到"管理者的形象时,将它比作组织这台机器的发动机或组织这个身体的心脏、大脑和其他重要器官,其工作就是为了保证其他所有部分的'运行'"。但是,即使在机械化组织里也完成了很多必要的协调工作,与其说这是由监督工作的管理者完成的,不如说是由拟定协调程序的分析家完成的,这就相当于将控制角色的重要内容委派给非管理者。

虽然没有人怀疑那些进行最大化管理的企业家的存在,但管理大师多年来一直在告诫我们说机械化组织行将消失,与之一同消失的还有他们的最大化管理。那么,让我们朝四周看看——汽车生产线、纺织厂、超市、呼叫中心、充斥着众多办事员的政府办公室、保险公司以及其他地方。再想想那些经济学家和金融分析家,他们无不继续将企业与其首席执行官等同起来。此外,别忘了那些组织结构图,首席执行官"高高在上"。用马克·吐温的话来解释就是,最大化管理消亡的谣言实乃言过其实。

参与型管理

事实上，距最大化管理一步之遥的就是所谓的"参与型管理"，或"授权""分权"。

当高层管理者将手中的某些权力沿着层级制往下传递时便出现了参与型管理，但一般来说是传给其他管理者的。而且，授予权力的高层管理者可以轻而易举地将权力收回：参与管理的其他人员都很清楚谁才是拥有至高权威的人。

至于"授权"，这个词如今可能更符合潮流，但正如前文所述，**有工作可做的人应该无须由他们的管理者来"授权"**，就像工蜂无须所谓的蜂王授权一样。

分权通常是指权力从总部分散到管理业务部门的管理者手中。但在一个大型组织中，权力从中央的几位管理者手中传到分散的为数稍多的各单位管理者手中几乎算不上严格意义上的分权。⊖

科林·黑尔斯通过对"官僚机构瘦身"的探讨，完全抓住了参与型管理的特有性质。他对3个流行的论断提出了怀疑：第一，"集权和管控式的官僚组织将不可避免地被分权和授权式的后官僚组织所取代，前者的特征是层级制和规章制度，后者的特征则是内部网络和内部市场"；第二，"因此，传统的命令与控制管理角色将被推动和协调角色所取代"；第三，"同样，作为日常行政工作流程的管理工作也将被非常规的、富于领导力和创业精神的'新的管理工作'所取代"。黑尔斯并不认为会发生如此巨大的变化，相反，他认为原有的官僚机构只是经过瘦身，变成了另一种形式的官僚机构，但其中仍然存在层级制和规章制度。因此，"管理者工作的实质内容几乎没有变化……个人责任和对行政的关注依旧存在"。

⊖ 事实上，最著名的"分权"案例其实是一个集权的典型。20世纪20年代，通用汽车公司的阿尔弗雷德·斯隆创建了部门式结构，这些部门要遵守总部下达的绩效控制指标，以此控制那些管理独立业务部门（雪佛兰、别克等）的人员。

共担型管理

当然，黑尔斯并没有完全抓住管理实践中的其他变化。其中最重要的一个变化就是，一份管理工作由几个人共同承担。

如果用最简单的形式来表示，那么这种管理也可以称为共同管理（comanagement），由两个人分担一份工作，无论是正式的还是非正式的。在一篇题为"共同管理者概念"的文章中，约翰·森杰发现这在美国海军中是个非常普遍的概念：在"被研究的部队中，有60%的部队都把任务和社会职责平分给指挥官和副指挥官"。这种情况在商业界高层管理人士中比比皆是，他们通常由CEO负责管理外部事务（联系、交易），而由COO（首席运营官）负责管理内部事务（控制、领导和实干）。㊀

这种管理的关键在于信息共享。正如前文数次提过的精神病医院里的"管理角色星座"，既包含任务，也涉及感情。首席执行官将组织与其环境联系起来（联系、交易），他扮演武断和控制的角色。医疗主任管理内部的临床治疗（实干、控制和领导），属于支持性角色。第三个人处理非常规的创新（实干），表达友谊和平等主义的准则（这是领导力的另一种方式）。还有一个更为详尽而复杂的实例来自瑞士，瑞士联邦政府委员会由7名联邦委员组成，每年都由一名不同的委员担任联邦主席。据说，大多数瑞士公民都叫不出他们联邦主席的名字，但瑞士仍旧国泰民安。

我们在本章探讨过派特·皮切尔的研究，她发现，金融机构的管理层是她称之为艺术家、工匠和技术官僚的和谐统一体。只要这三者合作共事，取长补短，公司就能够兴旺发达。但是，如果"技术官僚"一统天下，赶走艺术家和大多数工匠，公司便会衰落。所以，除了信息共享之外，保持

㊀ 在我的研究中，雅克·本茨就是这样的一个COO。同样，布拉姆韦尔·托维与乐队的业务经理共同管理，就像马克斯·明茨伯格与他零售连锁公司的合伙人共同管理一样。其实早在1个世纪以前，《哈佛商业评论》上的一篇文章已经就这种责任共担进行过探讨。

这三者的平衡也是非常重要的。[1]

分配型管理

分配型管理也可称为"集体管理"，是指将某些管理职责分散得更为广泛，交到单位里各种非管理者手中。[2]我们不妨比较一下传统的"基布兹"[3]和瑞士。后者拥有自己的7人核心集团，而基布兹的任何成员都可以轮流担任临时的管理角色。

如果基布兹的做法听起来颇为怪异，那么下次不妨抬头看看天上排成V形飞翔着的大雁群。它们的领导层是定期变换的，因为领头雁会疲倦而落后。无疑，其他大雁都会信服领头雁的领导地位，甚至觉得它魅力超凡——就在它领头的那一刻。**如果大雁的领导层可以轮岗，蜂群无须蜂王的授权就能精神饱满地工作（蜂王是我们而非蜜蜂给出的称谓），那么我们人类当然也可以达到这样的高水平。**换言之，我们可以将领导力视为某种稀松平常的东西，而"领导"不过是在适当的时候做必须做的事情而已（本书末尾的"自然管理"部分对此进行了更为详尽的探讨）。

人们还可以对管理职责进行更为广泛的分解。例如，某些决策可以由集体统一制定，就像新英格兰的早期市镇会议——所有社区成员都参加会议，集体投票。在这方面，蜜蜂做得也比我们好：对于某个重要决定，比如搬迁蜂巢，它们会进行公投。在搬家之前，侦察蜂分头去各个地点侦察，然后回来通过跳舞向同伴传递那里的特点。因此就会出现比赛。最后，数量最多的工蜂通过最起劲的舞蹈来表示对某个地方满意，那么它们就赢了，

---

[1] 另请参阅卡普兰的研究以及汉布瑞克和同事对"高管团队"的各项研究。

[2] 关于分配型管理和共担型管理，请参阅皮尔斯和康吉的著作《共同领导》。关于分配型管理，请参阅格雷和布伦森的研究。

[3] 基布兹（kibbutz）是以色列的一种集团社区，其成员共同享有生产资料、公有财产，共同劳动与消费，共同并平等地享受教育、医疗等社会福利。基布兹的最高权力机构是社员大会。各级领导机构由全体社员通过民主选举产生，任期两年。——译者注

然后，整个蜂群都将搬到那里去，蜂王也会加入其中。

组织里的专业人士和其他专家有时可以启动项目，不论是经过正式批准而启动的项目还是从那种"臭鼬工厂"里涌现出来的重要战略。这种状况常见于专业化组织和活力型组织，但也会发生在更加传统的组织里。在一篇题为《正在醒来的IBM：一帮不可能的叛逆者如何改变了蓝色巨人》的文章中，加里·哈默尔详述了IBM公司如何进入电子商务领域。一位"只顾自己的程序员"有了这个最初的想法，最后说服了一位几乎没有任何资源的员工事务经理。他东拼西凑了一支松散的团队，最终完成了这个项目。当别人问他他向谁汇报时，他就回答"互联网"。某些公司已经使这些臭鼬工厂变得更加正规了：它们委派一些管理者下去，而管理者有权给那些有着新奇想法的员工提供预算和空闲时间。实际上，这些并未担任管理角色的员工都被赋予了管理职责。

应急战略理论提出，任何一位采取行动，将组织带向新方向的人都是战略家。我们研究过加拿大国家电影局，这是一个典型的活力型组织，主要制作短小的纪录片。后来，它们制作的一部片子放映时间较长，必须开展不同的宣传推广活动，最后变成了电影院里的一部故事片。这给其他制片人留下了深刻的印象，并纷纷效仿。于是，电影局包括管理层很快采用了这个制作故事片的意外战略。㊀

乔·瑞林在他2003年的著作中对传统的"一马当先式"的领导力观点提出了怀疑。他提出"让团队的每个成员共同承担领导责任，不是逐个而是同时担任领导，集体发挥领导作用"。正如瑞林所言，传统观点认为领导是在一段固定时间内任职，要不然就是连任。因此，"领导力是属于一个人的"：组织拥有一位领导组织活动的领导者，而"下属的职责是遵从他的领导"。

㊀ 似乎还有一种管理有时也被称为分配型管理，即职能部门与直线部门共担职责。比如，渥太华的销售分部要管理所有销售分部的HR事务，而马尼托巴的销售管理要照管所有销售分部的IT事务。但这只是特定的职能部门的职责分配，不是管理职责的分配。

与此相对，瑞林所称的**充满领导力**的管理活动是**同时发生的**，意味着"不止一位领导者可以同时进行管理"；这种管理活动还是属于**集体的**，意味着"凡是承担相关职责的人都可以制定决策"；这种管理活动是**协作的**，意味着"团队的所有成员……都可以控制和管理整个团队并为之代言"。

支持型管理

如果非管理者可以担任更多的管理职责，那么管理者本人则可以少做一些了。在支持型管理以及最小化管理中，我们将探讨减少了的正式管理工作。

如果说蜂王不承担蜂群中关键的战略决策的职责，那她做些什么工作呢？事实上，她的主要工作根本不是管理，而是生产：她产下大量幼蜂。不过，她确实会做一些本质上属于管理的事情：她散发出某种化学物质（前文探讨过这个问题），将蜂群结合在一起。在人类的组织中，我们称这种物质为**文化**，加强文化建设是领导角色的一个重要方面，加拿大皇家骑警的诺曼·英克斯特即是一例。

蜜蜂大多独立工作，无须太多管理，甚至不需要相互调整和适应，就像大学里的教授和医院里的医生（他们甚至不需要向医院的上级领导汇报）。我们称这样的人类工作为"专业性工作"，它大大地改变了管理的性质。某商学院的一位前任院长在说到教授时称"我只是没有挡他们的道而已"。比如，为了确保预算的设定和落实，"挡他们的道"总是在所难免的。

正如前文所述，这些专业人士尤其需要支持和保护，这样他们便可以尽量少受干扰地完成工作。因此，**支持型管理**这一态度便转成了外部的**联系和交易**角色：管理者与外面的利益攸关方合作，确保资源的顺畅流通和其他各种形式的支持，同时缓冲大部分从外部涌进来的压力。罗伯特·格林利夫将这一管理态度称为**仆人式领导**，他这样写道："个人……被选为领导者，因为他们被确认和当成仆人"；他们有一种"天生的"想要"服务"的"感觉"，与那些"**领导优先**"的人相比，他们是"服务优先"。⊖

如此一来，管理的职责尚存吗？当然存在，因为即使在他们无权管理单位里的某些人的情况下，这些仆人仍然要对单位的绩效负责。难道因为制片人与鹰头公司是合约关系，卡罗尔·哈斯拉姆作为管理者的职责就可以少一些吗？

请您仔细研读这一叫作支持型管理的形式，因为我们将会越来越多地见识它。

最小化管理

最后一个可行的做法是最小化管理。这里，几乎没有什么需要管理的了，有时甚至组织本身也不需要管理。但有时确实会存在某个前后一致的活动需要协调，而这又需要一定的管理。

这听起来或许有点儿奇怪，不过等认识到我们大多数人每天都生活在其中就不会觉得奇怪了。不妨想想万维网、Linux 操作系统、维基百科这些所谓的开源系统。从根本上说，它们都是活力型组织，广泛地从事创新和具有潜力的社区活动。人人来去自由；人们进来，做出各种改变，然后离开，但系统仍然运行着——实际上是带着相当大的连贯性继续运行着。它们几乎算得上是**自我管理**的组织。必须得有人启动系统，设立和执行进入、更改和退出的规则，还得有人维持整个系统的连续性。我曾见过一张海报，上面有一只鸭子跟在很多鸭子后面，上面的题字为："它们走了。我得跟着它们，因为我是它们的头儿。"

⊖ 在《高管的职责》中，切斯特·巴纳德很早就描述了这种管理方法："高管的职责不是管理一群人，甚至不是管理协同作业的组织，这种组织多半实行自我管理。高管的主要职责首先是提供沟通的系统；其次，推动固定的重要工作；最后，制定和明确目标。"

事实上，最小化管理和支持型管理这两种管理态度在珊·马丁《没有管理者的管理》一书中得到过体现。我觉得这个书名用词不当，因为在接近尾声时，他承认"需要管理者"，虽然篇幅不大，但言之凿凿：

如果有人认同自我管理的概念，那么就会提出到底还需不需要管理者或监管者这个问题。从前面的例证中应该可以明确看出，答案是谨慎而肯定的，尽管需要的管理者或监管者的数量要远远小于目前已有的。

对于"高层管理者"来说，这意味着他们更加注重诸如"促进员工团队之间的协作"和"关注外部环境"等职责，而较少关注"个人管理者的特权"。

通过这一部分的探讨，本章就可以圆满结束了。我们认识了管理实践的多样化，也摸索了其中的规律。撰写这一章并非易事，或许您读起来也很困难。我在这一章上花费的时间比其他任何章节都要多，就是为了弄清这一多样化，并力求将摸索到的规律表达出来。

接下来的两章也就是最后的两章以前面 4 章为基础，思考每位从事管理工作的人都无法回避的难题，然后探讨高效管理意味着什么。

第 5 章
无法回避的管理难题

蜈蚣原本笑呵呵，蛤蟆拿她来取乐。
"小姐步态赛神仙，不知何腿迈在前？"
蜈蚣听罢傻了眼，缩进角落锁愁颜。
心烦意乱为哪般，思前想后没答案。

爱德华·克拉斯特女士

管理难题无处不在。不论管理者走哪条路，似乎总有悖论或谜团潜伏其中。

麦克尔等人明确了"组织中屡次暴露的管理问题"，包括：

- 为什么管理者的视野不能再宽广些？为什么他们看似消防人员，而非火灾预防人员？
- 为什么管理者不将更多的任务委派给他人？
- 为什么信息不越过层级向上传递？

这些问题要是不难解决，早就解决了。之所以遗留下来，是因为这些问题深深扎根于一组基本的管理难题中，而这组管理难题根本无法解决。用切斯特·巴纳德的话来说，就是"经理的职能恰恰是……调和各种力量冲突、本能冲突、利益冲突、地位冲突、立场冲突和思想冲突"。注意他的措辞：**调和**（reconcile），而非**解决**（resolve）。㊀

这是否意味着我们不该解决这些管理难题，从而避免管理者因心烦意乱不能自拔而无法思考应当如何去管理。事实上管理者无须如此，但他们确实需要更加深入了解该如何应对自己无法回避的管理难题。本章共讨论13个管理难题，分别在"思考难题""信息难题""人事难题""行动难题"，以及最后两个"综合难题"（标题与第3章的模型呼应）中讨论。表5-1分组列出了这些管理难题。㊁

表 5-1 管理的难题

思考难题
肤浅综合征
当管理压力特别大时如何深入管理
规划的困境
暂且抛开超前思考，怎样在如此忙乱的工作中制定规划、设计战略并进行正常思考
分解的迷宫
在一个被分析分解了的世界中，管理者如何将纷杂的事物综合在一起
信息难题
联络的困惑
当管理本身要求管理者脱离所要管理的事务时，怎样才能保持信息畅通
委派的困境
大多数相关信息都是个人的、口头的，甚至经常是有特权的，这时又该怎样委派任务
衡量之谜
在无法依赖衡量的情况下应当如何管理

㊀ 查尔斯·汉迪在《悖论的时代》一书中也指出，"'管理'（manage）只有在表示'应对'时才能与悖论连用。的确，'管理'的原意就是指'应对'，是我们借用过来后才指规划和控制"。

㊁ 约翰·阿拉姆在《管理行为的困境》一书中专门讨论了其中5种难题，但远远少于其在个人与人际间特性的论述："既是个人主义者，也是集体主义者；既是统帅，也是参谋；既是冷静的官员，也是热情的伙伴；既是集体成员，也是明辨是非的个体；既是传统的拥护者，也是社会变迁的动因。"其中第二个确实与我们的控制和领导角色有些差异，而第五个将于"变化之谜"中讨论。

（续）

人事难题
秩序之谜
管理工作本身无序时，怎样给其他人的工作带来秩序
控制的悖论
当上层管理者强加秩序时，怎样保持必要并可控的无序状态
自信的把握
在不自负的前提下，怎样保持足够的自信
行动难题
行动的模糊性
如何在一个复杂而又微妙的世界采取果断行动
变化之谜
如何在需要保持连续性的情况下管理变化
综合难题
终极难题
管理者怎样才能同时管理所有这些难题
我的难题
尽管所有这些难题可以分开陈述，但又都看似一样，我该怎样调和这一事实

思考难题

这里介绍三个管理难题，分别是"肤浅综合征"、"规划的困境"（前者的变体）、"分解的迷宫"。

肤浅综合征

管理难题让每位管理者饱受折磨，而肤浅综合征也许是这些难题中最基本的难题。虽然最基本，但它困扰着内心深处迷恋管理工作的老管理者，更困扰着原本从事专业工作的新管理者。**当管理压力特别大时如何深入管理**？正如我早期研究撰述及第2章所述：

管理者主要的职业隐患是行事肤浅。由于管理工作的开放性，加上管理者负有处理信息、制定战略的责任，管理者需要承担繁重的工作，因而只能肤浅地处理大部分工作。所以，管理工作不会培养深思熟虑的规划者；

相反，它造就的是快速适应环境的信息处理者，这种人更喜欢"一旦激发便能响应"的环境。

"我不要尽善尽美，我只要在周二看到结果"是第 2 章的开篇引述。从周二拖上一个月也许无法接受，但拖到星期四总可以接受吧？组织机构当然需要处理各种事务，但近年来，管理领域呈现出一种越发激进的趋势，部分原因是电子邮件（见第 2 章讨论）造成的。比如，"快速流向市场"已经成为一种时尚：要推出产品，就要做第一个推出的。原因呢？难道是为了第一时间召回产品吗？⊖

这些压力致使管理者只能进行浅层管理，管理者该如何避免这些压力呢？我以前的研究结论是，管理者必须在肤浅中臻于精通。比如，将复杂问题分解成许多小步骤，逐个攻破。同时，管理者还必须在管理工作中磨炼思考能力。

思行 鉴于管理工作的动态性，管理者必须抽时间退后一步，走出管理，这必须成为管理工作的内在要求。思考而不行动就会陷入被动，行动而不思考就会过于轻率。正如索尔·阿林斯基在《激进者的准则》一书中指出的，"大多数人的生活都要经历一系列事情"。"消化这些事情，思考这些事情，并将这些事情与一般模式联系起来，然后得出综合结论，这些事情就会成为经历"。

我们创立了"国际管理实践硕士"，管理者可以借此互相分享、思考各自的经历。有位管理者造了一个新词"思行"，这个词紧紧抓住了思考与行动相结合的这一要求。29 位管理者中很多位能灵活驾驭思考与行动，比如"谷瑞"的雅克·本茨和英国电信公司的艾伦·惠兰。

据说，像冰球传奇韦恩·格雷茨基这样的体育明星看待比赛要比其他

⊖ 汉布里克及其同事曾仔细考虑过经理提出的过高的工作要求，发现经理因此而陷于"动摇不定"和"极端主义"之中：不是突然惊呆，就是猛然进攻，要么无所行动，要么行动过多。另见甘斯特的著述。

选手慢一拍，因而能够在最后一秒扭转乾坤。或许这也是有效管理者的特征：面对巨大压力，他们却能从容下来，有时只是一瞬间，为的是思考后再行动。

规划的困境

"肤浅综合征"的一个变体是"规划的困境"——"肤浅综合征"的表现形式本身就值得讨论。如果说"肤浅综合征"是由外向内探讨造成肤浅的种种压力，"规划的困境"则是由内向外探讨。暂且抛开超前思考，**怎样在如此忙乱的工作中制定规划、设计战略并进行正常思考**？50多年前，苏恩·卡尔森在其研究中注意到了这一困境：

> 当经理被问及哪些职责可有可无时，他们几乎全都回答：对其业务的长期规划。外部活动不断增加，很难有充裕的时间不受访客和电话干扰，是解释为什么忽略长期规划的常见理由。

在这一难题中，第 2 章讨论的管理工作的动态特征（节奏忙乱、时断时续、趋向于行动等）与管理者负有制定前进方向、监督单位所做决策的责任相互制约。正如一位管理者（他也参与了我们的硕士课程）所说："每天，我都带着计划走进办公室。到一天结束时，我发现我做的事情与计划全然不同，不得不感到很遗憾……我的工作非常有趣……到目前为止，这是我做过的最好的工作。"

这是一种难题，因为这些压力自然存在，管理者既不能避开，也无法超越，尽管也有管理者能成功应对其中一种压力。如第 2 章所述，管理者因工作的开放性需要承担起快节奏、高强度的工作。管理者对单位的成败负有责任，但总有许多事情突然爆发形成障碍：罢工、不满的客户、币值的突然变化。因此，管理者必须和变化同步，不过这更意味着鼓励中断（罗伯特·卡普兰称中断是"获取新鲜、必要信息的救生索"[1983：2]）。

干什么？战略规划？ 那么，饱受折磨的管理者应该干什么？关门大吉，离开撤退，还是咨询顾问？当然，有时可以这样，不过前提是要认识到这些行为只是缓兵之计而非长远之策。

于是，就有了一个最为流行的万能处方：制定战略规划，这对不堪重负的管理者来说是理想的解决办法。假如不能超前思维，缺乏战略眼光，就让系统帮你思考，帮你制定愿景。技术就是一种可以替代大脑的东西。

不幸的是，战略规划从不按规划好的方式运作——战略规划绝不利于战略的形成。系统提供分析，而战略需要综合。毫无疑问，分析可以为综合所需的心理过程提供原料，但分析永远不能替代心理过程。迈克尔·波特曾说："我喜欢用一套分析方法来制定战略。"他完全错了，因为从未有人采用方法来制定战略。分析的世界是概念上的、绝对的，但战略的世界是杂乱的、混合的。规划按进度表展开，而管理则必须处理组织面临的战略问题和战略机遇。○

例如，加拿大公园的管理员，一方面说"我们的使命是维护加拿大西部文化和国家遗产的完整、健康、多样、雄伟和美丽"，另一方面又要与停车场扩建展开残酷而激烈的较量，他们应当怎样调和这两方面呢（回顾第3章关于绿色和平组织的资料框，他们的战略规划似乎简化成了日程安排）？

精心设计战略○ 那么，战略及广义的管理框架是怎样形成的？根据第3章的模型，战略规划自内而外产生：管理者用头脑思考——制定战略，这样其他人才能行动——执行战略。这一过程属于演绎，是人为的。实际上，它接近艺术—手艺—科学三角形中的科学一角。

我们的研究跨越数十年（其中的一例是150年前的），对10个组织中战略的出现、运用及终结进行跟踪，并有了新的发现：**战略不用制定也可形成，战略可以通过非正式的学习努力而出现，而不必通过正式的规划过程**

○ 这些内容在我的《战略规划的兴衰》一书都有详细讨论。
○ 下面内容引自明茨伯格，以及明茨伯格、阿尔斯特兰德、兰佩尔的著述。

来创造。

在第 3 章的模型中，战略由外向内形成：行动推动着归纳性思维，亦如思考推动着演绎行动。其实，二者相互作用，相得益彰㊀。在具体与抽象之间来回转换是管理者的能力之一——既通晓细节，又能创造性地概括细节——这样才能造就成功的战略家，无论是高级管理，还是其他人：包括项目研究小组中独自大胆尝试的专业人员、臭鼬工厂里创新的中层管理者，等等。

战略不是上帝刻在西奈山上的石板圣经，搬下来就能执行；战略是世上拥有经验与能力的人透过细节看到总体，学习而来的。单单停留在理论层面，比一头扎进实际事务好不了多少。

总而言之，管理者处理好"规划的困境"就会展现出充满魅力、见解深刻的个人风格，他能让无数战略奇葩在组织这个花园中竞放，并在这个花园中探查到成功的模式，而不是理性的风格，只喜欢用分析方法在温室中制定战略。**因此，制定战略的过程更接近于一门手艺，适当的艺术则能提升战略。当科学以分析的形式介入时，数据和研究结果能反馈到战略制定这一过程；但当科学以规划的形式介入时，却不能创造战略（所谓"战略规划"只是矛盾修辞而已），而是通过冒险与学习创造的战略结果来拟订计划。**

分解的迷宫

管理的世界被切成小块后，有的自然，有的不自然。组织尚且可以分解成很多区域、部门、科室、产品、服务，更不要说使命、愿景、目标、项目、预算和系统了。同样，议事日程可以分解成各个问题，战略问题可以分解成优势、劣势、危险和机遇。加拿大西部公园的桑德拉·戴维斯与职

㊀ 伊森伯格将其描述为"思考/行动循环"，用于"在界定问题之前努力解决问题"。这"类似于医学中的'经验疗法'和工程中的'经验设计'，即面对疑难杂症或设计难题时，在各种原因尚不明朗的情况下开始疗法或设计……因此我们经常看到高级管理未经深思就开始行动了，这期间一直用直觉来确定思考/行动循环准确的开始位置"。

员开会时，讨论的第四项内容就是"战略规划：项目修正"。有一篇题为《确定我们的命运——通过优秀实现领导》的 20 页的稿子，分发到每个人手中，内容包括命令、使命、愿景陈述、10 种"价值"（从"为遗产感到自豪"到"尊重'结合了战略行动的战略思维'"）。它还详细阐述了 8 个"战略重点和目标"（包括"有效管理保护区""纪念并保护文化遗产""组织的优秀"）。

对这些进行监督的是管理者，管理者理应整合种种莫名其妙的混乱（即便这些混乱常常是他们自造的）。于是，我们有了"分解的迷宫"：**在一个被分析分解了的世界中，管理者如何将纷杂的事物综合在一起？**

"综合"恰恰是管理的精髓：以连贯的战略、统一的组织、完整的系统将各种事务融合起来。这正是管理的困难所在，也是管理的乐趣所在。不是管理者不需要分析，而是管理者需要将分析作为综合各种工作的材料。

那么，管理者怎样透过纷繁的细枝末节看清全景？组织不像博物馆，把全景挂在墙上。组织的全景必须建立在人们的脑海中。

绘制一幅组织图，这幅图理应是对组织构件的有序描绘。另外，组织图也可看成一座迷宫，组织中的人们通过这幅图来寻找出路。组织图背后的前提假设是，只要各个单位正常工作，整个组织就能平稳运转。换句话说，**结构理应服务于组织，正如规划理应服务于战略。相信这话的人恐怕一定是个离群索居者。**

分块　如前所述，彼得斯和沃特曼曾满怀热情地记述过"分块"。管理者必须将大问题拆分成许多小块——"分块"，一次处理一块，这样才能掌控大问题。这样做很有道理，往往也确实很有必要（如第 3 章日程安排下面讨论的）。问题在于，拆分的散块不像锯齿状拼图玩具那样每块都有确定的位置。这更像玩乐高拼装玩具，不过就是没那么严丝合缝，而且管理者也许连需要建造什么都不清楚。

乔治·米勒写过一篇很精彩的文章，题为《神奇的数字 7，加上或减去 2：我们处理信息的极限》。他在文中指出：我们人类的中短期记忆只能处理 7 个信息块。如果真是这样，我们又该怎样把全景装到小小的大脑中呢？

绘制全景　让我们看看这个比喻的字面意义吧。画家是如何看到全景的？像管理者一样，画家没法看到全景，除非复制别人。但复制他人全景的画家将不会是伟大的画家，管理者复制他人战略也不会成为伟大的战略家。

全景必须一笔一画、一个经历一个经历地绘制。画家可以从头脑中的整个远景开始作画，但从这以后，图片只能从许多小情节中慢慢显露出来，大战略的制定也恰恰如此。今天，公司战略大过或好过宜家家居连锁的寥寥无几。那是一张怎样的大公司全景！据报道，这幅全景图的绘制耗时 15 年。

当然，管理者还得明白，有些图景太大，难以绘制；有些分块太重，难以搬运；有些图表太高，难以攀越。原因是，组织太大，或是管理工作太过僵硬做作，很不自然。

自然和不自然的管理工作　有些实体管理起来非常自然，公司指令清晰，比如宜家，或某一独立的宜家连锁店。有些实体则不然，比如联合企业，或两家宜家连锁店。

想一想英国国家卫生局的安·西恩吧。管理一家医院的护理工作看起来很自然，但假如有两家医院，相距几英里，只因一纸协议便神奇地合并了，那又该如何管理呢？两家医院的护理工作也许都需要管理，但又怎样才能让它变成一项工作？管理这些时什么又是自然的？

很多管理工作都是依据地域确立，通常具有很大的任意性，上面列举了其中一例。还有一个例子也来自这 29 位管理者之一，负责加拿大西部国家公园的桑德拉·戴维斯。这又说明了什么？班夫国家公园有着自己的空间、服务、游客和问题。但若干个这样的公园（加拿大 10 省恰巧有 3 省出现这样的情况）又有什么样的共同点？这些公园合并后，一个危害是，管理者会觉得自己寻找事物的共同点是一种无奈之举——比如说，召集公园管理员开会，谋求协同。另外一个危害是，管理者会进行微观管理。

组织中，没有比管理者无所事事更危险的了。管理者大都精力充沛——这正是他们成为管理者的首要因素，而且，越是高级管理者，精力越是充沛。倘若把这些管理者安置在那些无事可做的岗位上，他们势必会找事来做。有时，这等于控制，有时，则不然。下面附加的资料将举例说明后一种情况。

是不自然的一天吗

我最初加入英国国家卫生局时，这里有14个"行政区"、175个"街区"。多亏了咨询研究，其中的90个"辖区"被取消了。几年后我重回卫生局，经过重组后，卫生局只剩下28个"战略健康部门"（即将减少到10个）。换句话说，现在"行政区"和"街区"都已不复存在，取而代之的是某种新的"辖区"。

然而医疗保健并不是以"行政区""街区"或其他辖区为单位提供的，而是由医院、诊所或私人医师提供的。卫生局可能还得重组，因为它还在寻找那些根本就不存在的解决方案。

皮特·科是英国北赫特福德郡的地区管理。皮特的一天从一间小屋开始，当天的主要会议就在这里举行。

皮特的3个下属进来开会，他们3人一个负责质量，一个负责采购，一个负责信息系统。伦敦卫生局的一位官员来到这个地区，想了解卫生局新举措的实施进展。

当时，街区已经成为医疗服务的"购买者"，它们直接与

"供应者"（医院等，有些是独立的"信托机构"）就医疗服务采购展开谈判。至少这是当时的初衷，不过落实得却不好。北赫特福德郡被认为正处在厘清这一切的风口浪尖上。因此，卫生局官员来到这里获取并传播皮特小组了解的情况。在皮特看来，这次会议是取得信誉并给他所在街区争取津贴的机遇。如此一来，"购买者""供应者"这样的术语就会充斥整个会议，会议气氛也不切实际，当他们设法让抽象概念变得实际具体时，医疗保健问题却无人问津。

粗略讨论过后，每位工作人员开始介绍自己在做什么。以对"质量"的看法为例，大家都在反复谈着什么"十大关键指标"，而这些指标显然是出自某份咨询研究。这与了解"客户"情况的讨论一样，跟实际提供保健并没有什么关系（当时采购负责人说："我关心的是你如何与人们交流。"卫生局官员又补充说："我认为，我们与客户交谈的方式不正确。"采购者接着回答说："我做到了，大约十年前……"不过室内的参与者都是些"购买者"和"消费者"，因为卫生局几乎为全英国的老百姓服务）。

会上讨论的中心问题是控制，比如国家对医疗保健系统的控制，系统对公众用户的控制，以及如何让卫生局的变化在其他地区发挥作用。

用完午餐后，他们有段时间在讨论风险，有人称之为"风险两分钟"。他们仔细思考着风险的意义。有个人说："我不懂什么是风险。"卫生局官员回答："我认为我们需要建立一种考虑了政治风险的决策分析程序。"然后话题转到信息系统，有人称之为"情报职能"。谈到变化时，负责采购的人说："商谈基

> 本原则花的时间比商谈合同花的时间还要多。"她的评论"感觉不太好"或许是她对会谈的最大感受。
>
> 漫长的会议结束后，皮特离开街区总部，驱车前往伦敦的行政区总部（在路上，他指着一所医院，说这所医院将会成为自己所在地区的唯一医院）。然后皮特去这儿开了个会，并就"为老年人购买医疗保健服务、订立合同"的街区经验做了发言。皮特一边展示各种统计结果，一边讨论"消费者战略"和"钱的价值"，正当此时，外面的汽笛响了，似乎有意提醒听众，医疗保健不只是这些。

信息难题

下面的难题涉及管理者的信息，具体是"联络的困惑""委派的困境""衡量之谜"这三个难题。

联络的困惑

前面我已经提到过，管理者的一大职业隐患是，满其所识泛于面以致然。"联络的困惑"着重解决困惑背后的原因：**当管理本身要求管理者与要管理的事务脱节时，怎样才能保持信息畅通、保持联系、"保持接触"**。或者说，当管理者因本质要求而失去联络时，该怎样保持联络。

利文斯通曾论述过传统管理教育的"二手性"。他应该说"三手性"，因为管理本身就是二手的。组织设计出来后，有些人做基础工作，另外一些被称为"管理者"的人，则主要以种种方法监督基础工作，或者说得更远些，监督那些监督基础工作的管理者。再次重复一下，管理意味着通过他人办事，无论是在人员平台（领导和联系），还是在信息平台（控制和沟通）。即便是在行动平台（实干和交易），如第 3 章所述，管理者也通常要与他人合作来采取行动。当然，随着权力级别的不断提高，管理者离行动也越来越远。在这点上，正如保罗·赫希所说，最高管理者可以成为"不知道发生了什么的引雷针"。

有人称，远离、超然于人群可以使管理者更为客观公正。的确如此。不过，也有人说，过于客观意味着待人冷漠。我们希望管理者是这样的吗？还有人认为，不管人在何方，互联网使人触手可及。但触手可及的只是键盘（如第 2 章所述），组织生活的微妙之处触手可及吗？

所有的管理者都不称职，还是说他们只是一时受到了挫折？ "彼得原理"描述了层级中管理者是怎样上升到无法胜任的水平的：管理者持续晋升，最终升到他们胜任不了的位置上，然后停留在那里，再也得不到提升。在这一难题中，我们得出管理领域本身的"彼得原理"：从"专家"这一行动基层上升到"通才"这一抽象层面后，就会脱离本应管理的对象。从这个意义上讲，管理者在某种程度上都是没有能力的，但总得要人管理吧，所以才有了这一难题。

假如征询专家（不是管理专家，而是组织中被管理的技术专家）的看法，他们大多都会数落管理者的无能，仿佛根本不该有人来做管理。我认识一个医师，是医院医学执行委员会会长，他说，医师一旦成为医院医疗服务主任就不再是医师了。这样的话医生经常讲。接下来，我会征询按计划行事的人的看法：用会计师来填补医院主任这一职位如何？换成 MBA 又会怎样？甚至我们完全可以取消这一职位，让 CEO 管理医生的事情。⊖

在我的研究中，"联络的困惑"在戈德·欧文所表现的困扰中最明显，他一方面对公园的具体事务一清二楚，一方面又要承担全新的抽象的行政

⊖ 我有许多教管理的同事就是这样。似乎他们对系主任的所有看法都基于两条基本原则：（1）任何希望当主任的人基本上都是不可信的；（2）好的主任只存在于过去的回忆中。

责任，他发现自己卡在二者之间，困惑不已。不过，这种困扰绝不仅局限于这位新任管理者。韦伯医生在工作中也表露了这种困扰，而布拉姆韦尔·托维甚至说很怀念自己原来的专业工作。

当然，也不全是困扰。在上一章中我们注意到，29位管理者大多沉醉于自己的管理（包括布拉姆韦尔）。他们明白这一难题，因而不会陷入困境。英国国家卫生局的皮特·科就是一个很有趣的好例子。一方面，皮特无法直接控制该地区那些拥有自主权的单位。另一方面，皮特又喜欢做其他事情，比如在卫生局官员视察那天，皮特就越过层级，倡议谋求更多的资源。他没有受到困扰，不过是把精力用到别处了。在这种情况下，这种管理似乎非常明智。

竖井中的平板　我们用大量篇幅讨论组织中的"竖井"，这些裂缝纵向贯穿层级上下，隔离了彼此的职能。这一难题暗示了另一种水平性质的裂缝，它们隔离了彼此的层次级别，我们可以称之为"平板"，如图5-1所示。因为平板通常是管理活动的隔离层，层层隔离后，离实际工作就越来越抽象。比如在英国国家卫生局中，辛克医生和韦伯医生，或许还有安·西恩，他们在一块平板上，皮特·科在另一块平板上，邓肯爵士则在最顶层的平板上（其他平板夹在中间）。**一旦层级平板变得特别厚，"联络的困惑"就能使组织战略停滞。**如此一来，不同隔离层的管理者坐在无人地带中，各自缺乏必要的信息或权力与他人充分联络，这种情况常见于机械、僵化的组织。

在基层联络？　恐怕最底层平板上的管理者觉得这最不成问题，他们通常采用自然而现成的方式来接触实际工作。我对此印象很深，特别是和史蒂芬·奥莫罗在难民营中度过的那段时间里，我常看着他走来走去，热情地搜集信息。有一次，他在粮食分配区停下来，向我宣布，今天没有问题了，因为没人找他投诉。彼得斯、沃特曼曾讨论过"散步式管理"；现在，我们有了"原地式"管理，这种管理是以信任为基础的。

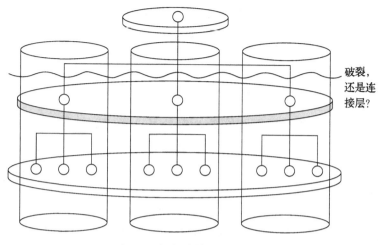

图 5-1　组织中的平板和竖井

不管怎样，琳达·希尔仍然发现，新任一线管理者也受到"联络的困惑"这一难题的巨大困扰：

几个月过去了，新任销售经理发现，自己越是处在风口浪尖上，技术和技能就越发难以保持。他们连通读新产品介绍的时间都没有，更不用说构想最佳销售战略了。这样一段短暂的时间后，他们开始觉得原有的专业被荒废了，并为此感到不安。

相应地，**新任管理者"必须学会如何应对自己的无知"**。正如麦克尔等人所说，这些管理新手不能像在以前的工作中那样行事："工作的责任由照看系统和工作程序……完成……的责任代替。他们日益需要学习'遥控式管理'。"有趣的是，这又退回到上一章中所讲述的某位总经理的主要态度。

连接层还是行政缺口？　相比之下，在 29 位管理者中，有许多都在大型组织中处于中层，比如史蒂芬的主管阿巴斯·加利特、CBC 电台的道格·沃德。他们看起来非常能干，不仅对实际操作有正确的理解，同时还能与上级管理保持联络。我想，这些管理者发挥了至关重要的作用。**每个大型组织很可能需要中层管理者，以连接高层与基层工作。**

当然，理想情况是，大多数高级管理者能与所有的下部层级保持联系，正如我观察到约翰·克莱格霍恩在各个分行的行为一样（关于约翰·克莱格霍恩一天的记述，见附录）。不过创业家型组织例外，他们的首领，往往凡事都要参与，然而到底多久参与一次呢？（多亏了约翰，皇家银行才设定了目标，要求高级管理25%的时间离开办公室，走进实地现场，尽管约翰本人只有16%的时间在办公室之外）。因此，中层管理这一连接层或许是防止基层的具体行动与高层的抽象问题产生割裂的关键——近来，我发现在企业、政府及其他组织这种割裂问题日益严峻。

在今天，我们所说的行政缺口很常见，全世界似乎都遭遇了这样的缺口。仔细想想医疗保健行业吧。**一个巨大的开口存在于管理者和基本服务提供者之间**。结果，缺口上面的人空谈抽象概念（回顾英国国家卫生局就"平等""消费者""风险"展开的讨论），而缺口下面的人却茫然不知所措。㊀

如何关闭这一缺口？理论上这并不难：（1）让管理者下基层；（2）欢迎实际工作人员向上汇报；（3）缩小缺口。

"减少层级"，也就是消除中间管理层，可以缩小缺口。"减少层级"是前面讨论的"精简缩编"（或者，如前面英国国家卫生局的案例所示，取消新的辖区，保留原有行政区划）的一部分。只要不给剩下的中层管理人员带来过重的负担，"减少层级"就是有益的（让我们从刚才讨论的那些不自然的层级说起）。否则，不仅要了解制订的应对方案，还得了解组织的规模。医疗保健及其他部门的许多组织简直过于庞大（全英格兰只有一个卫生局是否合理？苏格兰卫生局的管辖范围是英格兰的1/10）。

保持"接触" 在上一章中，我们讨论了，欢迎实际工作人员上来，从而关闭行政缺口。例如，鼓励非管理人员发挥战略主动性。但如果让管理者下来，又会怎样？

之前就史蒂芬·奥莫罗"原地式"管理的议论表明，应对"联络的困

㊀ 对此，我会在《管理医疗保健中的神话》专著中予以讨论。

感"的第一途径,就是让管理者走出办公室,离开各种会议,走进实现组织基本宗旨的场所——不仅是"顺便走访"一下,身体和精神都要亲临现场。一位经理描述了"扎根基层"是如何让高级管理者制定"更优战略"的:"我是这样认为的,高级管理人员只有对工厂的详细运作有深刻的认识和实际的掌握后,工厂才有特色和个性。系统作为一个整体有一种融合感,这是分裂式管理所无法达到的。"

下面的内容更精彩。专卖店老板和我打招呼时,我正在办理修车登记。我们又聊开了,这次聊的是管理。老板说了句我应该想到却没有想到的话"我这里可没有办公室"。怪不得老板总是走来走去,很像法碧恩·拉沃伊在病房中的样子。

站着管理,或者可以随口说出的其他管理方式,有着不可低估的力量。站着管理可以极大地促进整体实践。他们二人与其他人的交流触手可及,当然,并非所有的管理者都像他们这么幸运。不过,如果选择,人人都可这样。**为何非要在隔离的办公室和密闭的会议室发号施令管理他人呢**?众所周知,日本公司为方便沟通,让管理人员坐在开放式场地办公。"花王"公司在开放式场所开会,雇员可以随意参会,甚至还因此出了大名。这些公司就像汽车专卖店一样,哪里需要"门户开放"的政策。

在我们的"国际管理实践硕士"课程中,日本富士通公司的一位管理者带着学生们参观他和同事的办公地点——完全开放式的,没有隔墙,只有桌子。有个学生是一位加拿大银行管理者,看见有人站着与桌边的一个人交谈,便问道:"那是谁?""是我们的经理,"接待者回答。"你们被老板这样监督着,能好好工作吗?"这位管理者惊讶地反问。接待者回答:"这有什么关系?"在她看来是约束的东西,在接待者看来却是便利。这不是微观管理,而是保持联系。⊖

⊖ 英特尔公司的安迪·格鲁夫曾用时间长短来区分二者:"每个下属一周两天,很可能导致多管闲事;一周一小时,又没有足够的监视机会"。

如今的大问题是宏观领导　管理者失去联络，不知道发生了什么。经常"袖手旁观"等于"关闭大脑"。下面是对美国宇航局"挑战者号"失事原因的一段议论：工程师使用机密的尖端技术，再加上即兴发挥和相互配合，航天飞机才能起飞，但在电话会议上，高层管理者忽略这一点，坚持用清晰的论证代替自身缺乏的一手经验，因而人们即使有意见也保持沉默，这预示着悲剧的发生。假如让管理人员下来，假如欢迎工程师上来，假如工程师得到老板青睐能够参与决策，假如行政缺口因此缩小，悲剧或许是可以避免的。

委派的困境

现在我们把前面的难题反过来。之前，管理者因工作而失去联系，有联络的困难；现在，管理者知道的信息比受托人多，因而面临委派的困难。

这不是互相矛盾吗？这并不矛盾，但前提是我们充分了解各种各样的信息。管理者，作为组织的神经中枢（如第 3 章所述），应该是信息接触面最广的人，而不是信息接触面最专的人。管理者有权接触全体员工，往往还能广泛接触单位之外的联系人，而这些人有很多又是自身所在组织的神经中枢。不过，管理者获得的大多数信息通常都是他人以口头方式传递的二手信息。这样，管理者势必缺乏非常直接的或隐性的信息。

假定管理者信息接触面广，但是他们无法完全按自己的想法办事，这时，管理者委派任务时又会发生什么状况？**大多数相关信息都是个人的、口头的，甚至经常是有特权的，这时又该怎样委派任务**？

看看下面的事例。㊀有个雇员打电话给总经理，请示是否应该通过特定的委员会任命某个员工。经理回答说不用。第二次，总经理就同样的问题给予了肯定的答复。之后，这位雇员问了第三个人的任命，得到的是否定的答复。后来，总经理被问及答复为何不一致时，他回答说，根据他对相关人员的了解，有必要分别做出不同决定。

㊀　此处及接下来的内容来自我 1973 年出版的书。

总经理的这种做法非常合理，但是会带来什么样的后果？后果是，下次出现这种情况，还得再问总经理。很明显，总经理不会将这种决定权委派他人，虽然他可能不是有意的。原因显然是，总经理认为自己接触的信息更多些。

再来看个例子。查尔斯·汉迪在"委派的悖论"标题下讲述了这样一个故事：

> 汉迪碰到过一位总经理，这位总经理把自己的工作整齐地划分成规划、财务控制、销售等职务，并找专人负责每一种职务。用经理的话说，自己在必要时"扮演顾问、咨询、仲裁者的角色"就可以了，这样他就获得了自由。3个月后，汉迪再次拜访了这位经理。"这个系统不错"，总经理汇报说，但"下面的人干不了……他们不能用全局的眼光看待问题……交给他们的事情似乎又都回到了我这里，好像有待解决的论据……现在比干净利落地委派任务之前更忙了。"汉迪回答："这不止是你想要的吗？你委派了所有的事情，只剩下协调、妥协、联络了，这仍然是你的工作。"在这种情况下，管理者委派了任务，但结构妨碍任务执行。决策不能像组织一样进行切割，事情仍然需要在经理这一层级汇聚。

行动，不行；不行动，也不行　如果某个任务只涉及一种专业职务，委派给负责该职务的人比较容易，他们更有可能具备必要的专业信息。但如果某个任务跨专业或需要管理者特权信息，管理者该怎么办？他该如何委派这个任务？

倘若管理者能比较方便地传达所委派任务的相关信息，就不会有问题。不过，这一般是不可能的，因为如第2章所述，这种信息大多是口头的，因而只存储在此人大脑的自然记忆中。文件或计算机记录的信息可以轻松而有系统地进行传输，人脑中的口头信息则不能。即便可以获得部分这种信息，传输过程也耗时且粗糙。管理者必须口头"简述"。卡尔·韦克（在评价我 1973 年的书中关于此困境的讨论时）曾说："任务委派是个难题，因为管理者是个有缺陷的移动数据库。"（韦克推想，"记性差的管理者任务委派得更多"，因为难题的严重程度降低了！）

因此，管理者因个人信息系统受罪，要么工作过度，要么饱受困扰。第一种情况下，管理者不是事必躬亲处理大批任务，就是花费大量时间传达口头信息。第二种情况下，信息相对不足者不能胜任被委派的任务，而管理者只能无奈地从旁观看。**我们常常看到有人因犯错误而受指责，但原因可以追溯为这些人未能充分获取执行任务必需的信息。**一股脑儿地委派工作是不负责任的管理。

希尔在新任管理者研究中得出结论，如果非要在工作过度和不放心地委派之间选择，管理者大都屈从于后者。"主要是因为实际情况迫使他们不得不进行委派。最后他们意识到，管理工作过于庞大，一人难以应付"。因此，"肤浅综合征"将了"委派的困境"一军。

在希尔的研究经理看来，现在的问题不是"是否委派"而是"怎样委派"。最开始，他们走了极端——"要么全委派，要么不委派"，但最终他们明白怎样分级对待自己的下属。

韦克认定，"委派的困境"属于"信息均衡"的问题，特别是口头信息均衡的问题。这为管理者缓解这一难题指明了一条道路：尽量定期、全面地将特权信息与单位其他人员分享。定期通报特权信息，再让他们互相通报，并且配备二把手，尽量让其获取充分信息。然后，等到委派时，至少有一半的问题都得到了解决。

分享会不会增加风险，让机密信息落入错误的人手里？当然，有时会这样（尽管拒绝分享信息常常是政治游戏的障眼法），不过，对比一下到处都是信息灵通人员带来的好处吧。

衡量之谜

"不能衡量，就无法管理"，某些人很喜欢这句格言。很奇怪，谁又曾真正衡量过管理本身的绩效（我们将于下章讨论）呢？我想，这句格言意味着管理工作无法管理。确实，谁又曾设法衡量过管理的绩效？因此，只要赞同这一格言，就一定得出"衡量亦无法管理"的结论。很明显，我们必须摆脱管理和衡量——这多亏了衡量。

其实，从这一点推断出来唯一可靠的结论是，衡量本身自有其难题，特别是，**在无法依赖衡量的情况下应该如何进行管理**？

衡量似乎有助于解决最后两个难题。因为，假如管理者可以通过衡量获取可靠信息，那么管理者坐在办公室就能保持信息畅通，而不必将时间耗在四处走动上，他只要待在原地沟通就行了。管理者可以随心所欲地委派任务：敲击一下发送按钮，委派任务的相关信息便立刻发出。这大概是导致衡量如此吸引人的原因吧，对于脱离组织实际的管理者来说尤其如此。毕竟数字不会撒谎，不是吗？数据似乎是可靠的、客观的、"硬性的"。

"硬性数据"的软肋　到底什么是"硬性数据"呢？石头是硬的，但数据又怎么会是硬的？纸上的墨水、计算机的电子都是硬之又硬（其实，后者又被形容为"软拷贝"）。

如果非要比喻一下才行，就用天上的云朵试试吧。远处观看白云，非常清楚；越靠近，便越发朦胧。等到了云里，用手指戳一下，却什么也感觉不到。"硬"是让事件及其结果变成统计数字后出现的幻觉。这些统计数字就像云朵一样，时而清晰，时而模糊。客观性同样如此。某个雇员在某地并不是自私自利的浑蛋，但在某些心理学家的尺度上却得到了 4.7 的高分。公司真不怎么样，但去年投资回报率达 16.7%。这下够清楚了吧？

相比之下，软性数据有时是模糊的、含混的、主观的。软性数据通常需要解释，大多数软性数据更不能以电子方式传输。其实，软性数据跟闲谈、传闻、印象没什么两样，软性数据能有多客观？

所以就像色子被灌了铅，硬性数据就会每次都赢，除非碰到人脑这种软性物质，它先产生硬性数据，然后再使用硬性数据。那么，我们来看看硬性数据的软肋吧。

硬性数据范围有限　你或许可以摆出一堆硬性数据，但通常是不能用它来解释原因的。利润增长了，为什么？因为市场在扩张？你或许可以找到数据支持这一点。因为主要竞争对手净干蠢事？没有相关数据。因为你的管理者管理得好？仍然没有相关数据（好吧，那么我们假定确实如此）。所以我们常常需要软性数据解释硬性数据背后的东西：竞争对手公司的政策、客户的脸色。比较起来，硬性数据本身即便能开花，也不能结果。"不管我对他说什么，"有个实验对象在金赛对男人性行为的著名研究中抱怨道，"他只是直直地看着我的眼睛，问'多少次？'"。

硬性数据通常过于汇总　这些硬性数据是怎样得来的？一般是这样的——先收集整合大量事实数据，然后简化成某个总数，比如高度浓缩的净利。想一想制造这一数字背后丧失的信息吧。

从树木看到森林是件好事——除非你是做木材生意的。大多数管理者都是做"木材生意"的，他们还需要了解树林的情况。太多的管理活动仿佛都是在直升机上发生的，下面的树林就像一块绿地毯。诺伊施塔特在第2章的引述中说，美国总统需要的"不是温和的汞齐……而是在他们头脑中消除他们面前问题根源的串在一起的具体细节"。恰恰是后者，而非前者，成为触发管理活动的诱因，并促使管理者建立管理所需的心理模型。

大多数硬性信息来得太迟了　信息"硬化"需要时间。不要被互联网的电子竞赛速度愚弄了。事件和结果必须先记录成"事实"，然后才能汇入报告，这或许要等待一段预定的时间（如季末）。到那时，竞争对手也许早把客户拉走了。

最后，大量出人意料的硬性数据简直不可靠　硬性数据这些明确的数字都看似不错。然而这些数字又是从哪里来的？搬开硬性数据之石，看看下面的情况：

公共机构热衷于搜集统计数据——他们收集数据，加起来，乘到 n 次方，再取立方根，然后编制精美的图表。不过，你千万不能忘记，这些数字最初全都来自村镇观察员，他们不过是记下自己感到满意的东西而已。

不只公共机构，如今的公司企业同样迷恋种种数字。谁还回去查找观察员记录了什么？另外，即使最初的记录可靠，在量化的过程中也总有损失。数字四舍五入，误差出现，丧失细枝末节的信息。但凡制定过定量衡量（无论是工厂的不合格计数，还是大学的出版计数）的人都知道有意无意的数据失真有多大的可能。

伊利·德文思在第二次世界大战期间英国空军的"统计和规划"的记述中，举例说明了发人深省的细节失真的可能性。数据收集是极其困难而又非常巧妙的事，需要"高度的技巧"，却"被当作……次要的例行工作，反而是很多最没有效率的文书人员在从事这项工作"。纰漏简直是无孔不入，例如尽管存在周末与节假日，但是他们仍把整月时间都按工作日算。"数字通常只是总结、判断、推测的一种有用手段"。有时，数字甚至是"通过'讨价还价'形成的。不过'数字一旦拿出……就没有人能用合理的论据证明这个数字是错误的'"。而一旦这些数字被称为"统计数据"，它们就获得了圣经般的神圣权威。

这完全不是要求大家放弃硬性信息，放弃硬性信息并不比放弃软性信息好到哪里去。我是说，**我们必须不再受数字的迷惑，不要让硬性信息取代软性信息，相反，要尽一切可能将二者结合起来**。我们都知道用硬性事实去检验软性直觉。那么，如果用软性直觉去检验硬性事实，又会怎样（比如"审视"统计数据）？

特质信息的危险　管理者怎么能肯定自己的亲眼所见、亲耳所闻就能够如实代表组织在发生什么呢？我观察约翰·克莱格霍恩的那天，他在拜访自己最熟悉的皇家银行分行。这家银行位于他从小长大的地方蒙特利尔，但假如那天他正在萨斯喀彻温省穆斯乔市的分行又会怎样？当然，银行分行大都非常相像，"看一家而知全貌"。也许如此吧，但如果沃尔玛经理相信他们在美国获取的知识同样适用于德国，结果又会怎样？

这些信息当然可能有问题。不过我认为我们要反过来思考：先设想一下待在办公室里阅读运营汇总报告的情形吧，这有怎样的危险？管理者所见所闻或许是特质的，但同时也是直接的、丰富的。然后再来反驳今天经理套房中屡见不鲜的与下级缺乏联系的现象。想想约翰在银行分行收集的信息吧，这些信息在到达房间之前应该会被剔除、筛选甚至歪曲。经理也需要统计报告，不过想想看，假如经理有机会对比报告结果与自身的直接观察，这多么有用。

还是不行　还是这个难题：行动不行，不行动也不行。管理者无法回避硬性数据，除了依靠硬性数据，管理复杂的大型组织还有别的方法吗？然而管理者不能沦为硬性数据的"囚犯"。同样，也不能沦为模糊信息、特质信息、软性信息的"囚犯"。衡量之谜之所以是难题，还是因为没有简单的答案，没有省事的办法。管理者必须找到适合自己的信息平衡，特别是保证各种信息都要充分，从而互相检验、印证。

人事难题

这些管理难题中，有三个主要发生在管理的人员平台，分别称为"秩序之谜"、"控制的悖论"（前者的延伸）和"自信的把握"。

秩序之谜

组织需要秩序。有时，组织还需要无序——在进行组织大变革时。不过多数情况下，大多数组织需要把精力放在生产产品与提供服务上。因而，总体上确保秩序的责任就落到了管理者头上。组织中的工作人员通常希望管理者能够提供清晰的界定和准确的预测，以及"是什么、可以是什么、将要是什么"的辨别力，这样工作人员才得以继续人员招聘、运营规划、产品生产等工作。

这里我们发现，管理一词在传统意义上等于控制。管理秩序大多以战略和结构的形式出现——战略用来确立方向，结构用来明确责任。

然而，即便是设法强加秩序给他人的管理者也常常会发现自己在无序地工作。这是从许多管理工作的实证研究中得到的启示。如第 2 章所述，卡尔森曾对 20 世纪 40 年代以后的管理工作做过这样的研究。汤姆·彼得斯曾说，在管理工作中，"'松散'是正常的，几乎不可避免，而且合情合理"。

为什么？因为组织在试图保持前进的同时，部分外力必然不断发生变化。组织或许需要超强的预测能力，然而这个该死的世界有时会变得不可预知：客户改变主意、新技术出现、工会号召罢工。正如莱恩·赛尔斯指出："计划都不全面。总有未预见到的和无法预见的缺陷。"这点不假，即便像组织结构本身一样有序的事情也是如此，"下属需要清楚地了解本职工作及其界限，然而工作难免会有重叠，界限难免会有模糊不清的时候"。

总得有人处理不可预料的事情，通常这个人就是管理者：其责任非常宽泛，其工作非常灵活，以便处理不确定的和模糊的事件。从某种意义上说，**管理者是组织失序的接收器。因此，如果说管理是让无序变得有序，那么"秩序之谜"可以表述为：管理工作本身无序时，怎样给其他人的工作带来秩序？**

这一直是管理行业中人们广泛认可的难题。英特尔公司的安迪·格鲁夫说得好，在这个快节奏的世界中，管理者在"尽力给自己周围带来秩序"的同时，还需要"培养更好的容忍无序的能力"。管理者必须"像上了油顺利运转的机器一样"处理事情，同时必须"在精神上和情感上准备好应对……混乱"。这不正是格鲁夫的格言吗？"让混沌丛生，然后掌控混沌"。

真是一个绝对的难题!

无序的活动能产生有序的结果吗?当然可以,否则组织,还有很多其他事物,就无法正常运转了。想一想艺术家、发明家、建筑师(还有作家,好比我看着眼前的笔迹,尽力为读者将想法转换成线性秩序)吧。他们中有些人差不多要多无序就有多无序,然而,他们却可以想出最有序的结果。㊀

秩序之谜的无序性 我们这里提出的是否真的是难题,抑或只是新奇的说法?答案貌似是后者。只有我们逐渐明白无序过程何以影响有序结果以及有序结果何以影响无序过程时,答案才是前者。

让我们回到先前对那些画家的讨论上。他们中不少人都在画布上显露了自己的无序——内心的混乱,如凡·高的大部分作品,或蒙克的《呐喊》。然而,令人吃惊的是,即便是这些画布,也充满了秩序。当然也不乏无序艺术,不过大多数不久就被人遗忘。在艺术领域,秩序或许不那么重要,但在管理领域,秩序确实很重要。难题之所以为难题,是因为无序管理能导致同样无序的组织。管理者只不过将自己的冲突和模糊事件传递给了他人。

相反的情况同样会发生,并且结果是负面的。单位人员也可在管理者身上强加某种人为的秩序。既然层级运作是双向的,那么向下传递的东西就具有返回上来的特性,例如,管理者推行漂亮干净的计划,就会收获漂亮干净的报告——如何漂亮干净地执行的计划。情况复杂一点儿时,即使管理者无心强加秩序,单位中的人也时常有意寻找秩序,对管理者的所作所为都用秩序来解读。换句话说,这些人接收到的是一种错误的秩序。㊁

让混沌丛生,然后掌控混沌 那么管理者如何处理这一难题呢?和其他

㊀ 其实,这些人的工作对其他人的行为(所见、所思、所读及生活方式)产生了一定的控制。他们都是他人秩序的设计师。管理者同样也是设计师(如第3章所述)。这一难题中有些东西是设计过程所固有的。

㊁ "人们行动时,会重新排列事情,并将以前可能并不存在的偶发事件强加给他人。这些偶发事件的存在则是人们所认为的秩序。"为了让这本来就难的难题变得更加无序,韦克建议,难题完全是管理者行动"失败"造成的,"而不是外部世界本身的性质造成的,这解释了失序的原因。"

难题一样，解决之道是区分正反两方面的细微差异。回到格鲁夫的话，管理者必须在"让混沌丛生"和"掌控混沌"之间来回周旋。

向任何一方屈服都会扰乱组织。秩序过多，工作就会变得刻板、孤立；秩序过少，人们就无法正常工作。我们都知道有这样的管理者：他们让管理工作的混沌和外部世界的混沌流入自己的单位，却不提供必要的缓冲。这就是第 3 章联络角色中所讨论的色子。同样，我们是否都知道采取相反行动的管理者呢：过于保护自己的单位，使其与实际脱离。一切似乎井然有序——直到问题突然爆发。

无处不在的秩序之谜　这一难题似乎适用于上面所有的高层管理者。作为组织对外的主要代表，高层管理者必须容忍周围堆积的混沌，如变化的技术、苛求的利益攸关方、变换的市场，等等。如果领导者都不能透过这些混沌指明道路，明确"使命"，提出连贯的"愿景"，还有谁能完成工作呢？

然而，这一难题对基础层级的影响更大，因为（如第 2 章所述）这里正是管理工作特点最显著的地方——节奏最忙乱、工作最琐碎、持续时间最短，等等。回想一下病房里的法碧恩·拉沃伊或者工厂里的领班，盖斯特在研究这些人时发现，他们每项活动时间平均为 48 秒。盖斯特注意到，"领班工作的特点——中断、多样、不连续，这同多数小时操作工的工作完全相反，后者是高度合理化、高度重复和不间断的，并与持续移动的传送带稳定、不变的节奏配合"。

那么中间管理者又是怎样一种情形呢？他们或许没有高层管理者那样的压力，或许没有一线管理者那样的节奏。这会减轻"秩序之谜"吗？不会，它会导致"控制的悖论"的出现，反过来加剧了"秩序之谜"。

控制的悖论

"秩序之谜"已经够艰深的了。它阐述了在内部需要秩序的情况下从外部处理无序这一问题。加上上面这种秩序的压力（从各层管理者上累加起来）就会得到"控制的悖论"。

小型组织几乎都倾向于将管理者整齐地叠放在权威层级中，旨在施加秩序的指示从"上"向下发出。换句话说，高级管理人员在可控的无序状态下工作，却期望自己的下属在可控的有序状态下工作。如图 5-2 所示，问题在于这些管理者自身面临着来自四面八方的压力——来自客户、社区及其他方面。因此，这种上层强加的秩序只会让事情变得更糟。管理者希望"控制自己的环境"，然而他们自己的上层管理者，虽然并非局外人，却通常阻碍他们控制环境。结果，"秩序之谜"变成"控制的悖论"：**当上层管理者强加秩序时，怎样保持必要的可控的无序状态？**

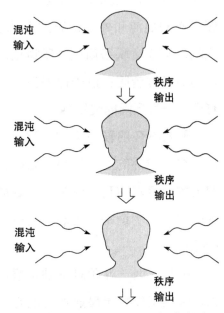

图 5-2 "秩序之谜"逐级演变成"控制的悖论"

臆断的危害 臆断是指在报告中施加特定的绩效标准，从而掩盖模糊点。臆断固然方便了高层管理者，但臆断式管理极具毁灭性。"他们需要秩序？很好，这就是。目标很明确？实现这些目标！"

但是，这些目标由什么组成——这些数字从哪里得到？我们都知道，数字有时是主观决定的，有时甚至互相矛盾，它们是人们带着些许如意算盘挑选出来的，很少顾及管理者实际面临的困难情况。很多与这些目标相关的模糊点是没了，可这些模糊点被推到了其他管理者面前。因此，大量的臆断等于管理者自我逃避，这种情况正越来越多地出现在大型组织中。坦布莱曾研究过大型公司的 8 位高层管理者，他们深受股市的压力，去创造

"股东价值"。坦布莱发现，这些压力"是向下面层级传递的"，"导致部分管理者工作到精疲力竭，同时还导致一致而并非建设性的沟通"。

复合难题　与其他管理者相比，高层管理者几乎具有完全的行动自由。董事会也许很苛求，但往往没有总裁那么厉害。因此，高层管理者通常面临的只是"秩序之谜"。他们下面的层级恰恰是"控制的悖论"的开始。

当秩序的压力沿层级下行时——当管理者"以漂亮百分比向自己下属传达高层管理的要求，从而向老板证明自己的忠诚与尽责"时——这些压力的分量增大了，最后，整个"瀑布"都泻到了基层管理者身上。[⊖]而这些管理者最没有能力让自己隐藏起来，因为他们通常要直接面对不满的客户、愤怒的工人、尖锐的激进人士。回顾一下班夫国家公园的例子，在那里，环保主义者就停车场与开发商抗争，而高级别的管理人员则坐在大城市高雅的办公室里对此进行讨论。

能够在自己的系统，即抽象概念中隐藏（至少一段时间）的是高级管理人员。他们认为一切规划和控制都应服务于模糊点。的确如此，至少在这一层级、某些时间上如此，除非这些模糊点重新出现在较低层级。美国总统杜鲁门以桌子上一块"责任止于此"的饰板闻名天下。如今，情况往往相反：**臆断的管理者向下层层传递责任，直到碰到底层，责任传递才停止**。就在底层，环保主义者与开发商在进行抗争。

近年来，前面所说的"减少层级"已经成为流行做法：通过削减中层管理人员达到层级瘦身的目的。"减少层级"是否有助于解决"控制的悖论"？可惜仍然事与愿违：剩余管理人员的工作可能会变得更加繁重，仍要面对难题。

向上反击　大型组织中受压迫的较低级别的管理人员该采取怎样的行动？莫里斯等人建议，只要他们具有"智慧，知道何时、怎样不服从"命

⊖　有关"经理对下属施加要求的意向与自己所面临的要求成正比"的讨论见汉布里克、芬克尔斯坦、穆尼的著述，这种意向可"在欺凌下属中显现"，并导致"瀑布"泻到下面的层级。

令，有时是可以忽略指挥系统的。"老练"的管理者将之发展"成为一种艺术形式"。除此之外（"跳出中层进行管理"的态度中有讨论），级别较低的管理者还可以扭转形势，沿层级向上促进改变。高层管理者认识到向下传递本该自己解决的问题会产生不良后果时，会帮助级别较低的管理者并促进其改变。

自信的把握

最后一个人事难题解释起来容易，但解决起来并不简单。

实现有效管理需要足够的自信。想想第 2 章讨论的那些压力吧，更不用说这里讨论的难题了。据我对管理的大量观察（难民营、卫生局、绿色和平组织等），管理绝非胆小怯懦者、信心不足者之事。但凡想避免问题、传递问题或简单地掩盖问题的人，只会让其他人的事情变得更糟。

但极度自信又会怎样？只会更糟糕。记住，在不稳固的基础上，极度自信有可能撒谎：管理者不敢肯定的信息、模棱两可的问题、永远无法解决的难题，经常迫使管理者"即兴表演"。"即兴表演"这一说法源于舞台，不知道台词的演员需要有人在舞台侧面提醒。管理者可没有这样的人提醒。管理者必须独自一人，表现出自己知道在做什么，即便在并不确定下一步该怎样办时。这样，追随者才会感到安全。换句话说，管理者常常不得不佯装自信。对于相当谦逊的管理者来说，佯装自信可能很难；对于极度自信的管理者来说，佯装自信丝毫不难，但会带来灾难。

即便是适度自信，也会有问题，它可以徘徊在自负边缘，使管理者位于自负的滑坡上。工作中不乏一些人，听不进意见、把自己孤立起来，而且认为自己是英雄。

自信与自负只有一步之遥，但二者的界线很模糊。管理者往往不知不觉就跨越了界线。而一旦步入滑坡，几乎不可能停止，直到触底为止。因此，"自信的把握"可以表述为：**在不跨入自负的前提下，怎样保持足够的自信？**

这不是随意提出的难题。它对管理实践的破坏，对其他人造成的痛苦，与其他难题不相上下。在今天这个英雄式领导的时代尤其如此，即便是谦逊的管理者，一旦成功了，也会被放在宝座上供人崇拜。

赞颂谦逊的管理者 管理者怎样才能避免"自信的把握"这一难题？真诚的朋友和顾问有助于解决这一问题。一旦有人靠近自负的边缘（成功人士时常如此）就被别人猛然拉回来，这样做是有用的。诚然，结识这样的朋友和顾问，并倾听他们的意见，同样需要一定的自信，至少需要内在自信。幸好内在自信通常与适度谦逊相伴。因此，**解决这一难题的关键是要确保更多自信而又谦逊的人首先做到管理者的位置**。不过，在这个英雄式领导的时代，又有多少真正谦逊的人会成为管理者呢（在第 6 章中，我们会讨论改变这种局面的简单方法：选举管理人员时，给予熟知竞选者的人发言权，比如被他们管理过的人）？

然而，即使有更多谦逊的人加入管理工作，这一难题也不会消失。因为总有被放在这一宝座上供人崇拜的管理者，至少在他人眼中这些管理者值得崇拜。因此，每位管理者必须认识到"不过于看重自我"的这一挑战。这当然需要足够的自信，真正的内在自信。因此，让我们期待管理者的内在自信，而不仅仅是外在自信吧。

行动难题

接下来的难题涉及行动平台的管理，一个叫作"行动的模糊性"，一个叫作"变化之谜"。

行动的模糊性

如果说管理就是确保任务完成，那么管理者必须果断。他们不能犹犹豫豫，他们只能浅层思考。他们必须采取坚定的立场，制定明确的决策，激发有利的行动，推动组织向前发展。

问题在于大部分行动都要在困难的情况下完成，这些困境充满了模糊性，更不用说目前为止我们讨论过的其他难题了。这又引出另一难题：**如何在一个复杂而又微妙的世界中采取果断行动？**

决策的可疑性　仔细思考一下"决策"二字。"决策"这一用语似乎很果断。决策毕竟是行动的承诺。然而我们是否为了行动而总是承诺（即决策）？你要是这样认为，就找个人敲打一下膝盖，或者上法庭旁听二级谋杀案的庭审——这就是无决策的行动。组织有时也会需要敲打一下膝盖。几年前有个故事，说的是欧洲一家大型汽车公司的高层管理者，他们想聘请顾问，研究新车型是怎样设计出来的。

我们何时做出行动承诺？承诺是否一旦出口就必然清晰？在加拿大公园，他们就停车场制定了某些决策。祝好运！因为我们承诺，就意味着我们行动？从决策到行动，还有很多事情发生。英国电信公司的艾伦·惠兰曾决定签署合同，这是否就相当于他自己对高管的承诺？莱恩·赛尔斯在讨论他所谓的一种"矛盾"时说："管理者需要果断，但何时决策很难知道，许多决策必须经过再三考虑后才能做出。"因此，希尔研究的一位新任管理者谈道："整天碰到问题和冲突而不能顺利解决，真是让人大失所望、灰心丧气。"

这一难题让我们回到了上一难题上，从某种意义上讲，自信能使管理者行动果断，但面对模糊性事件过于果断就等于自负，特别是当管理者与相关问题脱节时（回到"联络的困惑"）尤其如此。思考一下那些大型公司考虑欠妥的收购吧，思考一下他们采取明显不计后果的大胆决策吧。或者，思考一下布什总统2003年的开战决策吧！

相反，管理者行动起来犹犹豫豫会使一切都停顿下来。在确实需要行动的情况下，某种程度的决策常比没有决策要好——至少能使人员动起来。但行动过于迅速的管理者，即使在信息通畅的情况下，也有可能迫使自己的组织就当下发生的事件采取不成熟的行动。

当然，事件不断发生，而主要事件通常以不可预测的方式发生。因此诀窍是，知道何时等待，尽管存在延误成本；知道何时行动，尽管存在不可预见的后果。这里没有手册，没有课程，更没有5个简易步骤，只能靠有信息依据的良好判断了。

限制决断力　或许，解决这一难题的最佳办法是给决断力设定某些限制。假如"组织只容许一定数量的提议"，那么管理人员必须有所选择地表现其决断力。另外，如果许多决策到后来非得重新制定的话，为什么不使决策循序渐进地制定，把中间时间留着用于反馈呢？在《管理之禅与艺术》一书中，帕斯卡尔和阿斯索引用了一位管理者的话，这位管理者推迟制定决策的时间，让自己有时间了解问题，组织因此能了解怎样应对这些问题：

> 如果你肯定情况属实，并有把握采取正确的纠正行动，如果你赞同任何单一的答案，你就死定了。因此……我在"耍杂耍"……我需要的是向发生问题的下层"挤压"问题的时间……这样……系统可以从问题中学习，并自动纠正。而与此同时，我必须让问题保持"假死状态"。

第2章同样用了杂耍的比喻，不过在那章这个比喻是指管理者必须同时处理很多项目和问题。每个项目和问题下来后，受到一股新能量推动而向上，同时，管理者忙着加以整合。在管理工作中，那些对可测的混沌有好感的人，极有可能会很自然地接受这种杂耍与整合的把戏。随着时间的推移，管理者对复杂的问题会有所了解，这样不仅有利于管理者减轻"行动的模糊性"，还有利于缓解"肤浅综合征"——当然这得以"分解的迷宫"为代价。

查尔斯·林德布洛姆将这种行为称为"不连贯的渐进主义"，并将其描述为"典型的连续步骤永不停顿的过程，其中，蚕食替代了鲸吞"。他认为，"分块补救的渐进主义者"看起来也许不"像英雄人物"但"能娴熟、机敏地解决问题。他们非常聪明,深知宇宙之大,因而能从容应对问题"。

变化之谜

今天,变化受到大肆宣扬。如果不郑重地宣称一下"我们生活在一个巨变的时代",管理演说似乎就无法开始。

难道果真如此?我的车用的是福特 T 型车的基本内燃技术;我们穿戴的许多纺织品跟几十年前用的都一样,甚至跟几年前的款式都基本一样(为什么世界上的男人要戴领带?设想一下,要是现在才开始推销领带,会出现什么样的情形吧)。每天早上我起来都要扣扣子,就像我们的祖先一样(这些扣子很可能是用"胜家牌"缝纫机缝上的,100 年前就已经覆盖全球,丝毫不亚于今天"全球性"企业生产的产品)。其实,很多人所声称的变化本身未曾变化过:

人类发明种种装置,事情得以顺利进行,日常生活得到改善,这全都集中在过去的 50 年。这一物质文明的进步引人注目,无论是过去还是现在都少有与之媲美的成就。在这个方面这样说并不为过:在我们一生 50 年的征途中,我们比人类在以往所有时间里做了更多的事情,取得了更丰富、更多产的发现,实现了更伟大的成就。

这段话出现在 1986 年的《科学美国人》杂志上——"Plus ça change, plus c'est la même chose"(变化越多,不变也越多)。

我的观点是,**我们只注意到了变化的事物,没有注意到不变的事物。我们周围大多数的事物都是不变的事物**(你有没有问过,在这样一个巨变的时代,为何今天早上你仍在扣扣子?)。事物固然在变,只不过是有些事物、有些时候在变罢了。当今时代,特别是信息技术和经济的时代,我们都得去应对变化。但我们还不至于盲目得看不见不变的事物,因为我们所有人,特别是管理者,同样必须应对不变的事物。

我们都听说过回避变化会带来很多问题——组织必须适应变化,如果能引领变化当然更好。我们还需要知道,过多的变化会导致种种其他问题,包括让人出现永久性和功能失调性忧虑。因此,管理者不能只管理变化,那是无政府主义,管理还必须管理连续性。这就引出了"变化之谜":**如何在需要保持连续性的情况下管理变化?**诀窍仍然是正确平衡。

引用之前切斯特·巴纳德的话,"行政工作不是关于组织的工作,而是专门保持组织正常运转的工作"。这就是说,保持组织处于轨道上,在组织脱轨时把它拉回轨道,必要时从旁改善轨道,有时修建通向其他地方的新轨道。管理者"尽力……经常小范围地重新调整……行为,以应对持续变化的环境",同时谋求"稳定,通过经常变化……让偏差保持最小"。

我的同事乔纳森·戈斯林曾就怎样管理变化采访过一些管理者。令他吃惊的是,管理者主要谈论连续性的管理。同样,在29天里,我看到了大量的变化,它们完全与连续性交织在一起。我看到,红十字会难民营中的阿巴斯·加利特和史蒂芬·奥莫罗在推动变化,为的是确保稳定,而皇家银行的约翰·克莱格霍恩也在支持大大小小的变化(确定标志、收购保险公司)使这家大银行保持在自己的航线上。法碧恩·拉沃伊则开发了新的系统,用于更好地管理护士站。

不确定性和灵活性的双重寻找 詹姆斯·大卫·汤普森在1967年出版了《行动中的组织》,该书见解深刻。他将这一难题写成"行政的悖论"——"不确定性和灵活性的双重寻找",主要描述组织如何运作才能"减少不确定性,并将其转变成相应的确定性",以保护组织的"核心技术"。然而,"行政过程的中心特点是寻找灵活性"。

汤普森认为,从短期看,这一悖论可以通过偏向确定性加以解决——提高经营效率;从长期看,可以通过偏向灵活性加以解决——"脱离承诺的束缚"。当然,问题在于,"长期"永远不会到来(或者用英国经济学家凯恩斯的话说就是,"至少,到那时我们都死了")。因此,在短期内,即在他们当前的行为中，管理者不得不面对这一难题，就像面对其他问题一样。

前面已经指出，连续中总有变化，即便是在某些小型科研单位，也是如此。而变化中也总有连续——孤立的小范围的稳定。正如它本身暗示的那样，组织会经历一些时时刻刻都在变化的时期，也会经历一些相对稳定的时期。西尔特、马奇曾记述过组织中的"顺序处理目标"，在这种情况下，先处理一个目标，然后再处理另一个，循环往复，如此来解决变化与连续这对冲突的需要。在管理中，套用圣经的话说就是，"播种有时，收获也有时"。

在研究中，我们长期跟踪不同组织的战略，清楚地看到了这一点（如"规划的困境"所述）。比如，1939—1975年，加拿大电影局在电影制作方面经历了非常规律的周期，每个周期大约6年：先是相对连贯的时期，继而是大量实验的阶段，然后又返回来。与机械式组织和某些创业家型组织相比，这在活力型组织中更为常见。活力型组织在变化中成长，而机械式组织和某些创业家型组织似乎更看重长期的相对稳定，只偶尔被短期突发的定量变化打断一下。

综合难题

现在我们来看两个综合难题，一个是管理者的，一个是我自己的。这里，我们能够找到一些和解——至少在这两个难题之间。

终极难题

管理者持续受到压力不得不朝某一方向倾斜时，该怎样保持平衡？换言之：**管理者怎样才能同时管理所有这些难题？**"意识到管理角色是一种平衡基本张力的角色，是新任管理者最难得、最重要的深刻见解"。

这些难题不是按时出现、分开到来的省心的难题。在管理中，它们是混合一起的。因此，**管理不仅是走一条钢丝，而且是在各种钢丝上面的多维空间中移动**。管理关乎细微，关乎决断。保罗·赫希总是习惯于告诉自己美国西北地区的 MBA 学生，"欢迎来到错误项目！"或用查尔斯·汉迪在《悖论的时代》一书中的话来说：

> 依我看，悖论无法回避、处处存在、永久持续……我们能够并且应该减少某些矛盾的尖锐性，降低不连贯性，认识悖论之谜，但我们不能让它们消失，或彻底解决它们，抑或逃避它们。悖论好比天气，我们不得不忍受……缓解最坏的方面，享受最好的方面，并用作前进道路上的指引。

我多次注意到，解决难题的诀窍在于正确平衡。但这不是静态的平衡；相反，是动态的平衡。在多数时间里，管理者会根据实际情况有所偏倚（面对挑战时更自信或者面对机遇更喜欢变化），而后又回到原始状态。在多维空间中，管理是一种阶次最高的平衡行为。

和查尔斯·汉迪一样，我也多次注意到，这些难题无法解决。没有解决办法是因为每个难题必须结合实际情况去解决，其压力总是处于不稳定的状态。**这些悖论和困境，谜团和迷宫内嵌于管理工作中——它们就是管理，并应该在管理工作中保留下来。它们可以缓解却永远不能消除，只能调和却永远不能解决**。试着逃避难题，就会落入管理教条，我们有着太多的管理教条。管理者必须面对难题，认识难题，思考难题，游戏难题。

在《荒唐的管理》中，法森写道，所谓的困境"需要解释性的思维……能在局势周围放置一个更大的框，能在许多实际环境中认清局势，能领会深层而通常自相矛盾的原因和结果"⊖。本章的目的一直是鼓励这些思维和能力。美国小说家菲茨杰拉德（F. Scott Fitzgerald）曾说："检验一个人才智是否一流，要看他能否同时容纳两种截然相反的思想而仍然保持正常思考

⊖ 进一步引用法森的话："看到悖论这一术语进入管理文献，仿佛暗示悖论可以管理，我深感不安。我认为，我们应该预料得到，因为美国的管理人员自认为无所不能，他们相信没有管理制伏不了的复杂或无法预测的事件或情况"。

的能力。"在管理的世界中，我们还能提出除此之外其他形式的才智吗？

当然，**所有这些都意味着管理者的终极难题——怎样同时处理这些难题——仍待解决**。唯一的希望或许存在于我最后的难题中。

我的难题

最后是我自己的难题：**尽管所有这些难题可以分开陈述，但又都看似一样，我该怎样调和这一事实呢**？关于这些难题的重叠，之间的相似点，还有看似互相重复的难题，我已多次表达了我的看法。所有这些难题也许只是一个巨大而杂乱的管理大难题。如此一来，你不必为刚才的终极难题，即之前的所有难题，感到困扰。

第 6 章
有效管理

现在还没有结束。

甚至结束部分尚未开始。

不过，也许，开始部分已经结束。

温斯顿·丘吉尔

欢迎来到结束部分的开始。㊀本章主要考虑管理效能这一棘手的话题。设法弄清楚什么使管理者有效，哪怕只是设法评估管理者是否有效，都是件相当困难的事。如果相信答案很简单，问题只会变得更难。管理者及其工作人员在选举、评估与发展的过程中，都必须面对这些复杂的问题。帮助他们解决这些问题即是本章的目的。

在把你吓跑之前，我先补充一点：在写作本章的时候，我心情舒畅，感觉甚好。也许，复杂反而给我带来某种乐趣，比如说难免有缺陷的管理者，优秀的危险，我们能从幸福管理的家庭中学到些什么，不一而足。所以我相信，至少希望，您在阅读这章时也有淋漓畅快之感。

㊀ 这里我应该说明一下，本书正文 6 章及附录的开篇引述均与 1973 年出版的《管理工作的本质》一书中第 7 章的开篇引述相同（顺序不同，但两书最后一章相同）。这些引用的效果还是特别好——不过在这里，我希望别好过了头。

我们从讨论理应有效而其实难免有缺陷的管理者开始。接着简要讨论不幸管理的组织之家（organizational family），造成不幸的原因有 4 点：个人、工作、合适、成功。然后讨论健康管理的组织之家，这样的组织之家可在抽象思维与具体行动相结合的地方找到，它们得到分析、练达、协作的支持，这三者又构成一个框架，框架一侧是个人能量，另一侧是社会整合。随后是三个实际问题：选举、评估和发展有效的管理者，中间插有"判断力都去哪儿"这一问题。最后，本章，也是本书，将以"自然管理"的议论作为结束。

理应有效的管理者的诸多素质

有效管理者的素质清单比比皆是，但通常都比较短——谁又会认真去对待一长串的清单项目呢？例如，多伦多大学商学院高级工商管理硕士（EMBA）课程介绍中有一份题为《是什么造就了领导？》的材料，它的答案是："挑战现状的勇气；在苛刻环境中成长；为了更大的利益而协作；在快速变化的世界中设定清晰的方向；果断而无畏。"⊖

但这一清单明显不够全面。天生才智，或者是良好的倾听者，或者就是具有充沛的精力，这些素质呢？它们对管理者来说当然也很重要。不过不要担心，其他清单上有。因此，假如我们相信这些清单，我们就需要把它们综合一下。

为了让世界变得更加美好，我已经在表 6-1 中进行了综合。我找到的各种清单的素质都在表中列出了，另外还有我自己喜欢而尚未列出的一些素质。综合表包括 52 条素质。做到了这 52 条，您一定会成为一个有效的管理者，但不一定是人性化的管理者。

⊖ 我所在的麦吉尔大学与多伦多大学在体育及其他领域一直有着长期的竞争。选择多伦多大学的宣传材料并非出于这个原因，而是材料是现成的，也很实用。我确信，这些清单在大多数商学院的"推销"宣传中都有，包括我自己所在的学院，但大多数教员根本不会认真对待。问题是很多学生和其他人却看得很认真。

表 6-1 有效的管理者基本素质综合表

勇敢 尽责 好学 自信 正直	有魅力 热情 鼓舞人 有远见
	精力充沛 / 满怀热情 高昂 / 乐观 雄心壮志 坚决 / 执着 / 热忱
善于思考 **见解深刻** 开明 / 宽容（容忍他人、含糊的语言、不同的想法） 创新 善于沟通（包括是个良好的倾听者） 保持联系 / 信息畅通 敏锐	协作 / 参加 / 合作 参与其中 乐于助人 / 同情 / 体谅
	稳重 可靠 公正 负责 道德 / 诚实
有思想 / 有才智 / 聪明 善于分析 / 客观 务实 果断（注重行动） 主动	坚定不移 灵活变通 善于平衡 擅长综合 高大①

① 我看到的清单并未出现此项，但它应该排在许多素质的前面。因为研究表明，管理者一般比其他人要高些。伊诺克·伯顿·戈文在 1920 年的一项题为《经理及其对人的管理》的研究（其研究比我们今天大型期刊中的许多发现要仔细得多）中解决了这一问题："假如人体是一台化学机器，那么体形大能否提供更多的能量？"具体地说，"按身高、体重计算的经理体格与其所在职位重要性之间的某些联系"是否存在？经作者再三统计，答案是肯定的。比如说，主教身高一般比小镇传教者高；校监一般比校长高。铁路经理、州长等其他数据同样支持这一结论。"道路清洁管理员"身高名列第二，仅次于"改革者"（"社会组织者"仅次于"警察局局长"，但也相当不错）。音乐家则排在榜尾。

资料来源：根据各种资料编制，我自己喜欢的用黑体表示。

难免有缺陷的管理者

所有这些构成了我们"对领导力的浪漫向往"。一方面，它让凡人荣登管理宝座，备受尊崇（"鲁道夫是这一工作的最佳人选，他会拯救我们的！"），另一方面又允许我们在管理者轰然垮台的时候横加诽谤（"鲁道夫怎能让我们大失所望？"）。然而有些管理者确实挺过来了，不过不是在那愚蠢的宝座上。何以如此？

答案很简单：**成功的管理者是有缺陷的，我们都有缺陷，不过他们的个别缺陷并非致命，至少在特定的情况下不会致命**（超人也有缺陷——还记得"氪石"吗？）㊀。彼得·德鲁克在一次会议上说过："领导的任务是建立各个优势的联盟，从而让个人的缺点无关紧要。"也许他该补充一下，"包括领导者自身的优缺点"。

如果你想发现某人的缺陷，要么与其结婚，要么为其工作。他们的缺陷很快就会暴露出来。其他事情也是如此（至少你得是一个成熟的人，有良好的判断力），而你通常能够容忍这些缺陷。毕竟大多数的管理和婚姻确实成功了。结果，世界继续以不可仿效的不完美的方式展现。㊁

那些超人般的管理素质清单是有致命缺陷的。因为这些素质过于理想，在多数情况下，也是错误的。比如说，管理者应当果断——谁能反驳？首先会有追随小布什总统谋划的人支持，要知道布什在哈佛的某间教室读过几个案例分析，知道果断的重要性。多伦多大学的素质清单称这种素质为"无畏而果断"。在进军伊拉克问题上，布什总统当然无畏而果断。至于清单上的某些其他素质，这位总统藏在阿富汗的深山里的死敌当然"有勇气挑战现状"。而据报道，曾把宜家打造成最成功的连锁店之一的英格瓦·坎普拉德，花了 15 年的时间才"在快速变化的世界中设定清晰的方向"（他之所以成功其实是因为家具行业其实根本就没怎么变；是他改变了家具行业）。

也许我们需要换种方式继续。

不幸管理的组织之家

托尔斯泰在小说《安娜·卡列尼娜》开篇写下了不朽的文字："幸福的

㊀ 氪石（Kryptonite）是超人漫画系列中虚构的一种元素，对超人有害。——译者注
㊁ 并不总是如此。政客选举期间似乎非常擅长掩藏缺陷，直到执政后缺陷变得要命时才会暴露。比如，在电视上举行政治辩论的目的就是证明对手有缺陷而你却没有。大家都认为，有缺陷的候选人就应该输掉选举。这种矫揉造作的闹剧也许是很多人受够了政治领导的一个原因。

家庭都是一样的；不幸的家庭各有各的不幸。"㊀管理者及其组织之家也未尝不是如此；它们把事情搞砸的方式无穷无尽，而且新方法每天都层出不穷，㊁但很少有人通过别人的方法获得成功。

两对管理者的故事

让我先来说说两对管理者。其中一对是利兹和拉里。他们的问题非常普遍。两人聪明伶俐、受过良好教育，是现代型的管理者。他们在同一家公司，办公地点很近；一个主管重要的员工小组，一个负责主要的生产经营，但两人的做事方式完全相反：利兹一往无前，拉里徘徊不前；利兹决策过快，通常不得不重新决策，拉里完全难于决策，要么就含糊决策。但他们管理的结果相似：单位中的人都感到困惑不解，灰心丧气，有一种被排斥在外的感觉。

在面对组织中的其他单位时，利兹针锋相对，拉里默许纵容。利兹经常与公司同事交锋，但对总经理则是毕恭毕敬。拉里相反，他非常谨慎，不得罪任何人，因而在需要挑战的时候往往犹犹豫豫、不敢上前挑战。

顺便说一下，在上面的描述中，他们很可能认出对方。但他们能认出自己吗？我得加一句，尽管他们各自的管理之家（managerial family）不是特别幸福，但他们不是失败者。这些缺点都不致命，而且事情也都解决了。只是事情可以做得更有效，管理之家可以更幸福。

㊀ 一篇题为《婚姻的五种类型》的文章发表在该书的前言中，结果发现"幸福的婚姻并非家家相似"。然而根据文章描述，有三种婚姻（分别为习惯于冲突型、失去活力型、消极和睦型）不是特别幸福，另外两种婚姻，称为"活力型"（the vital）和"全身心投入型"（the total），则看起来非常相似。

㊁ 我听说过英国一家大公司总经理的故事。他不准正式员工从办公室门口经过。要想过去的话，就必须从一个楼梯下去再从另一个楼梯上来。进办公室的人，坐的椅子必须比他的矮，这样谈起话来才高人一等。后来，他升迁到一家更大的公司担任主席，还因其卓著贡献而受封为骑士。辞去主席后，在董事会会议上，他对继任者的建议有：（1）着装得体；（2）不吸烟；（3）用明确的日程进行控制。就在继任者的第一次董事会会议上，他脱下夹克，点上雪茄，问："你们想谈点儿什么？"

几年前，我们对加拿大魁北克某个小镇的一家日报做了研究。第二个故事正源于此。日报先后由两个财富继承人所有，他们后来成为加拿大颇负盛名的媒体所有者，但是他们的管理方法截然不同。第一个人只关心自己小时候一直居住的小镇，对报纸的事情却不闻不问，任其问题恶化。第二个人确实很积极；他关心在价格大降的情况下，如何从报纸中压缩更多的成本来获取利润。我们在研究中得出以下结论：

故事中的这两位加拿大巨子在领导力上形成鲜明对比，一位超然于管理之外，深陷情感之中，另一位超然于情感之外，深陷管理之中。一个在组织不必适应新环境的情况下为组织尽职；一个在组织需要适应新环境的情况下为组织尽职。前者的缺点导致了后者的缺点。从这个意义上讲，他们互相补充，至少随着时间的推移，他们互相补充。最后，只剩下我们来揣测他们二者之一（或二者全部，按先后顺序）是否真的是我们社会所希望的。或许这项研究的启示是，健康的组织和健康的社会需要既有实际行动又能关心大局的领导者。

为了忠实于托尔斯泰，我不打算就管理失败的原因再拟一个明确的清单。这本书够长了。如果你想获得这样的列表，我建议你返回表6-1中，然后将这些素质颠倒过来。例如，用啰唆代替果断，用低沉代替高昂。或者就不改动表格中的素质，想想如果管理者把这些素质做过头了会怎样。比如说，草率的果断，过度的高昂。或者，干脆把这些素质应用在错误的环境下。比如，果断而不考虑形势（伊拉克战争），或在管理殡仪馆时情绪高昂。斯金纳和萨瑟在《哈佛商业评论》的一篇文章中说：

当整体分析管理者的失败模式时，我们发现这些模式数量庞大、互相矛盾、令人惊愕，管理者不是过于注重细节，就是过于轻视细节。他们要么过于谨慎，要么过于大胆。要么过于挑剔，要么过于顺从。要么过度规划、分析，以致延误时机，要么根本不分析、不规划，一味盲目地向前冲。

下面我提供的是几组笼统的失败，每组失败内部存在种种可能的灾难。这些失败有：个人的失败、工作的失败、合适的失败、成功的失败。我们只简单讨论一下这几种失败，把更多的时间留出来讨论好的方面，即健康管理的组织之家。

个人的失败

首先是管理者独自一人造成的失败，**有些管理者简直入错了行**。他们也许并不想从事管理工作，因此干得很勉强。他们不喜欢快节奏、高压力以及管理工作带来的种种问题。说不定他们更喜欢独自工作，或者在平级的小组中工作，不用向其他人负责。

有些人简直是没有能力胜任管理工作：他们做事欠考虑，不喜欢与人打交道。这些人极其常见，即便是成功走向高级职位的管理者也为数不少。在《财富》杂志一篇题为《CEO何以失败》的文章中，乔兰和科尔文给出了两个主要的答案，即"执行不力"和"个人问题"，他们对前者表达了自己的看法：

持续跟踪、深入调查、仔细评估分派的各种关键任务——不就是那种枯燥无味的工作吗？回答"是"倒也正确。这个工作的确枯燥无味，的确是件苦差事。至少，许多确实有才有谋而又失败了的CEO是这样觉得的。你不能责怪他们，只是他们不该当CEO。

不论我们称之为"浅层管理"还是宏观领导（前面讨论过），这种用"速效办法"冲向"捷径"的管理者似乎越来越多（这些管理者喜欢说管理上的"本月口味"之类的话，你可以从他们这种语言倾向加以辨别）。就像大型公司的 CEO 一样，这些人尤其爱搞多样化、合并、重组、精简缩编——都非常时髦，常常比解决公司里的复杂问题要简单得多。然而这里就是"肤浅综合征"失控的地方。

管理者在管理实践中管理失衡，实质上是没有能力胜任该工作。 我在第 3 章得出这样的结论：管理者必须以某种大体上的平衡来扮演所有平台（信息平台、人事平台、行动平台）的所有角色。如前所述，过于强调领导角色就会偏重个人风格而忽略问题实质，过于强调行动角色就会导致工作量离散式爆炸。⊖ 在第 4 章中，我们同样讨论了过度强调管理艺术、管理手艺或管理科学这些问题风格，我们称为自我迷恋、单调乏味和精于算计的风格。

许多常见的管理失衡可在第 5 章讨论的难题中看到。在那里，我们注意到，解决任何一个难题，比如通过过度增加变化或过度减少变化来解决"变化之谜"，是注定要失败的。同样，第 2 章讨论的管理的特点，比如节奏过于忙乱、工作过于琐碎、口头沟通过多等，会使管理工作变得岌岌可危。现在，互联网似乎又使这种现象愈演愈烈。

但这些失衡并没有为完全的管理平衡提供有力依据。有时，这也是一种失衡，管理者没有展现出自身的焦点、个性或风格。⊜

⊖ 在一篇题为《管理风格》的文章中，伊查克·爱迪思讨论了某些类似的管理失衡的形式，他称之为独家生产者（"孤独者"）、独家行政执行者（"官僚者"）、独家企业家（"风险制造者"）、独家整合者（"超级追随者"）（爱迪思还有另外一类，称为"不擅长扮演任何角色"——但这确实属于第一组：没有能力胜任）。他将这些称为"管理的风格"，但这些风格只是众多可能风格中微不足道的几种罢了。

⊜ 斯金纳和萨瑟就"一致性"提出了类似的观点，认为一致性"导致管理者失败"。不过在他们看来，失败是在极端情况下发生的，不是在平衡中心发生的："有问题的管理者在天平的一端失败了，那么在天平的另一端同样也会失败，但永远不会同时失败。换句话说，造诣低的人容易形成一种固定的风格或方法，当他们失足时，总是在同一特定的方向。一致性是他们垮台的原因……相比之下，在我们的案例中，有杰出成就的人不但行事风格不同，而且个人风格也不一致……这一悖论颇有启示。造诣高的人在一种情况下深入精微细节，而在另一种情况下却只停留在战略层面。他们有时委派很多任务，有时又委派得很少。"（1977：143）尽管这看起来很有道理，但回想一下我们在第 4 章中的讨论：管理者变换个人风格就像高尔夫球手变换高尔夫球棒一样，人们或许没有这么灵活。诚如斯金纳和萨瑟他们自己所言，"几乎所有的管理者都很容易习惯于相当呆板或有限的行事风格，这很奇怪却又很合理"（第 146 页）。

工作的失败

有时候，一个人非常适合做管理，在处理工作时又非常善于保持平衡。但这项工作就是没法做，就是没法管理，所以，这个人失败了。

在上一章中，我们讨论了不自然的管理工作，即那些不应该存在的管理工作。这些工作被创造出来后，要么削弱了控制范围，要么加强了某种人为的管理监督。这样的情况在任意指派的地理区域中会经常出现。再次重复前面的话，没有比管理者无所事事更危险的了。

在第 4 章中，我们还讨论了分裂的管理工作都很难做，因为管理者被不同的要求朝不同的方向拉扯。加拿大司法部的约翰·泰特在充当部长顾问、担任政策专家和管理司法部之间遭遇拉扯。医院院长马克对外必须是坚决的拥护者，对内又必须是其他拥护者各种要求的调解人。二者能由一个人完成吗？

当组织或外部环境使管理工作难以成功时，管理者有时也会因此而遭遇失败。想想泰坦尼克号上负责摆放躺椅的工作人员，再想想美国安然公司倒台时凡事都得管的副总裁吧。假如公司产品质量低劣，难以销售，又该如何担当销售经理呢？不要责怪管理者，要怪就怪他接受的这份工作。但同时我们也要意识到，管理失败的可能原因是无限的。

适应的失败

接下来是有潜在能力、善于保持平衡的管理者，他们处在完全可行的工作上，但工作并不适合他们。所以，这些管理者会变得失去平衡，因而显得没有能力——实际上是非常不适合。

这里的故事仍然数不胜数。有些故事源于职业管理的谬论——凡是受过适当教育的管理者，凡事就都能管。比如说，前面我们提出学校能否由退伍军官掌管这一问题，并引出退休教师能否管理军队这一问题。我还想起，有个商学院曾任命一个开货运公司的人当系主任。此人声称，管理教授就跟管理货车司机一样。结果呢，很多有能力的"货车司机教授"都愤然离去。

这里同样存在上一章讨论的"彼得原理"，即管理者不断得到提升，一直到没有能力胜任的级别为止。他们本该一次少晋升一点。某个层级管理者的管理经验，不见得就适合另一层的管理者。

第 5 章讨论的"联络的困惑"表明，一个人成为管理者后，可能没有能力胜任新的工作。沿此层级一路上升，即使一个完全有能力的初级管理者，当他不断获得提升，离自己的知识范围和能力范围越来越远后，也会变成一个没有能力胜任的高级管理者。以前尚可忍受的缺点，而今却要了命，比如说狂妄自大这个司空见惯的毛病。

当条件发生变化时，合适有时也会变得不合适，良好的素质也会变成严重的缺陷。例如，相对于稳定状态而言，身处危难的组织往往觉得自己在某人的管理下更适合。或者，稳定状态下运转得非常好的组织，让一个伟大的追求彻底改变的艺术家进来管理，又会怎样？常言说得好，不见棺材不落泪，在没有出现问题前是不会有人想到怎么解决问题的。受过常规战争训练的军官发现自己正面临敌人的游击战，或者公有部门的管理者发现自己正在运营一家私有化的单位，结果会怎样？情况变了，管理者可不见得能跟着变。

但这里我们要小心：再明显不过的搭配也有可能变得不合适。**有时候，对立事物搭配起来的效果要比类似事物的效果好——我们可称其为故意不合适。**机械化组织需要的是高度理性的首领吗？兴许它需要的是一个能够开阔发展道路的人，就像一个没上没下、没大没小的灵活性组织有时也能从井然有序的领导者中获益。正如隆巴多和麦克尔所说，"根据我们的观察，最有效的领导者在行动的时候似乎总是出人意料，与周围环境格格不入，例如，在大多数可预测的部门中，高效的副总裁往往会指出战略的不可预测性"。

成功的失败

最后一种特殊情况是源自成功的失败。公司的发展规模大大超出创始人的预料，或者，研究机构大获成功后，管理层开始狂妄自大。

有一本叫《伊卡洛斯悖论》㊀的书，耐人寻味，本来也可用"优秀的危险"做书名。在书中，丹尼·米勒阐明了组织何以被自身的成功所改变：它们的优势变成弱势，它们的成功化为失败。米勒描述了致使这种情况发生的四大"轨迹"，其实这四条轨迹非常接近第4章中介绍的四种组织形式。比如，"增长驱动型、企业家型建造者受富于想象力的领导者管理，而变成冲动、贪婪的帝国主义者，他们匆匆忙忙扩张到自己一无所知的业务领域"。或者，"开拓者灵活性组织拥有无与伦比的研发部门、机动灵活的专家运营组、顶级一流的产品，对科学家顶礼膜拜，并受到他们的驱动，而变成不切实际的逃避者，这些科学家生活混乱、挥霍资源，追求无望的浮夸和新潮的发明"㊁。因此，这是否也会发生在管理者的身上：行动者变成过度行动者；联络者变成惹人讨厌的苍蝇；领导者变成啦啦队队长。

在"伊卡洛斯悖论"下，管理者开始居功自傲，"我们一定很厉害，因为我们的组织是如此地成功"。或许在过去，那是真的，但相信自己的组织很厉害可能会慢慢削弱组织的效能，因为部分这种自信本应该成为某种谦卑，而谦卑会产生开放的精神。**管理者功成名就、自视甚高，或者，新任管理者寸功未立，这种情况也许更为常见——甘愿冒险跨过自信的边缘而步入自负的深渊。**

这不可避免吗？一切皆可避免。许许多多的管理者都保持了良好的个人

㊀ 该书以希腊神话人物命名，伊卡洛斯由于飞得太高，太阳熔化了他的翅膀，最后坠落身亡。

㊁ 彼得斯和沃特曼的《追求卓越》是当时的管理畅销书，它主要讨论非常成功的公司，但当《商业周刊》发表题为《哎哟！》的封面故事，讨论"某些公司看起来不再那么优秀了"的原因时，此书便遭遇了极大的尴尬。是彼得斯和沃特曼对这些公司的看法错了，还是伊卡洛斯悖论发挥了作用？抑或该书的宣传本来就能导致公司问题的出现？

品格，保持了自身内在的平衡。但也有很多管理者，他们的成功往往演变成了祸根。

在讨论"失败乃自然过程"时，斯皮罗斯·马克利达基斯写道："在生物界中，失败与死亡同义，被认为是自然事件……在组织系统中，失败似乎也是自然的。"然而很遗憾，在组织中，失败不一定与死亡相连。在21世纪中，我们在银行、汽车公司中就有这样的发现。同样，失败的管理者都还活着，不仅活得好好的，工作也没丢，不过是要继续承受痛苦罢了。

结论是，管理实践与许多显而易见的陷阱相生相伴。曾经有人将"专家"定义为能够在通往大谬论的道路上避开种种陷阱的人。不仅仅是专家，管理者也是如此。

幸福管理的组织之家

好，失败讨论得够多了。我们可以一直讨论下去。不过，重要的是成功。成功或许并不缺乏。利兹和拉里的故事表明，有缺陷的管理者也能做得很好。他们避开很多陷阱，而不寻找通往大谬论的道路。其实，29位管理者有很多已经够好的了：他们成功地组建或维持健康的组织之家，他们是如何做到的？

要是现在能用5个简单的步骤给出答案，岂不妙哉？可惜我不能。不过我可以给个框架，供读者参考。

刘易斯、比弗尔斯、戈塞特、菲利普斯在《绝非单线思维：家庭系统的心理健康》一书中评论道："有关病态家庭的文献资料浩如烟海，但有关健康家庭的典籍图书却'寥寥无几'。"在思考色彩纷呈的今天，关于如何做到有效管理的文献资料同样屈指可数。

起初，我以为可以从与家庭相关的心理学、精神病学等领域的文献资料中获得点线索，进而展开这里的话题。很快，我放弃了这一徒劳的想法，而是选择了图6-1所示及本节所讨论的框架图。后来有个同事建议我看看刘易斯等人的著作。结果发现，我建立的框架图与他们的著作如出一辙，对此我颇感震惊。二者相似处之多，令我得以引用这部著作的相关部分来填补框架的方方面面，这点我们可以在后面看到。我的结论"管理效能必须放在具体环境中考量"甚至与刘易斯等人的"相对于研究单个家庭而言，研究整个家庭系统，可以更好地了解家庭优势"并行不悖。或许这些共通之处实属偶然，不过我更认为，不同的社会体系（家庭、组织单位等）有着共同的特征。

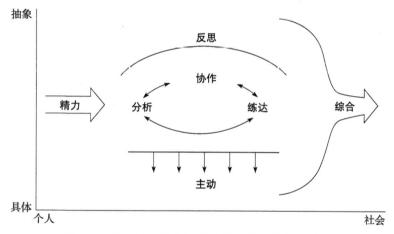

图 6-1　框架图：用来思考具体环境下的管理效能

效能框架图

这里，我没有给出公式，没有给出理论，甚至没有给出一套观点，只有一个框架图，用来思考具体环境下的管理效能。如图6-1所示，用刘易斯等人的话说，图中有5种"维度"。我们称其为5种"管理思维"，分别称为反思性思维、分析性思维、练达性思维、协作性思维和主动性思维。它们从个人侧一直延伸到社会侧。图中还显示了另外两种思维：一端是个人能量；另一端是社会整合。

或许这看起来像是我自己编制的管理素质简表，不过它在两个方面超越了前面讨论的简表。首先，这些维度扎根管理实践的程度胜过扎根管理实践者特征的程度。如第3章中的讨论，它们源于管理者所扮演的角色。例如，分析维度对应信息平台的控制角色，协作维度对应人员平台的领导和联系角色，主动维度对应行动平台的实干与处理角色。

此外，这是框架图，而非表格，图中各个维度交织在一起。左侧的个人能量驱动着 5 种思维，右侧的社会整合又使这 5 种思维融合在一起。在各种思维本身的内部，上面的抽象思考和下面的具体主动，构成了分析性实践、练达性实践和协作性实践的框架。

所有的维度我们都会依次讨论，不过要注意，必须一起考虑它们，以作为思考管理效能的指南。这里，刘易斯等人阐述得很好：

> 我们没有发现有哪一种特质为健康的家庭所具备，而不那么健康的家庭由于种种缘故所没有……很多变量的存在与交错才是导致最优家庭之间风格与形式产生显著差异的原因……家庭层面的健康不是由单一的维度造成的……健康能力必须以整体方式进行考虑。

讨论这些思维的同时，还可以综合一下本书出现的部分要点。

能量维度

"尽管有效的家庭展示的精力在程度上有差异，但他们都比机能障碍的家庭表现得更积极、外向"。同样，有效的管理者表现的精力也存在差异，他们管理的单位亦然，但我们很可能期望二者能有高度充沛的精力，当然还有很多"外向"交流。

管理活动节奏忙乱、以行动为趋向、多样化、支离破碎，但有一件事显而易见，那就是高效管理者在管理工作中展现出充沛的精力。管理绝非懒汉们的差事。

精力在我们的"挂毯"（或许是织布机？）上很大程度属于个人维度，靠近框架图的一端。当然，管理中尚没有一件完全是个人的事情。正如皇家莎士比亚剧团传奇导演彼得·布鲁克在《空的空间》一书中写道：观众使演员充满能量，一如演员使观众充满能量。

能量维度可以帮助我们了解管理者怎样处理两个难题，即"联络的困惑"和"变化之谜"。"联络的困惑"指的是当管理者从根本上脱离管理时怎样才能保持信息畅通；"变化之谜"指的是管理者在保持稳定性的同时怎样才能推动变化。这种能量是进行联络、推动变化、保持稳定所必需的。

反思维度

"解决家庭问题时，健康的家庭会探究出许多可行方法；一种方法不行，它们就会知难而退，尝试其他方法。这与许多机能障碍的家庭形成鲜明对比，我们注意到这些家庭往往固执于单一方法"。这听起来好像第 5 章中讨论的反思性。我的观察表明，**高效的管理者大都善于反思：他们知道怎样从个人经验中学习；他们探究出许多可选方法；当一种方法行不通时，他们会知难而退，尝试其他方法。**

善于反思也暗含着一定的谦卑，管理者不管是知道、自以为知道，还是不知道，都要谦卑。这就是我在本书中如此批判英雄式管理的原因。

正如我在《管理者而非 MBA》一书中所讨论的，反思是指"好奇、探究、分析、综合、联系——'仔细思考、反复思索经历对于自我的意义'"。在拉丁语中，反思是指再次折叠，这表示注意力要先转向内部，进而才能转向外部，以不同的方式看待类似的事物。反思超越了单纯的才智，步入更深层次的智慧，使管理者能够透过一般感知，看到问题实质，从而深刻地看待问题。**有效管理者往往能独立思考**（见下面的案例）。

> **最好的管理图书**
>
> 我们创立了一系列创新课程，其宗旨是让管理实践者从自身经历中学习（本章后面有讨论）。在这样的创新课程中，管理者每天都从我们所谓的"清晨反思"开始，这一过程分为3个阶段。
>
> 首先，每个管理者在自己的"见解书"（一本只有个人姓名的空白的书）中默默记下凡是与自己学习有关的东西：各种主意、晚上的想法、昨日关注的评论等。大约10分钟后，管理者分成小组围坐在圆桌旁，开始分享各自的见解，时间是15分钟左右。然后进入全体讨论阶段，有时候会围成一个大圈，他们从各个小组中找出最佳见解。最后这个阶段的时间安排大约是20分钟，但经常持续一个多小时。我们就让它继续，因为这种"黏合剂"，能把整个课程的大部分学习过程结合起来。
>
> 自1996年"国际管理实践硕士"课程开设以来，德国汉莎航空公司就多次派遣管理者参加我们的这些课程。每年，我们都会举办一次内部会议，在会上毕业生会欢迎新学员。有一年，老毕业生西尔科·伦哈特举起她手中的"见解书"宣布："这是我读过的最好的管理图书！"对所有管理者而言，最好的管理图书不正是用自己的亲身经历写成的那本吗？

前面多次提到，大多数管理活动都很忙乱，"该死的事情一件接着一件"。因此，很多管理者都亟须退后一步，静静反思自己的经历。正如在第5章的引述中所言，不经思考，人们就无法获得自身经历的意义。

反思有时能解决很多难题，比如"自信的把握""规划的困境""肤浅综合征""联络的困惑"。**管理工作自然会妨碍思考，但有效的管理者知道如何从这样的工作中培养反思能力**。即便管理工作很难让管理者有集中的时间思考复杂的问题，善于反思的管理者却能一边工作，一边抽空学习，断断续续、渐渐深入思考这些问题。正如 H. 爱德华·拉普所说，管理者"带着目的进行敷衍"。

表 6-2 重印了一组自学问题，这些问题改编自我以前出版的管理书籍。有些问题也许看起来很简单，但有助于促进反思（有个管理者写信给我说，他"设法每隔几天就重新看一遍问题。仿佛每次我都会有新想法产生"）。

表 6-2　管理者自学问题

1. 我从哪里获得信息，怎样获得？我能更好地利用我的关系吗？我怎样才能让其他人向我提供需要的信息？我是否具有足够强大的心理模型来解释我必须了解的事情？
2. 我传播的是什么信息？我怎样才能为别人提供更多的信息，使他们更好地决策？
3. 我是否倾向于在收到信息之前采取行动？或者我是否为等待全部信息而错失良机？
4. 我要求单位所能容忍的变化节奏是多少？这是否与所需的稳定相平衡？
5. 我的信息是否足够畅通，能否正确判断提交给我的方案？我能否将更多的拍板定案大权交给其他人？
6. 我对单位的期望是什么？我是否应该将其明确，从而指导其他人更好地决策？或者我是否需要灵活性，对其进行随意改变？
7. 我对我的行动、我的总体管理风格所产生的影响是否足够敏感？我是否找到了鼓励与压力之间的平衡？我是否压制了主动性？
8. 我在维持外部关系上花的时间是太多还是太少？是否存在我需要增进了解的一些人？
9. 在日程安排上，我是否只对当时的压力做出反应？我是否适当地混合各种活动，或者我是否过于把精力集中在我感兴趣的活动上？针对某天或某个星期特殊时间的特定工作，我做得是否更为有效？
10. 我是否工作过劳？我的工作负荷对我的效率和我的家庭产生了什么样的影响？我是否应该强迫自己休息或放慢活动节奏？
11. 我做的事情是否过于肤浅？我真的能根据日程安排的需要，快速、随意地改变心情吗？我是否应该减少琐碎和干扰？
12. 在工作中，我是不是行动和激动情绪的奴隶，使我不能集中精力解决问题？我是否应该花更多的时间来阅读和深究某些问题？
13. 我是否适当地使用其他媒介？我是否知道怎样充分利用书面通信和电子邮件？我是不是电子邮件快节奏的因徒？我是否过于依赖面对面沟通，因而除了少量报告外几乎所有一切都处于信息上的劣势？我是否花足够的时间来直接观察活动？
14. 我的义务是否耗尽了我全部的时间？我该怎样从中解脱，从而确保自己带领单位朝我希望的方向前进？怎样才能把我的义务转换成我的优势？

资料来源：根据 Mintzberg 改编（1973：175～177）。

分析维度

我在第4章中讨论艺术—手艺—科学三角形时说过，尽管有很多管理者过分强调分析维度，但如果对分析重视不够，也会致使管理杂乱无章。这又回到了"秩序之谜"：无序的管理怎样才能为单位制造必要的秩序？

虽说依靠分析来寻找有效管理的方法也许会误入歧途，但期望凭模糊的直觉来寻找方法也好不到哪里去。如前，实现某种程度的平衡才是明智之举：认识到管理需要注意前面介绍的两种基本认知方式，其一是正式和显性的知识，其二是非正式和隐性的知识。这正是"可测的混沌""可控的无序"等用语非常适用于管理工作的原因。有趣的是，刘易斯等人以几乎相同的方式来描述家庭，认为最有机能障碍的家庭呈现出"混沌的结构"，中间地带的家庭呈现出"坚硬的结构"，而"机能最优的家庭呈现出灵活的结构"。

从灵活性这一需求来看，分析意味着什么？有几个词可以对此说明。一个我前面已经提到的词是有序，至少要有助于给需要秩序的人带来秩序。另一个是逻辑，即清晰、明白，不过判断这个词可能会更好，本章后面会用到。最后，拉普将有效的管理者描述成"像分析家一样熟练，但比抽象家更聪明"。

过度依赖分析的危险特别容易发生在两个难题上：其一是"分解的迷宫"，管理者周围到处被切割成干净、漂亮、人为划分的类别；其二是"衡量之谜"，管理者必须处理硬数据的软肋。我在《战略规划的兴衰》中提到，组织中存在一种"正式化边缘"，在这一边缘，管理者很容易跌倒。过度分析或过分正式化，问题的本质就会丧失。读读像领导妙方以及目标、使命、愿景、规划等有关文件吧。

所以，斯金纳和萨瑟在《哈佛商业评论》的一篇文章中得出结论：有效的管理者"首先是分析家"。这样他们有充分的理由断言有效的管理者"通过分析，取得极佳的效果"并"坚持不懈地使用分析工具"，但在我看来，他们几乎全错了。在管理中，过分强调分析会把大量的判断赶出组织，在这些过程中造成严重的机能障碍。

练达维度

"还有另外一种复杂的家庭变量，它涉及对自身世界观及他人世界观的尊重"。

管理者必须面向全球，这样的言辞我们今天处处可闻；其实，管理者变得练达要比这重要得多。面向全球暗含着一定的同质性。该词有一致的意思，"人人赞成同一套信仰、同一套风格、同一套价值。忘记你的背景、你的出身、你的根源；面向现代、面向当代，成为新兴'全球化'的一分子吧"。这样的事情多如牛毛。但我们真希望管理者这样吗？

前面，反思性被描述成完全相反的东西：独立思考。什么能够很好地改善这个问题，并将急需的判断带回管理？当然是一定的练达思维。

"练达"（worldly）在《牛津袖珍英语词典》中的定义是"生活经验丰富的，老成练达的，实际的"。这几个词混在一块，倒很有意味。也许，这组词语最接近我们对管理者即真正领导者的期望。

所有管理者都在自己的世界和他人世界的边缘上工作。"练达"意指不时跨过这些边缘，进入其他文化、其他组织、自己组织中的其他职能，但最重要的是了解他人的思想，以求深入自己的世界。套用诗人艾略特的一行诗（这行诗有充分理由被过度引用）：为了回家，为了认识最初的地方，管理者必须永无止境地探索。这其实就是练达思维。

"你怎样才能在往来车辆中开好车？"师从印度教授的一位美国管理者刚刚抵达班加罗尔，他来参加我们的 IMPM 项目练达思维课程单元时问道。"我直接加入车流。"教授回答。练达思维的学习开始了！其他人的世界具有一定的逻辑性，即秩序，但在我们看来或许是混沌的。认识了它，你就会成为更好的人性化管理者。

领略他人的世界并不是说入侵他人的隐私或"猜测他人的心思",这有时可是屈尊降格的行为。刘易斯等人发现这些行为具有"毁灭性特征",只见于"机能障碍最严重的家庭"。他们还发现,不那么健康的家庭为保持一致而面临压力,这种压力类似于企业面临的全球化的压力。健康的家庭没有这种困扰,相反,它们展现出一种刘易斯等人称为"互相尊重、平等协商"的特征:

> 正常说来,家庭成员既联系紧密,又有独立空间。因此,家人允许分歧存在,并通过和谈解决矛盾,这尊重了大家的不同感受、不同理解和不同态度。他们不会强行抹杀各自的差异,拉扯成相同的个体。

如果说分析接近于科学,那么练达就接近于手艺,因为它根植于具体经验和隐性知识。因而练达在图 6-1 的右边,而分析基于显性知识,故在图的左边,这里正是科学出现的地方。

在第 5 章讨论的所有难题中,特别是在"行动的模糊性"(如何在一个复杂微妙的世界中采取果断行动)中,一个明显的主题是,管理者需要有明察秋毫的感知能力。练达的管理者因为从其他地方获得了深刻的见解,所以来到自己最初的地方就可以很好地处理难题。

协作维度

"婚姻平等这一趋势与冷漠和失意的婚姻,以及支配和服从的婚姻模式(常见于机能障碍家庭)形成鲜明对比"。

当我们沿着挂毯继续移动时,管理中的协作面或社会面开始凸显。协作使我们得以管理单位内外其他人的关系。

中村伊丹(Hiro Itami)最初负责在日本讲授的 IMPM 协作性思维课程单元,他告诉参加课程的管理者:"管理不是控制别人。相反,管理是让他们协作。"因此，他将课程定位为"管理人脉"。后来，Kaz Mishina 负责该课程，他将管理表述成"幕后领导"，也就是"尽量让更多的普通人来领导"。

协作不是"驱动"或"授权"单位中的人，因为如前所述，"驱动"或"授权"恰恰会加强管理者的权威。相反，协作是帮助单位内外的人，在刘易斯等人所说的精神下一起工作。

在第 4 章介绍的"参与"式管理中，管理者自己参与其中，为的是让其他人也来参与，如表 6-3 所述。除了倾听之外，还有尊重感、信任感、关怀感和启发感。我同 29 位管理者包括护理病房的法碧恩·拉沃伊、难民营的史蒂芬·奥莫罗、银行分行的布莱恩·亚当斯、博物馆的凯瑟琳·约恩特-迪特勒等相处的日子里，这些词语反复出现，给我留下了深刻的印象。进一步引用刘易斯等人书中的话，"健康的家庭在表达爱意上都很开放。家人处处流露着温暖、关怀之情，非常善于体谅他人"。**当管理帮助人们将人体内在的能量发掘出来时，管理似乎就会颇有成效。**

表 6-3　参与式管理

- 管理者非常重要，他们帮助其他人变得重要
- 一个组织是一个互动网络，不是一个垂直的层级。有效的管理者执行全面的管理；他们不位于顶端
- 有些小问题如不解决，事后可能就需要采取大行动，而参与的人解决这些问题时，战略可能就会在此互动网络中出现；执行也会促进正式化
- 管理就是发掘人体中自然存在的正面能量。因而管理意味着参与，而参与基于判断，判断根植于实际环境
- 这里，领导是一种从他人的尊重中所获得的神圣的信任

资料来源：根据各种资料编制；根据 Mintzberg 改编（2004：275）。

协作维度并没有什么特别神奇的地方，也不是领导力的重要特征，我们明白这点很重要。协作维度和其他维度一样，完全是自然的，这就像生活在有效运转的家庭中那样。

协作也会超出单位，延伸到组织的其他管理者和组织外部的其他人。

有时候，协作关系会变得很正式，毕竟，我们是在合营企业和联盟中使用协作一词。但协作关系就像管理者所建关系网中的关系一样，通常是非正式的。

正如我们在第 4 章"超越管理者管理"中所讨论的，20 世纪，控制式管理逐步向参与式管理转变。我们听到越来越多的人在讨论知识工作者、承包工程、网络型和"学习型"组织、团队及任务组。在此过程中，许多"下属"变成了同事，许多供应者变成了合作伙伴。与此同时，管理者的权力逐步向非管理者下放，管理风格相应的从控制到信服、从领导到联络、从授权到鼓励转变。但这些趋势并非新趋势，早在 1920 年玛丽·帕克·福利特就写道："检验一个领班是否合格，不是看他多么擅长发号施令，而是看他如何避免发号施令。"

协作同样还提供了部分难题的解决途径。具体来说，当天生喜欢协作的管理者让单位中的人信息畅通时，委派任务会更加方便。当协作的管理者获得更好的联络，信息因而变得更加畅通时，联络的困惑减少了。

前瞻性维度

"健康的家庭很少被动。家庭作为一个单位，在应对外部输入时，表现出高度的主动。"

如前多次述及的图 6-1 所示，所有的管理活动都夹在抽象反思和具体行动之间，也就是前面提到的"思行"。**反思过多则无法办事；行动过多则办事草率**。所以在这里，我们考虑具体行动，包括管理中的实干角色和处理角色。

之所以将主动性思维留在最后讨论，是因为反思在很大程度上是个人的事情，而主动从根本上讲是社会的事情：没有其他人的参与，就不可能有管理行动。管理是一个社会过程，企图独力管理的管理者通常以过度控制而告终——发号施令、臆断绩效、希望用权威来保证服从。这样做有时候会管用，但很难发掘人类的潜能，特别是思考人士的潜能。

我在这里用的是"前瞻性"，没有用"积极"，以赋予该维度"管理者把握主动"的意义：采取主动行动，而不只是对发生的事情做出反应，采取步骤，规避障碍，掌控事情。[⊖]如前所述，特别如第 4 章所述，**有效的管理者，无论身居何位，无论受到怎样的束缚，都能抓住自己力所能及的自由，以充沛的精力自由自在地进行管理**。引用艾萨克·巴什维斯·辛格的话，"我们不得不相信自由意志；我们别无选择。"这或许可以成为有效管理者的格言。玛丽·帕克·福列特进行了另外一项重要的区分："领导者应具备冒险精神，但冒险精神不一定是指赌徒气质。它应当是开拓新路的那种拓荒精神。"

因此，有效的管理者不像被动者一样行动。他们是"变化的动因"，不是"变化的目标"。他们跟着潮流走（就像班加罗尔的往来车辆），但他们还要制造潮流（恰如班加罗尔的司机）。管理属于热爱节奏、勇于行动、敢于挑战的人，不论来自何方，去向何处，这些品质永远伴随着他们。

这里最明显的难题是"行动的模糊性"：如何在一个复杂微妙的世界中采取果断行动？练达及反思都有助于解决难题，二者的目的都是领会微妙之处。因此，二者都能鼓励人们学习。主动一词可能会唤起一幅自上而下、从动变化的图景——够果断、够从容、够精彩。但我认为，大量的主动管理恰恰沿相反的方向进行：它以实验为基础、逐渐增长、逐步显现，并自下而上、由内向外流动。高级管理者需要帮助其他人采取主动变化，至少要和自己主动变化一样。

不要忘了"变化之谜"。有效的管理者可能会驱动变化，但正如我们在红十字会难民营中看到的，他们也需要保持稳定，有时这也需要相当的主动性。

⊖ 博亚齐斯就主动与管理效能的关系展示了各种研究结果。大部分都在预料之中。但有一项例外："在基层管理者中，绩效普通的人比绩效优秀和绩效欠佳的人表现出更多的主动性。"

整合维度

在开始讨论之前，请允许我重复一遍或许是刘易斯等人最重要的结论："家庭层面的健康绝非单一因素所致，因此健康能力必须全盘考虑。"**管理是由反思维度、分析维度、练达维度、协作维度、前瞻性维度交织在一起的挂毯，一边注入个人能量，一边用社会整合加以连接。**

在研究"领导力的要素"时，福利特明确指出："把握全局的能力至关重要，领导者必须在混乱的事实、经验、欲望、目标中，找出统领全局的主线。他必须看到整体，而不只是万花筒中千变万化的碎片，这样才能将整个团体的经验组织起来。"此外，管理者"必须看到演化的局面、发展的局面"，换句话说，**管理意味着在奔波中进行整合**。在很早以前的著作中，福利特称领导者为"他"，但其实还可称之为"她"，甚至"他们"——协同工作的各种人，不管"他们"是不是管理者。

但怎样整合？我没有简单的答案，不过福利特提供了一条有趣的线索：

在商业中，我们总是从一个重要的瞬间进入另一个重要的瞬间，领导者的任务就是对转瞬之间有突出的认识。领导者看到一种状况逐渐变成另一种状况时，就已经学会了对这一瞬间的掌握。

这一瞬间的掌握，卡普兰曾描述过，球场视野能使"篮下突破的运动员看清正在进行的比赛，知道如何定位自己与他人的关系"。冰球传奇韦恩·格雷茨基说得更简单："我直接溜到冰球将要出现的地方。"

整合也需要跨瞬间掌握，管理关乎动态平衡的实现，这也是全书不断强调的：跨越管理的信息平台、人员平台、行动平台，同时协调各种角色；调和同时存在的艺术需求、手艺需求和科学需求；时时刻刻解决许多问题，让大多数问题保持在空中，落下来时再向上推一把。

分析一词看起来非常清楚；相比之下，综合一词就显得晦涩难解。"实现综合"是什么意思,我们看到综合时能否知晓?㊀**管理的一个关键目的是坚持不懈地实现综合,但不一定要达到综合,甚至不用知道距离综合到底还有多远。**

反思与行动,即第一种和最后一种管理思维,二者交替上演乃是管理者实现综合的途径。正如第 5 章讨论的,管理者从思考到行动、从制定到实施、从抽象到具体,都以演绎而有理性的方式工作,这是颇为常见的描述。除此之外,他们还一边从经验中学习,一边从行动到思考、从具体到抽象,以归纳而有见解的方式工作。如图 6-2 所示,最重要的是,管理者来回周旋于二者之间,不断穿越于那些掌握的瞬间。

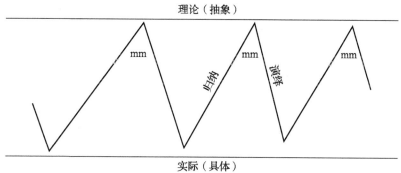

mm: moments of mastery (after Follett, 1920: 170) 瞬间的掌握

图 6-2 通过循环往复进行整合

不过,不要因为归纳和演绎以循环往复的方式演进,就认为思考和行动是必然分离的,有先后顺序的。回到第 3 章中卡尔·韦克提出的观点,在管理中,思考不是从行动脱离出来的,而是行动不可分割的组成部分:管理者行动的同时也在思考,"管理活动或多或少都以思考的方式进行"。

这些讨论主要集中在管理者自身进行的整合上。但整合远远超出管理者个人的范畴,如第 4 章结尾所讨论的。在精心设计战略和构建文化、社区等方面,**怎样运用"集体智慧"是当代组织面临的巨大挑战之一。**

㊀ 综合不只是各元素的组合。例如,公司或 MBA 课程中的"跨职能"仍然根植于各个职能。

当然，无论有多少人在精心设计战略，都可能需要一个极其特别的整合型大脑，将这种学习融入某种战略远景。我们希望这是一位高级管理者，但实际上，凡是能够综合的人都有那样的远见，甚至具有"众人的智慧"。

整合方面的难题再次凸显。"分解的迷宫"已经讨论过了；"规划的困境"问的是管理者怎样在如此忙乱的工作中超前思考，这也意味着整合性思考。韦克"边思考边行动"（acting thinkingly）的观念对此会有所帮助。

在结束讨论健康管理的组织之家前，值得反复强调的是，不论挂毯是什么形式，这些维度只有连贯地交织在一起才能发挥作用。管理效能没有什么可一劳永逸地解决所有问题的法宝。

选举、评估、发展有效的管理者

管理者以及与其共事的人通常都很关心如何选举有效的管理者、怎样评估他们是否真的有效以及怎样为了更高的效能发展管理者。下面我们用本书的研究结果依次进行讨论。

选举有效的管理者

这一主题颇受关注，无须在此赘述。我只想补充几点自己的想法。

选择自己认识的魔鬼　完美的管理者并不存在。如果人的缺陷迟早都要暴露出来，那么早点暴露总比晚点暴露好。因此，**我们既要根据候选人的素质选举管理者，也要根据他的缺陷来做出判断**。人们向来看重人的素质，但有时候，单单一个素质会蒙蔽我们对其他事情的判断。"沙莉是个了不起的联络人"或"乔伊是个有远见的人"，当失败的前任缺乏沟通能力或者缺乏战略眼光时，人们就更会这样说了。我们应当尽一切合理、合乎道德的努力去辨别候选人的缺陷——竞选者身上的魔鬼。

对了，有一种致命缺陷，今天极为常见也易于查明。有些竞选总经理的人，要求的报酬远远超过公司其他人，更有甚者还会要求在失败或解雇时得到特殊保护，凡是这样的人我们都应不假思索地予以否决。别忘了，这位竞选者可没有宣布"组建团队"、把"人当作公司最大的资产"、从"长远考虑"有多么重要！设想一下，我们这样做会如何改变公司前景！

我们应当根据管理工作及实际情况来仔细判断这些缺陷，特别是那些后来变得致命的缺陷，免得今后我们猝不及防。既然缺陷只存在于具体环境中，那么前一管理工作的绩效也许不会预示后面管理工作中潜在的问题。当然，琢磨透这一点也并非易事：人的素质是某项工作取得成功的条件，常常被错误判断。但有一种极为简单却又很少使用的方法可以缓解这一问题。

给予被管理者发言权 管理发生在单位的内部（通过控制角色、领导角色、实干角色、沟通角色）和单位的外部（通过联络角色、处理角色、沟通角色）。然而，管理者的选举，无论是董事会选总经理，还是高级经理选初级经理，通常都是单位外部的人控制着单位内部。这有什么意思呢？特别是单位之外的人未曾与竞选者生活过一天，竞选者要给他们留下深刻的印象非常容易，在这种情况下选举尤其没有意思。这样做的后果是，今天许多组织的结局是管理者"欺上瞒下"——这些人过于自信，滔滔不绝，却从未展现过最基本的领导形式。魅力也许是选举的一个标准，但绝非主要标准。

如果有简单的方法可以极大地提高管理效能，那么这就是在选举过程中给予熟知竞选者的人，也就是曾经被竞选者管理过的人发言权。有些公司还让外部竞选者接受单位成员的面试，看看他们的意见。这尤其适用于总经理的选举，因为选举总经理的时候，人们貌似都很盲目乐观。

让这些人评估竞选者来担任他们的管理者，可信吗？毫无疑问，偏见有可能存在。但这肯定不会比信任外人更糟糕，这些单位外的人信息不够充分。我在这里叫嚣不是为了选举管理者，而是呼吁单位内外的人一起进行平衡的评估。其实，这也是医院、大学、律师事务所的惯用做法。

有一个著名的公司，几十年来一直是该领域的领头羊。公司的总经理由高级经理通过封闭式投票选举产生。我问过很多经理，他们都知道这家公司。你们猜猜是哪家？很少有人猜到。答案是麦肯锡。麦肯锡公司的执行董事由资深合作伙伴投票选举，任期 3 年。对于麦肯锡来说，这样做的效果似乎非常好。那么，麦肯锡的顾问有没有向客户提过这样的建议呢？

考虑一个身处外部的内部人员　近来有一种趋势，单位之外的人很受青睐，至少高级职位如此：只有新扫帚才能把灰尘扫干净。不幸的是，打扫灰尘的有可能是选举委员会并不了解的"魔鬼"，而打扫者有可能并不知道真正的灰尘是什么。危险因而产生，尤其是在这个英雄式领导的时代，新扫帚可能会扫除掉企业的热情与精神。或许，我们在选举过程中还需稍加注意我们知晓的魔鬼，因为他们了解灰尘。

实际上，选举委员会可以选择一个身处外部的内部人员——曾经因厌恶公司而离开的人。一来这个外部人员与内部权力并无瓜葛，属新鲜面孔，二来他拥有内部人员的知识，真是一举两得。这样的人曾用离开表示自己不赞成，他们了解情况，因而可能是推动转折的理想人选：新扫帚且知道旧灰尘。除此之外，还有内部人员来评估此人的素质和缺点。这里我想到了苹果电脑公司的史蒂夫·乔布斯：他不是厌恶地离开，而是被自己创建的公司解雇了，但他有能力回来扭转局势。

回到本章开篇介绍所说，我们今天热衷于领导力，但又常常认为领导素质属于我们几乎不了解的人。仔细想想"青年领导"吧，照我看，这种说法实在矛盾。在接受严峻考验之前，怎能委以重任？谁又能知道表面下潜藏的缺陷？实际上，这种委任有时还能助长狂妄自大的风气，因而毁掉真正的领导才能。我再讲一遍，领导是一种神圣的信任，是接受领导的人给予领导者的一种尊重。

评估管理效能

如果你是一个管理者，你当然想知道自己做得好不好，你周围的人更渴望知道你做得好不好。有很多简单的方法可以对此进行评估,但要留心这些方法了。**管理者的效能只能根据具体环境进行判断**。这一命题听起来非常简单,但分解后则不然。下面我将它分解成 8 个子命题。

首先,**管理者并非有效;相配的才是有效的**。没有好丈夫、好妻子这样的说法,只有好夫妻这样的说法,管理者及其单位也是如此。

也许有在所有管理工作中都失败了的人,但没有能在所有管理工作中都成功的人。这是因为,在一种情况下可以容忍的缺陷(甚至被当作一种良好的素质)在另一种情况下却可能致命。这完全取决于"当时、某段时间、全部时间"人与具体环境的搭配。正如第 4 章结尾所言,有效的管理者不是有良好风格而是有合适风格的人。㊀因此,**通常没有有效的管理者**,也就是说**没有专业管理者这种说法**,即没有凡事都能管的人。

诚然,管理者同单位荣辱与共。因此,**要评估管理效能,同样也必须评估单位的效能**。管理者的目的是确保单位实现其宗旨。英特尔公司的安迪·格鲁夫曾说过:"管理者的产出 = 所在组织的产出 + 受管理者影响的邻近组织的产出"。

这是评估管理效能的必要条件,但不是充分条件。**只有管理者帮助单位,让其更有效,管理者才能视作有效**。有些单位运转良好,却未必是管理者之功,有些单位运转糟糕,也未必是管理者之过。注意,不要认为管

㊀ 在本书中,我非常反感"英雄式领导者",因为我认为他们会毁掉很多健康的组织。迈克尔·麦考比称其为"自恋式领导者",并将其描述为"情感孤立、高度不信任",甚至易"动怒",以及"听不进意见,不能容忍反对意见"。这听起来好极了!"然而,自恋有时却极为有用,甚或必需。"麦考比辩论道,因为自恋者"有胆量迅速推动周期性发生的巨大的社会转型"。然而麦考比宣称,"当今世界普遍存在急剧的不连续性,越来越多的大型公司与自恋者发生关系。他们发现,在一个充满革新的时代,没有什么能够取代自恋型领导者",我对此不敢苟同。我认为,我们现在遭遇的这种自恋式领导——自私自利、自我英雄、脱离实际、主观臆断,他们并不会促成真正的革新。但麦考比确实承认:"自恋型领导者,哪怕是最有成效的,有时也会自我毁灭,并将组织引入歧途",这也是我发现的今天普遍存在的问题。也许,我们今天的社会是一个自恋的社会。麦考比又补充道,"有远见的人生在了错误的时代就像是一个自命不凡的小丑"。因此,我们可以得出结论,我们有必要欢迎自恋风格的种种优势,但要小心运用。

理者要对单位所有的成败负全责。成败与历史有关，与文化有关，与市场有关，与天气也有关。对于管理者来说，有关的正是个人影响，不是单位绩效本身。

这就是说，很多数字上的绩效衡量（销售增长、成本降低等）完全没有直接表明管理者的效能。有多少管理者的成功仅仅是因为投机取巧获得了有利的工作，只要不把事情弄糟，便能接受成功的荣誉？

尽管事实表明管理者或好或坏都对单位造成了影响，但**管理效能总是相对的，不仅相对于所继承的局面，而且相对于其他可能人选**。有人也许会认为管理工作不难做，完全可以做得更好，因而排斥现在的管理者，这种情况该怎么办？当然，追问这些问题能把人逼疯。谁知道呢？但如果想评估管理效能，真正地评估管理效能，那么比起其他人，你就更不能回避这一命题了。

为了让问题更完整，**管理效能还必须超越单位甚至组织，从更广泛的影响上来评估**。管理者让小单位变得更有效，但代价却是大组织变得无效，这样的管理者怎样？例如，销售部门售出大量产品，但生产部门跟不上，致使公司陷入混乱局面。你能责怪销售经理吗？毕竟，他只是在做自己的工作。这种对宏观的把握难道不是总经理层的责任吗？

从传统角度来看，这也意味着从官僚机构的角度上看，答案是肯定的。在官僚机构中，所有的责任都是整齐分派的。而在管理的现实世界中，答案不是完全肯定的。组织也有缺陷，任何地方都有可能出现意外问题，并且常常需要就地解决。负责的管理者绝对不能戴着眼罩，不顾左右，只做分配给自己的工作。加拿大公园的查利·辛肯或戈德·欧文没法无视开发商和环保主义者的斗争，而这本来是政治家的责任。**健康的组织不是独立人力资源的汇集，不能只顾自己的地盘；它是有责任心的人组成的社区，更需关注整个系统及其长期存在**。

但我们不能停留在这里。如果某件事情对于组织来说是正确的，而对于周围的世界来说是错误的，又该如何处理？阿尔伯特·施佩尔在组织纳粹德国的军火生产上是有效的，但对世界人民来说，他的"管理"是错误的，所以二战后，他被盟军送入监狱。假如施佩尔在当时的工作中十分低效，或者假如他选择管理其他事情，那他对世界人民来说就更有效。

我们天天吵着闹着，要求管理者负责、尽责，却没有引起足够的重视去追问对什么负责、为谁尽责。 我们要求管理者"负社会责任"这点不错，但我们要避开简单的花言巧语，深入那些难以解决而必须解决的复杂矛盾。

对此，有些经济学家回答得很简单。让商业书籍只管商业，把社会问题留给政府。他们是如此泾渭分明，试图让经济理论洁身自好。但很遗憾，这却让社会变得乱七八糟。

有没有经济学家胸有成竹，敢说社会决策没有经济后果？不可能，因为凡事都有成本。好，那么，有没有经济学家敢说，经济决策没有社会后果？如果管理者忽略社会后果，超出法律限制，又会发生什么？苏联作家亚历山大·索尔仁尼琴就曾在其著作《古拉格群岛》给过我们令人印象深刻的例子。

把这些命题合在一起后，你一定会问，需要评估管理者的人怎么可能应对所有这些命题？答案原则上仍然很简单：使用判断。**管理效能不能只是衡量，还必须判断。**

有些事情的效能，特别是在单位的绩效方面，我们当然可以估计，至少短期如此。但我们应该怎样衡量其他事情呢，特别是，去哪里寻找这一奇妙问题的综合衡量方法？观察几个小时——我认为乃至几个月——护理病房中像法碧恩·拉沃伊这样的人吧，然后告诉我，你打算怎样衡量她的效能。就算是在银行这样实打实的企业，你会怎样衡量约翰·克莱格霍恩的效能？通过看公司股票是否上涨了吗？（那些投资次级抵押贷款的美国银行确实如此。）

如果你认为用 8 个命题评估管理效能有点过头，甚至脱离学术，那就想想经理奖金有多离谱吧。这些奖金往往不管离不离谱，用的都是最简单的衡量方法，比如相对短期的股价上涨。**经理的影响必须从长远评估，而我们不知道怎样从长远评估绩效，至少不知道怎样评估特定管理者的绩效。所以，经理的奖金应当取消，就是这么回事。**

判断力都去哪儿了？ 还记得判断力吗？判断力就是曾经暗藏在衡量后面的东西，是有效管理的关键。

接着，衡量闪亮登场。只要衡量给判断力提供信息，衡量就是好事。当然，**衡量能够衡量的，但务必还要判断其他的：不要被衡量迷惑了。**遗憾的是，我们经常受到衡量的迷惑而失去了判断力。

在1981年的商务圆桌会议上，许多美国知名企业的总经理发布的《公司责任声明》曾指出：

> 平衡股东最大预期收益和其他重要事务是公司管理层面临的根本问题之一。股东必须得到丰厚的收益，同时还必须适当地注意其他支持者（客户、员工、社区、供应商以及整个社会）的合法利益……主要管理者相信，通过开明地考虑平衡所有支持者的合法要求，一个公司才能最好地满足股东的利益。

1997年，商务圆桌会议发表另一份声明，题为《公司治理声明》。声明称，管理层和董事会的重要责任是对公司股东负责。声明解释说：

> 认为董事会必须以某种方式平衡股东利益和其他利益相关者的利益，这是从根本上误解了董事的作用。而且，这种认识是不切实际的，因为没有给董事会留下任何标准，来解决股东利益与其他攸关方利益之间的矛盾或各个攸关方利益之间的矛盾。

除了判断，确实没有其他标准。据他们自己说，1981—1997年间有段时间，美国那群最杰出的公司总经理丧失了判断能力。当前美国经济危机其实是管理危机，假如你想知道危机的内在原因，那么简单地说，现在你已经知道了。

这段高谈阔论的启示是，**要在任何管理职位中变得有效，就需要认真思考——不是教条，不是上升到某种高雅艺术的贪婪，不是时髦的技巧，不是"我也一样"的战略，更不是"领导力"的宣传报道，纯粹只是古老的判断。**有些事情要比其他事情更容易衡量，然而除了最简单的事情，所有的事情都必须超越数字。

我来举个例子。我一方面为管理者写书，另一方面为管理者编排课程。有时候，人们会问我这些课程的绩效衡量，问得很极端："如果乔安妮参加你的课程，我们的股价会涨多少？"我用书来比喻回答。

"想想你最近读的一本书：你能量化它的成本吗？"当然可以：花了这么多钱购买、花了这么长时间阅读。"很好。现在，请量化一下得到的好处。你要是能做得到，即衡量出书对你的影响，那么请告诉我，我再来告诉你课程的绩效衡量。"作为读者，你可能觉得这本书很精彩（满分是 5 分的话能得 4.9 分等），然后就不管它了。你也许每个单词都不喜欢，但在一年后用到了书中的思想，却不记得出处了。

是否因为无法衡量书籍的影响，人们就应该停止读书？是否因为永远无法确定管理的长期影响，人们就应该停止管理公司？记住，比起管理实践来，读书只是件简单的事情。如果你愿意，随时都可以停止读书，但你不能摆脱管理。缺乏可靠的衡量尺度当然会为形形色色的把戏敞开大门，比如管理者失败了却找假借口，或者虽然失败却自称成功。但如果假装衡量尺度很可靠，就会为更糟的把戏打开大门。因此，让我们收回判断，让判断与衡量齐头并进吧。

有效地培养管理者

那么应当怎样培养管理者呢？1996 年，我们决计重新思考管理教育、管理培训与发展的问题，进而改变管理的实践方式，而这些改变的结果即为本书所述。我们从自己的地盘，从商学院的"管理"教育开始行动。在蒙特利尔的麦吉尔大学，我们有些人对 MBA 课程持高度怀疑态度。

传统 MBA 只是关于工商管理的。它在教授企业职能方面做得非常出色，但在提高管理实践方面收效甚微。其实，MBA 给学生造成一种学过管理并准备好当领导的错觉，这只会助长狂妄自大的气焰。另外，不论是更为直接的案例讨论，还是较为间接的理论展示——经过研究所得的经验的提炼，MBA 都依赖于从其他人的经验中学习。

我们与世界各地的同事①合作，创立了"国际管理实践硕士"（IMPM）课程，这为随后采取的一系列举措奠定了基础。资料框先展示这些举措背后的前提假设，然后简要讨论了四种举措。所有这些举措都可以看成是自然的发展。

管理者不能在教室里创造，领导者就更不能了　如果管理是一种实践，那么就不能当作科学或专业进行教授。其实，管理根本不能教授。②自称可以教授的 MBA 和其他课程，结果往往会助长狂妄之风，造成毁灭性的后果。有些最优秀的管理者、领导者一天也没有在这样的教室里待过，然而不少最差劲的管理者、领导者却在那里乖乖地待了两年。③

管理从工作中学来，在各种经历和挑战中升华　不提前在教室里接受培训，就不能动手术或做会计。在管理中，情况必须相反。正如我们看到

---

① 英国的兰卡斯特大学，法国的欧洲工商管理学院，班加罗尔的印度管理学院和日本的一些同事。
② 在一篇被广为引用、题为《商学院如何迷失了道路》（"How Business Schools Lost Their Way"）的文章中，本尼斯和奥图尔问道："为什么没有更多的学者……把学生教成通才，并看到事物之间巨大的联系？"答案是因为这些事情不可教授。
③ 见《管理者而非 MBA》。其中有一份我和约瑟夫·兰佩尔做的研究报告。1990 年，一位长期在哈佛商学院工作的内部人员出版了商学院巨星榜，我们选取了巨星榜上 19 位非常有名的总经理，并横跨 10 余年持续跟踪他们的绩效。其中 10 位，一败涂地（公司破产、CEO 被炒、大合并失利等）；另外 4 位，即便是考虑最佳的情况，绩效记录也存在问题。只有 5 位似乎干得很好。

的，管理工作精细微妙、错综复杂、不断变化，在实践之前难以学习。因此，逻辑起点是确保管理者获得最佳体验。正如希尔和麦考尔两人指出的，第一项管理任务可能会很关键，因为这时的管理者"兴许最欢迎各种经历、最乐于学习基本技能"。此后，这种学习在良师益友的帮助下，通过各种颇具挑战性的任务㊀进行升华。

借助培训与发展课程，管理者可以单独思考经验，也能与同事一起思考经验，从而弄清经验的意义 教室是一个神奇的场所，可以提高管理实践者的理解力和其他能力，管理者在教室运用自身经验时尤其如此。

管理发展必须关乎献身：献身于工作、献身于他人、献身于目标，这是毫无疑问的，但同时还要献身于组织，再往远处说，要以一种负责的态度献身于社会中的有关社区。

如前所述，管理发展关乎经验意义的获取，这意味着，繁忙的管理者必须放慢脚步、退后一步、反复思考自身的经历。相应地，发展应当在管理者往返于管理活动和安静思考之间进行。他们可以离开工作参加正式课程，也可以只离开工作本身，比如说，不受打扰的午餐时间。我们发现，关键在于不管是哪种情况，管理者都会分成小组，围坐在圆桌旁分享经历。

管理发展的本质特征应该是，将学习带回工作场所，从而对组织产生影响 管理发展的一个主要问题是，它常常在隔离的情况下发生。管理者得到发展，甚或发生变化，只是又回到了原来的工作场所。管理发展也应关乎组织发展：管理团队应当驱动组织的变化。

管理发展需要根据管理本身的性质进行组织 例如，依照各种管理思维来组织管理发展。大多数管理教育和很多管理发展都是围绕企业职能进行组织的。就学习商务而言，这很好，但"营销＋财务＋会计≠管理"。另外，专注于企业职能相当于专注于分析。对管理者来说，分析固然是一种

㊀ 只要这些任务是实际存在的：考虑到"肤浅综合征"，有些公司每隔两年左右就会变换管理者，这种趋势看起来是不正常的。

重要的思维，但只是诸多思维中的一种。最易于教授的，不应当成为主要学习的。我们有太多精明的管理者。我们需要的管理者能够处理管理（其艺术和手艺）中可测的混沌，这突出显示了反思、练达、协作和行动的重要性。

所有这些都已编入我们开发的系列课程，资料框中有描述。琳达·希尔在她书的结尾处评论道：

这项研究表明，新任管理者应当认为自己加入了努力发展自我的行列。他们的任务是学习如何从在职学习中获益。这就要求管理者投身于持续学习、自我剖析和自我管理。过渡阶段足以令人畏惧，况且大多数组织很少提供帮助。

发展：从管理到组织到社会再到自我

20 世纪 90 年代中期，我们开始重新思考整个管理教育的问题，开发了一系列新课程，这里介绍其中 4 种。

IMPM：将管理发展纳入管理教育　1996 年，我们启动了"国际管理实践硕士"，希望企业教育向管理教育转变，并与管理发展结合起来。创建 IMPM，为的是帮助管理者在自己的组织中做得更好，而不是到其他单位找更好的工作。

MBA 是根据营销、财务、人力资源管理等企业职能进行教授的。而 IMPM 则是围绕管理思维而建立的，思考、分析、练达、协作、行动 5 种思维，每种思维一个课程单元，为期 16 个月。这些课程单元分别在英国、加拿大、印度、日本、韩国和法国举行。管理实践者受各自组织的派遣，以小组为最佳，他们往来于这些课程单元和自己的工作。

管理者分成小组围坐在圆桌旁,分享着自己对经历的思考,并从中相互学习。有时候,他们会加入"能力分享"——分享如何实践某些能力(比如建立关系网或者在繁忙的工作中思考)的经历,从而提高对自己实践的认识。另外,他们还做"管理交换",结对后,互相在对方的工作场所待几天,提高自己的练达。⊖

ALP:将组织发展与管理发展结合起来　所谓的高级管理课程通常只是传统 MBA 的简短复制:它们使用相同的案例、相同的理论,根据企业职能进行组织,然后管理者成排坐下听课。

我们的高级领导课程 ALP-IMPM 让 IMPM 学习更向前推进一步。这里很多公司订的是"桌子"合同,而非"椅子"合同;他们每组 6 人、分组派遣管理者,每个小组负责解决自己公司的一个关键问题。在为期 6 个月、每个单元 1 周的 3 个课程单元中,各个小组互相解决其他小组的问题,我们称这一过程为"友好咨询",目的是回来影响自己的公司。我们的感受是,无论是做顾问还是当小组成员,管理者都沉浸其中,以求推动公司的重大变化。

IMHL:加入社会发展　我们的第三种课程是"国际卫生领导硕士",它模仿了 IMPM,但主要针对大多数有临床背景的管理实践者,他们来自世界各地卫生保健的各个部门。

该课程采用了 ALP 的"友好咨询",但加入了社会发展。班上的管理者除了提出自身工作和自己所在组织的相关问题外,

⊖ 这一课程的副产品,除了这里讨论的,还有麦吉尔-HEC EMBA 课程和 EMBA 圆桌。前者大部分沿用了这一设计,也让参与的管理者讨论与自己组织相关的商业问题;至于后者,来自世界各地的参加不同 EMBA 课程的学员聚到一起,来一次为期一周的 IMPM 式体验。

还延伸到更广泛的社区卫生保健问题。他们把课堂当作智囊团，将这些问题进一步向前推进。例如，有一个小组来自魁北克，他们讨论了公共卫生部门权力下放的问题，得出结论后，他们给一个主要的公共事务委员会举办了一次讲座。委员会要求了解更多的情况，因而受邀加入我们的课堂。几周后，他们就与班级成员围在桌子旁边进行"友好咨询"了。另外一组来自乌干达，他们将课堂教学法搬回去，运用在有来自7个非洲国家的60位管理者参加的卫生保健管理者会议上。

自我训练：全部回归自我发展 一家高科技公司的工程主任很自然地实现了这些早期举措。他需要发展自己的管理者，但没有专项资金，听说我们在这些课程中都做了些什么之后，便独自照样学习。小组每隔一两周就在午餐时举行非正式会面，思考自己的经验，他们还使用IMPM和ALP项目的一些材料，激发他们的讨论热情。这样持续了两年，有些最初的小组成员后来建立了自己的小组。

他们的成功促使我们建立"www.Coaching Ourselves.com"，其他组织的管理者小组从而也能参加这种自我指导式的学习。这些小组下载各种话题，比如"应对管理压力"或"对话时间"，然后召开非正式会议，用75分钟左右的时间讨论各个话题。在这一过程中，各个小组结成团队，提高了他们的集体感，推动了组织的变化。目前，有些组织正在向中层管理人员推广，以求促进改变。

重复希尔的话说，当管理者认识到，他们不仅仅是变化的目标，也可以是变化的动因时，管理就不那么令人畏惧了。这里描述的一系列举措旨在实现希尔的号召：管理者负有自我发展的责任。

再说一遍，管理不能教授给任何人，也不能由任何人教授，不管是教师，还是培训和发展专家，或者是正式的教练，甚至管理者自己的管理者，都不能教授。管理者得靠自己的努力来学习。我们已经看到，课堂极大地方便了这种学习。但我们也知道，当管理者思考自身经历，互相学习，一起推动组织和社会进步时，这种发生在工作中的学习能产生更强大的力量。我们从自身的经历得到的启示是，**参与的管理者献身于发展自我、发展机构、发展社会，没有比这更强大或更自然的事了。**

自然管理

如果管理发展可以变得更自然，那么管理本身当然就有希望变得更自然。

什么物种失控了

我们人类大概从穴居时代起就开始成群结队了。你要是愿意的话，也可说结成团体，我们从洞穴中走出来狩猎和采集，或者抗击在我们的地盘上狩猎和采集的其他人。我们的组织方式极有可能像今天鹅的组织方式：最强壮的成员领头，当另一个成员变得更为强壮时，领头成员便让位。这并不是说领导力、领袖气质、授权、管理之类的就不存在了，只是说它们以一种自然的方式逐渐融入社会进程罢了。那时的人类是幸运的，没有浩如烟海的图书对这些东西进行美化，因为享受不到这些图书带来的"好处"，就只需继续前进。

我们能享受这样的"好处"，所以总是不能持续前进。我们就像第 5 章开篇引述中的蜈蚣，躺在沟里心烦意乱，冥思苦想到底该怎么走路。

时过境迁，我们人类越来越有组织性，但兴许也越来越任性。我想，最开始有部落领导，他们英勇善战最能打击敌人，但有些领导最后反过来恐吓自己的追随者。过了几千年，这些领导演化成族长、君王、神父、法老、恺撒、皇帝、国王、女王、幕府将军、沙皇、土邦主、酋长、苏丹、总督、独裁者、暴君、首相、总统，而管理者、负责人、经理、老板、寡头、首席执行官、首席运营官、首席财务官、首席联络官就更不必说了。

难道这些称号没有告诉我们什么吗，即我们就是那失控的物种？前面我提到了班夫国家公园，公园的戈德·欧文提到过"熊堵：由熊引起的交通堵塞"。一只熊下山缓缓走到高速公路上，游客停下来，更有甚者下车拍照，而卡车司机却气得七窍生烟。在公园中，他们称为"管理自然环境"。但这种说法很矛盾：几千年来，没有我们的"管理"，这种环境自我管理得非常好。现在，竟有了"熊管理计划"！

想想管理和领导在我们看来是"自然的"环境中都变成了什么。我们把"领导"放在宝座上，让简单的事物变得复杂。这一过程破坏了古老而朴素的管理：把人变成人力资源；糊弄我们，让我们相信管理是一门专业，假称我们可以在教室创造管理者；编制熊管理计划，但我们人类却互相攻击，只为争夺自封的自然世界"管理"大权。

如果你真想了解管理，那么最好脚踏实地。这里，赤鹿在镇上觅食，货车司机在与游客交战。然后，你可以"向上"回到令我们如此着迷的抽象管理概念——那里的人收入更高，表面上是因为他们做的工作更重要，但实际上也许是因为他们得去应付更多的荒唐之事，而这些荒唐之事有不少是由他们自己正式化的系统强加的。说是能熟练处理这些复杂的问题，实际上也许只是失控物种的概念障眼法，他们对自己的自然环境感到陌生。熊非常清楚，真正的问题乃是"人堵"。

什么是自然管理

难道我们人类还不该从梦中醒来，摆脱对领导力的幼稚迷恋吗？难道我们就不能像蜂房里的蜜蜂一样明白事理吗？**不把我们的组织看成神秘的权威层级，而是人人参与、互相尊敬的团体，还有什么比这更自然的呢？**当然，我们需要人去协调我们的部分努力，在复杂的社会系统中提供一丝方向感，并帮助那些只想干好有用工作的人。但这些都是与我们一道工作的管理者，不是统治我们的管理者。

管理是一种非常实际、脚踏实地的活动。管理没有深刻的真理可供发掘，怎样管理也没有隐藏的秘密可供揭露。管理是非常简单的活动，涉及人事和资源的整合，从而生产产品、提供服务……启示是，轻松点儿，幽默、活泼、机警些吧。

理查德·博亚齐斯写道，"在自然生活中，似乎并不存在管理意象、管理隐喻或是管理模型"，因而"管理是一种不自然的行为，至少当个管理者没有什么指南可言"。一开始我就赞同，当管理者没有什么指南可言，并且管理当然要比领导一群鹅或排出某种化学物质使整窝蜜蜂团结一致复杂得多——就算不在体力上，在智力和社会经历上也要复杂得多。

但我相信，管理完全是一种自然的行为，是我们让管理脱离自然环境，看不清管理的本来面目，从而使管理变得不自然。

假如管理和领导都是自然行为，那么我们千方百计设法寻找，甚至创造伟大的管理者和领导者岂不是浪费时间吗？或许我们应该明白，正常的人虽有缺陷，但只要在其岗位上不致命，就能很好地管理和领导，就能取得很大的成功。用更有力的话说就是，**要成为一个成功的管理者，甚至我敢说成为一个伟大的领导者，你不必精彩绝伦，只要情绪健康、头脑清楚即可**。至少，这是我在 29 位管理者身上观察到的。

当然，有些人非常另类，比如说自恋者，他们一度成功过，特别是在困境中成功过。但是，只要你告诉我其中一个，我就会告诉你很多个惨败的，尽管他们首先战胜了困境。

试想，如果我们简单地认为好的管理者是普通而自然的领导者，他们在正确的位置上，不受 MBA 培训及一切"领导力"宣传的污染，会怎样？现代管理学之父德鲁克说得很简单："倘若一个机构需要天才或超人来管理，就不可能存续下去。领导层由普通人组成，机构必须这样组织，才能在领导层的带领下前进。"

仔细想想安徒生童话故事里那个宣布皇帝没有穿衣服的小女孩吧。她应当被称为伟大的领导者。为什么是她？是她特别有见解、还是她特别勇敢？也许她只是做了最自然的事情罢了，不像周围的那些人（包括皇帝）。

怎样才能达到这种自然领导呢？正如彼得·德鲁克所说，我们可以从停止组建依赖于英雄式领导的组织开始。难怪我们无法绕过这些组织：一个英雄失败了，我们便万分紧张地去寻找另一个英雄。其间，学校、医院、政府、企业等组织却在艰难地移动。**过于抬高领导层，我们就贬低了其他人。我们创造了一批又一批的追随者，迫使他们执行任务，却不充分利用人的自然习性来进行团体协作。从这个角度讲，有效管理可以看成是互相参与、互相联络、互相支持。**

我们还对社会中的民主吹嘘不已，但民主也极度依赖领导力。我们很多时间都在组织中度过，组织对我们的一生产生了巨大的影响。但在组织中，我们甚至连民主都没有。今天即便是团体，也少有民主。通常，我们有的是专制，并且专制也正在渗入我们的政府。

因此，我宁愿相信，本书主题直击我们今日生活之要害——我们生活得越来越"有组织性"。我们需要重新思考管理、组织、领导力和团体精神，承认它们可以多么简单、多么自然、多么健康。

附录

管理 8 日谈

  观察员：某某先生，我们已经简要地讨论了贵组织及其经营方式。现在可否请您谈谈您都做些什么工作？

  经理：我做些什么工作？

  观察员：对。

  经理：这不好说。

  观察员：您还是说说吧。

  经理：我做总裁，自然要负责很多事情。

  观察员：对，这我明白。但到底要做些什么呢？

  经理：嗯，我必须保证一切工作都正常进行。

  观察员：能否举个例子？

  经理：我必须保证我们的财务处于良好的状况。

  观察员：但具体做些什么呢？

  经理：嗯，这很难说。

  观察员：那我们换个方式吧。您昨天都做了些什么？

  如正文所述，我对 29 位管理者每人观察一天，详细记录下发生了什么（以及讨论了什么）和我对这些记录的理论诠释。本附录展示了其中 8 天的记述，（这部分内容）一方面支撑本书对此材料的使用，另一方面则阐述丰富多彩的管理现实。

在展示 8 天记述之前，我有必要简单地说一下这 8 天背后的研究。

选择研究的管理者

一开始，我就尽量使研究的管理者来自不同的部门、不同规模的组织、不同的层级以及某种程度上不同的地点。在这些可选标准中，我抓住了一切可能的机会。管理者众多，所在地点各异，因此纵使我完全可以弄清楚科学样本的意义，我也没法装模作样，设计出个科学样本来。不管怎样，我本意不在检验假说是否正确，不在证明事物是否科学，只求在各种各样的管理中获得真知灼见。

有些时候，我从熟人着手：银行家朋友（大学时我坐过他的位置），负责广播电台的朋友，开零售连锁店的亲戚，等等。此外，我找了一些人帮我安排要观察的管理者，比如在绿色和平组织，英国国家卫生局，加拿大政府等单位工作的管理人员。另外，我还想对参加"管理实践硕士"新课程的这些人有所了解。因此，在开始前，我先观察了其中两位（有一位未能参加课程，但我观察了另一位上过课的学员，算作弥补。然后，在后者管理的难民营中，我又碰到了一位，并对其进行观察，此人后来参加了课程）。

这些个人关系是否会影响我的观察或诠释？我的本意是观看管理实践，所以，我认为不会有影响。在实际的观察中，我更容易看到管理者在实践中展现的积极面，更有可能受到所有这些管理者的影响。

选择研究的时间

如何在管理者的生活中挑选典型的一天？算了吧。一方面，观察员可能别无选择，只能接受适合双方日程的时间，观察当天，管理者得没有敏感的会议，也没有出差。例如，有一次，我希望对加拿大公园的一位区域管理员，以及她的下属（一位公园管理员，还有这位公园管理员的下属）前郡管理员进行观察。连续 3 天对他们进行观察，本来是合情合理的。不过，我还是预先和他们的助理检查了日程安排，争取找到那么一天让我能接触到较为丰富的活动。

管理者生涯中的一天算什么？肯定算不了什么。一周也好不到哪里去；就算是一年，也不够去深入了解战略家的思想。我追求的并不是究竟选哪一天，我也不打算用精确的术语来描述这些管理者中的任何一位。如前，我努力追求的，只是对管理的感悟，对某些管理实践的一瞥。但是我希望您会同意，将这 29 天简短的观察汇集起来，就是大量管理实践的实证。况且这 29 天的时间累积起来也比较可观。

观察那天我干了些什么

这一天的大部分时间，我都在观察并记录所见所闻和自己的看法。我跟着管理者四处走动，时而旁观，时而参与。这并非什么新奇的研究方法，但确实达到了目的。1973 年，我出版了我对管理工作的首次研究，我现在做的研究跟那时如出一辙。只是在以前的研究中，我非常详细地记录了时间及其他各种因素，比如使用的媒介和进行的联系，为的是列表说明管理者是如何分配时间的。那时，我观察了 5 位管理者，每人一周时间。

很多时候，我会检查管理者的日程，看看他们能不能抽出更长的时间（一周或一个月），以便我从更广泛的意义上了解管理工作，探究观察当天未能呈现出来的日常活动。有时候，我会提前与助理商量；有时候，我会在一天的休息期间（比如没有任何会议的午餐或本地旅行期间）和管理者本人协商。此外，我还利用空当问些问题，弄清事实，探究问题，了解管理者对管理工作乃至管理的看法。我没有将问题事先列好，只是临场发挥，问问有趣的问题，这样会使谈话非常有效果。

我的出现是否影响我的所见所闻　当然影响了。这虽然不是物理学，但"海森堡测不准原理"照样适用。我再说一遍，我到那里不是寻找实际证据，而是觅求真知灼见。所以，我认为即便我的出现会产生影响，影响也微不足道，绝不会干扰我的基本目的。

事实上，有一次，我的出现还起了很大的作用。知道日程安排以后，加拿大皇家银行首席执行官约翰·克莱格霍恩的助理预先安排好日期，将各种活动排在一起，使之成为"典型"的一天。很难有典型的一天吧？活动很典型，但组合在一起就不见得典型了。（但是，如第 2 章所述，你能给我找出管理活动遵从某种典型秩序的一天来吗？）其实，我对约翰那天所做的理论诠释就借此来探究典型在管理者工作中的意义是什么。

我对数据做了什么

正如前面所说，我沉思过、默想过：不管每天如何到来，我都设法充分利用每一天，把每一天发生的事情当作考虑、思考、深思、想象管理问题的途径。

白天，我会记下所有的事件。有一次，速记本上竟记了 40 页；其他时候记得也不短。当天观察完后，我以一开始提到的两种方式详细写出。首先，我按时间顺序，尽可能详尽地记述当天发生的事情，然后加以诠释。有些时候，两天或三天（比如加拿大公园的那 3 位管理者）连在一起。这些诠释主要说明当天或几天我在管理方面的启示。我把相当多的工作都放在了这上面——很多情况下，一天的观察，至少需要一周的工夫来诠释。

只要情况允许，我就尽量让每天或几天的记述来说话。比如说，我发现，朴素旧式的例外管理法在混沌的世界中，有时会变得非常新潮；我还发现，政府的实际政治活动不是源于高层的资本讨论，而更可能会发生在基层，就在这里，卡车司机和旅客在公园公路上相遇。我不求一致，但求真知，所以每份报告各有各的特色。

一般读者，可对特别感兴趣的某天汇报进行探究；学习管理过程的学生，可把这些汇报当作管理之日所发生的示例或"案例"；研究人员可将这些汇报用作进一步研究的数据。再次通读完这些记述后，我意识到，它们可以成为多么丰富的数据库——数据库中我尚未开始挖掘的有许多。

我把这些记述和诠释用在全书中，进而提出并说明管理的要点。在本附录中，我只展示了 8 天的记述，让您对各种各样的管理本身有所体验，也对我的研究有个了解。

这 8 天的选择并不容易。除了这项研究头几天较短的记述，我还想囊括所有的记述。但为了使附录长度便于管理，我作了筛选，使其涵盖管理所发生的不同的管理层、不同的领域、不同的地点、不同的组织。当然，我还设法挑选这几天最有意思的事情，还有它们的背景。尽管如此，有些人，有些时候，可能会对有些逐分逐秒的记述感到疲倦（因为这也是管理）。我不建议一口气全部读完。不过我确信，很多人都会为这几天所揭示的管理本质和管理的多样性所吸引。

隐性领导

布拉姆韦尔·托维：维尼佩格交响乐团指挥（1996 年 4 月 14 日）

为何人们把管理者比作乐团指挥？不妨身临其境，对交响乐团指挥来个实地观察，结果，控制、领导、结构、权力、层级等种种管理神话便不言而喻，而比喻本身就更不用说了（正如本书正文所讨论的）。

在加拿大广播电台对布拉姆韦尔·托维的一次采访中，我听到他的声音异常清晰可辨，我便写信询问，看他是否愿意让我对他观察一天。8个月后，布拉姆韦尔热情地给了我答复。两年后，我进行了观察。紧接着第二天是一个公众论坛，我们两个分享了对"管理的乐章"的看法。晚上接着又是一场音乐会。

布拉姆韦尔开车到旅馆来接我。5分钟后，我们到达音乐厅。在停车场，布拉姆韦尔受到服务生的笑脸相迎，这反映出当天布拉姆韦尔流露出的热情。我们走进一间间又黑又空的行政办公室（不过几分钟后便热闹了起来），然后沿着走廊走到尽头，这是一间没有窗户的小办公室。"其实我不在这间办公室工作，"布拉姆韦尔谈到自己钟爱的家庭办公室时说道。

据布拉姆韦尔描述，他的工作包括：选节目、挑选特约艺术家、配备乐团人员、安排演奏位置（在工会的约束下）、排练和指挥、筹集资金、处理销售和公共关系等工作。

布拉姆韦尔（正式称谓是艺术总监）解释说，乐团的行政和财务由执行总监马克斯·塔珀负责，他们两人一起管理乐团。正如布拉姆韦尔所说和我当日所见，他们二人的关系非常协调，**富有建设性**。

马克斯9:05到，议论了一下本月晚些时候的"查尔斯王子莅临本镇就餐"事宜。然后，他们开始讨论乐队安排。不一会儿，马克斯离开。布拉姆韦尔继续谈论他的工作。"最难的部分，"他说，"是排练，而不是演出。"我顺便说道，自己以前读到过，乐师以独奏者接受训练，最后却发现自己要服从大乐团的命令。布拉姆韦尔补充道："你必须服从作曲家。当个演奏者不过是另一种服从罢了。"

领导，对布拉姆韦尔来说，显然是件棘手的差事。我们就这点谈论过许多次，领导让他烦恼不已。布拉姆韦尔点明了很多演奏者的资质，有的在茱莉亚学院受过训练，有的则在柯蒂斯音乐学院受过训练，还有的拿过博士学位，不一而足。他道出，自己在这些水平相同的人中当领导，感到不适。他认为"我把自己当作踢着足球的足球教练"，把排练称为"战场！""有些时候，我不得不非常粗鲁地施加点权威……不过我始终弄不明白，我为什么要这样做。"最明显的也许是布拉姆韦尔对整个领导问题的总结："我们从不谈论'这层关系'。"

9:30，两位女士前来讨论晚上的大事——圣博尼费斯医院颁奖晚宴。著名男高音何塞·卡雷拉斯要乘飞机过来领奖，所以请求布拉姆韦尔帮忙安排。他们讨论了大厅的布置，然后是三首国歌的演奏。对此，布拉姆韦尔还自愿安排了一首弦乐四重奏曲和一个唱诗班（他低声哼唱着《星条旗永不落》的旋律，有个女士回应说："太恐怖了！"）。

关于将要演奏的音乐，布拉姆韦尔满脑子都是想法和建议，"我们应当演奏安德鲁·劳埃德·韦伯的歌曲《永远的朋友》；非常合适……我可以给你安排"，另外，"噢，别用预录的音乐。用你的弦乐四重奏"。详细讨论完晚上的一系列事情后，布拉姆韦尔最后说："我看，你们干得都不错。"然后，她们笑了。"我一会儿要跟特蕾西谈话，还要跟米利谈话，我周末做，星期一给你们打电话。"两位女士在 9:47 离开。

布拉姆韦尔的私人助理克里·金走了进来。他们安排了午饭，是三明治，因为排练期间只有很短的时间。然后他们讨论了一些日程的安排。之后，他们要开始排练了。现在办公室到处都是进进出出的人，有些在跟布拉姆韦尔打招呼。布拉姆韦尔向我介绍了音乐总监和她的助理——"我的左膀右臂"。我们经过舞台，走到布拉姆韦尔称之为"我的房间"的地方更衣，房间里除了一个长沙发、一个化妆台和一个独立浴室外，再无其他。我退到前面的大厅，在 2222 个红色鹅绒空座位中，找个位子坐下。而此时，大约有 70 个乐师，他们一边说话一边调整乐器。

几分钟后，布拉姆韦尔到场，经过时跟某个人打了个招呼。除了某些弦乐，一切声音渐渐息弱。布拉姆韦尔登上高椅，拿出指挥棒，这时，声音完全停止。"早上好。我想从兴德米特㊀开始，"他说得很简短，不像台

㊀ 兴德米特（Hindemith），德国作曲家。——译者注

下的风格（这首交响乐是《画家马蒂斯》，曾因其颠覆性而遭到纳粹分子的查禁）。

指挥棒举起后，70位乐师顿时化作一体开始演奏。刹那间，一切整整齐齐，如此之快，只有几秒钟，真是令人震撼。无论何时，他们一样可以迅速停下。开始、停下，开始、停下，不断重复。凡是痴迷于管理权力的人都会发现，这种对合奏的绝对控制绝对令人震撼。

布拉姆韦尔用巨大的热情进行指挥，用强烈的感情投入表演。当他要求变换强调、重音时，便发出"吧吧""泼泼啪啪砰"的音调。偶尔会有人提意见。大约15分钟后，布拉姆韦尔走下高椅，跟几个中提琴手聊了聊，检查了一下他们的乐谱，然后继续排练。整个过程穿插着布拉姆韦尔的意见，有时针对某个乐组，有时针对整个乐团，例如"再多一点儿重降B音""再多一点儿渐强音"。同时，偶尔还有乐师的意见和一些讨论。但总的来说，指挥在这里一直显得非常正式。

布拉姆韦尔一开始就建议我提前弄点音乐听听，这样我的耳朵才会适应排练。兴德米特的那支曲子，我在家放过好几遍，喜爱程度并不因熟悉程度的增加而减少。但在这里，随着音乐的渐渐响起，并在空荡的大厅达到高潮，指挥站在那里，手臂伸展着（但不夸张），我完全被其震撼了，尤其是被兴德米特这首乐曲的美感震撼了！

11:20，布拉姆韦尔宣布休息25分钟。随后，马克斯走了过来，他刚才一定是在舞台侧面听着的。他们聊了聊时间安排，谈了谈各个演奏者。然后，布拉姆韦尔退出舞台，走进房间，在这里，我们又讨论了些其他事情。

布拉姆韦尔说，他不能在私人聚会上跟演奏者交流，议程简直太多了。他补充说，当初在音乐家的请求下接管乐团后，好几年了，几乎都没有人事变动。他必须减掉5个演奏者，这对他来说，显然很伤脑筋。由于强大的北美工会的反对，尽管维尼佩格基层工会支持他在合同约定下的举动，但这实施起来并不容易。

排练期间,布拉姆韦尔对我说,意见必须针对乐组提出,很少针对个人。其实,在某些工会合同中(不是维尼佩格的),针对个人提意见是严格禁止的。但是,"如果有人一年有两三次都不能心领神会",就会针对个人提意见了。自从古典时代以来,指挥已经有了显著的变化,布拉姆韦尔说。应当补充的是,指挥这一工作并不十分古老,大约只有一个半世纪。在此之前,乐团只有一个成员担当"打拍者"的角色。在布拉姆韦尔看来,尽管打拍者有其他好处,但这不利于协调一致。交响乐团显然不是爵士四重奏;它拥有如此众多的演奏者,当然需要有人来领导。⊖

在大厅里又聊了一会儿,正好 25 分钟(工会合同规定的休息时间,总排练时间也有规定),然后布拉姆韦尔回到高椅上宣布:"斯特拉文斯基⊜!"(《仙女之吻:嬉游曲》)排练再度开始。这跟以前差不多一样,但中断少了。布拉姆韦尔后来说,兴德米特这支曲子的开头部分特别难。

当时,有些东西听起来很糟糕。人人都往上看,随后布拉姆韦尔跟有些人一样开玩笑地提出意见,然后他们继续排练。后来,布拉姆韦尔对左后方的小提琴手说:"重音再长些。"不一会儿,首席小提琴手站了起来,转过身说:"你应该听不到每个人的声音,但我听到了有些人的声音,应该是非常柔和、非常快的。"

"午饭后我们继续。"他们 12:30 整停下来。但对布拉姆韦尔来说,没有午饭可言。他在跟首席小提琴手聊,很快,朱迪思·福斯特又加入进来。朱迪思·福斯特会在接下来两个晚上演出,表演歌剧独唱。12:40,她和布拉姆韦尔进入另一个房间,房间很大而且很空,只有一架大钢琴。布拉姆韦尔坐下来弹奏,而朱迪思·福斯特在排练那两首歌剧。中间穿插着讨论,

---

⊖ 费里尼(Fellini)拍了一部电影,名叫《乐队排练》(*Prova d'Orchestra*)。在电影中,乐师同指挥打了起来,制造了混乱,最后,当乐师意识到要创造美妙的音乐就需要指挥时,才向指挥让步。

⊜ 斯特拉文斯基(Stravinsky),作曲家,出生于俄国,后移民法国和美国。——译者注

大都是关于停顿、节奏、同步的时间掌握的，这样，布拉姆韦尔才能根据她的表演来指挥。其间布拉姆韦尔说了一声"好极了"，1:07 讨论结束，朱迪思·福斯特说："这是我最喜爱的乐曲之一！"然后，他们讨论了一会儿其他人和某些音乐问题。接着，布拉姆韦尔直接进入 1:30 的排练。这里，整个乐团只重复了这两首歌剧的歌唱部分，其余部分几乎直接通过。排练完每首歌曲后，音乐家都会跺脚表示称赞。

下一个停顿是在 2:25，克里过来见布拉姆韦尔，简短地询问了一下日程安排。布拉姆韦尔的妻儿在他的房间里等着见他。在这里，布拉姆韦尔终于把午饭吃了，至少是吃了一部分。3 点钟，乐团继续排练。大约半小时后，布拉姆韦尔提了个当天很特别的意见："打起精神来，各位，你们都快睡着了。你们还得继续。现在还不够好。"后来，布拉姆韦尔说，这样做非常管用。要不然，就得"发点儿假火，但要总是这样，难免会打扰别人"。这里的关键是"态度"和"隐性领导"，布拉姆韦尔解释说。害怕受到指挥的斥责有着非常强大的力量——"乐器是他们灵魂的延伸！"

3:59，在一声"谢谢，明天见"中，大家都停了下来。我们回到布拉姆韦尔的办公室。马克斯顺便进来讨论各种事情，包括当天的晚会。4:30，托维一家离开办公室回家，我在后面跟着，他们邀请我喝茶。

在他家里，我们有机会看看布拉姆韦尔的日记，进而对其他的一些活动有个了解。例如，接见对合同有异议的演奏者；会见《彼得与狼》的讲述者；试听小提琴手，他的老师希望我给他提点建议；做演讲，介绍 21 世纪的文化中心维尼佩格；花 7 个小时听 27 个长号手吹奏，目的是招聘一个长号手。

下午 7:00，我们前往乐团最大的赞助者鲍勃·科兹明斯基夫妇家，他们正在举办"大师交流会"，大概有 50 人参加。这里，"大师"跟乐团赞助者交流，发表简短讲话，然后在钢琴旁边娱乐，而朱迪思·福斯特在演唱一段轻歌剧。

混合式管理

法碧恩·拉沃伊：犹太人总医院西北第四分院护士长（1993年2月24日于蒙特利尔）

医院病房的管理者混合了大量的领导角色、沟通角色和部分联络角色（很少需要控制角色）；病房里的一切都热闹非凡、紧张激烈——从早到晚，她一直站着。

"通过控制过程，我们可以阻止管理者突然爱上他们的差事。"英国一家大型公司的规划经理如此断言。幸好，此人对法碧恩·拉沃伊没有什么影响，因为法碧恩·拉沃伊已经爱上她的差事，即护理工作。用她的话说，这是她的"爱好而非专业"。法碧恩负责蒙特利尔犹太人总医院西北第四分院这一手术单位（术前术后护理）。

法碧恩建议我早上 7:30 过来，但我到时，她已经在那里了（她是 7:20 到的）。下午 5:10 左右，法碧恩说她累了，过会儿就会离开。这时，我们坐了下来，聊了聊当天的事情。6:00，我离开时，法碧恩说她要和助理一起去讨论一些事情。第二天，法碧恩告诉我，那天她是 6:45 离开的。这样算来，法碧恩一共工作了 11 个半小时。不过，这比前一天要好，法碧恩说，她忙着处理某个护士的个人问题，7 点钟才走。

这样长时间的工作，一方面反映了法碧恩的心理倾向，另一方面也是她有意识的选择。病房配备的 31 个护士要昼夜不停地向法碧恩汇报工作，另外还有 7 个勤杂工和 3 个接待员也要向她汇报工作。法碧恩养成了早到的习惯，以便跟夜班护士互相交流。晚班护士也是一样，她们下午 3:30 到，减轻了法碧恩后面的文书工作。

那天，法碧恩的有些活动是安排好的，不过她大都在场，似乎在收集护士站所发生的一切。在活动的空闲时间里，法碧恩还要分配行政责任，比如护理任务安排。从我到医院的那一刻开始，模式、节奏、风格就显而易见。法碧恩处在一切的中央，人和活动全都环绕在她的周围。法碧恩来回走动，主要是在室内。要把所有的互动都记录下来，几乎是不可能的，因为大多数互动，尤其是上午的那些互动，只有几秒钟。一会儿这儿一个意见，一会儿那儿一个问题，随后又有个请求。这边的问题变成了那边的答案，人员调配、特定病员配药、病员手术及出院安排等，仿佛一切都在同时涌动。

这时，房间里主要都是护士，或是专心工作，或是轮班重叠，而医生则进进出出，时间更短、更随意，他们进来或是聊聊或是了解（手术室主要工作之前或之后的）情况。所有这些小组都由可以说忙个不停的法碧恩来协调，节奏够火热，但不狂热。

这一分钟，法碧恩在跟外科医师讨论敷料；下一分钟，她在给病人办理医院就诊卡；接着，她重新安排了值班表，并在文件架中查找护士信息；之后，她走出房间，跟接待的人聊了几句；然后，她从大厅走到"发烧"病人的病房，其间，还给晚班护士打了几个电话，看看谁能填补当天空缺。法碧恩给一号病房配药，然后，外面有个电话找她，接着，她跟亲戚谈论某个病人的独特疗法。所有这些只在短短几分钟内发生。就像法碧恩谈到自己时所说的，这个地方"需要了解交通并能指挥交通的人"。接下来半个小时，发生的事情大同小异，之后，节奏开始放缓（相对而言）。

这时，法碧恩的活动宽松了些，持续的时间也更长了些。不久，房间里只有5个人了。法碧恩走进药物治疗室，做了点工作，和护士一起坐下来探讨某个病人的心理问题，给"受到某人打击"的接待员提供建议，询问医生是否"还在接待"甲先生，然后进去跟几个病人打招呼，特别是即将动手术的病人。整个过程，法碧恩的风格都是直截了当，温暖热情，而不感情用事。事情发生得很快，但并不让人感到仓促。

8:30，有9个护士在某个房间集合，然后开始她们的每日会议，汇报不同病人的情况。会议很系统、很完整，内容涉及病情、药物、特殊问题、家庭情况、出院计划等。法碧恩带头讨论（有时简要地看看自己的记录），问些问题，并不时提点建议，有时候还自愿提供帮助。每个护士腿上都放着一张纸，在讨论自己的病员时，可提供参考。㊀不过信息分享却十分充分，经常多达3个护士在讨论一个病人，有时还有法碧恩。

9:10，会议突然结束，大家立即离开。法碧恩作为护士代表之一要参加医院9点到10:30的药学委员会会议，但是后来会议取消了，因此法碧恩发现自己有了90分钟的意外空闲时间。我真想看看法碧恩会怎样打发这段时间。不过，一会儿跟护士一起喝咖啡休息，接着又去处理护士站周围常常发生的事情，90分钟照样很快、很自然地就过去了。

11:00，法碧恩悄悄走进医院的圆形剧场。这里正在举办"护理交流"，每周都有发言。其间，与法碧恩很熟的一个护士正在讨论一项新程序。有50名护士或护理管理者和一名医生出席护理交流。护理交流于11:30结束。联系了几个人后，法碧恩同外科主任及住院医生和医科学生一起查房。法碧恩只和这位外科主任一起查房，她说他是医院的高级医师，早就习惯了这一常规。查房大约用了15分钟，然后法碧恩回到办公室，做了些文书工作，向我解释了预算编制程序。

法碧恩一年要编制13次预算，除此之外还要负责单位成本的控制，所以成本控制的压力和病人护理的压力正好在这里交汇。法碧恩向我展示了她亲自编制的程序，包括她设计并打印出来的一张表格，和她修订的一张医院主要汇报表格，修订后更能符合她的需要。同时，法碧恩还在准备下周的护理交流，她要讨论的是新政府立法对护理职责的影响。

"我得去参加医务执行委员会会议，这要花掉大约3个小时"。法碧恩说。在此期间，事情的进展跟上午我在护士站看到的大体相同。不同的是，在护士的强烈要求下，法碧恩同意安排某个病人出院，包括给地方社区保

㊀ 当天我碰到的护士全是女护士，但碰到的医生只有一个是女医生，其余都是男医生。

健中心打电话讨论家访事宜。法碧恩说，她很少做这种事情，这回是两个月来的第一次家访。接下来还是老样子，法碧恩后来和主管晚班的护士一起探讨了病人的情况。与此同时，护士断断续续走进来，也略微听到了一些她们的讨论。房间再次满了，这回手术室外有了更多的外科医师，有两次达到了 16 人。

4:00 多，房间安静了下来。法碧恩开始做文书工作（但在这特殊的一天，果不其然，她更多的是在跟我谈论这项工作）。我问法碧恩在医院外界都跟谁有联系时（除了社区保健中心以外），她提到了康复医院（也是关于病人出院的）、病人家属、犹太救援团体、偶尔还有实习护士和销售人员。但法碧恩也说到"不要为整个公关事务而发狂"，她还认为离开第四分院不是太远时的一天就是"不错的一天"。

我 6:00 左右离开，因为法碧恩说她要走，尽管她又花了 45 分钟和助理一起探讨若干事情。

"典型"的一天

约翰·E. 克莱格霍恩：加拿大皇家银行首席执行官（1997 年 8 月 12 日于蒙特利尔）

大银行的行政总裁非常关注细枝末节，他们的注意力高度集中，并且时时刻刻以人为本。思考这样的一天，真是令人百感交集。这是监督大机构并制定其战略的一种方式吗？答案很可能是肯定的。

约翰·克莱格霍恩于 1974 年加入加拿大最大的银行——加拿大皇家银行（RBC），1994 年出任首席执行官。在我进行这项研究的当年，银行发布了创纪录的 17 亿美元的利润报告（这对于加拿大历史上的任何公司来说都是创纪录的），该银行拥有 51 000 名员工。

观察日程安排经过两次取消后，约翰的行政助理黛比·麦基本提前大半年安排好了日期，设法使其"典型"。这一天将在皇家银行官方总部所在地蒙特利尔度过，不过银行主要的核心业务几年前都搬到了多伦多。

我和约翰上午9点在市中心某个购物中心里面的皇家银行分行门口碰面。这是魁北克省提供全面服务（经纪、信托，以及零售、商业等银行业务）的21家定点分行之一。约翰本想检查一下正门入口处的标志，但看到地区经理鲍勃·沃森出现后，便直接进入分行。约翰被介绍给所有等候的经理，然后他趁机向坐在旁边的接待员介绍自己。"最后一次整修是在什么时候？"约翰问某个人，得知答案后，约翰回答说，"好，我顺便过来，我还以为是在圣诞期间。"

约翰问了很多具体问题（比如安装在某间办公室上的门），貌似他对各种细节都知晓，真是令人吃惊。之后，分行之旅便开始了。稍后，约翰说："你知道什么东西看起来不爽吗？你们楼下的商标都被盖住了。每次经过时，我都快气炸了。为什么不取下来？"鲍勃回答说："没必要，现在没有了！"约翰坚持要见每个人，并问了他们来银行多久了。有个接待员回答说7年，约翰说："这很重要，你有机会了解客户。"

9:30，约翰和几个陪同经理上楼会见经纪人和信托人。这些人加入分行的作用是，努力让最近收购的业务发挥协力优势。9:45，他们和其他几个不同部门的人到一间小会议室举行"圆桌"会议，讨论分行事务的进展。他们围着桌子，每个人都要发表意见，而约翰则问些非常具体的问题。他们提出的问题有，整合不同业务系统方面存在的问题，在小组之间"共享数据"（"太好了！"约翰说），通过工作跟学来学习其他人的工作。约翰做了结束性发言，会议于10:30结束。不过约翰留下来继续谈论眼下的一些大事，包括即将收购一家保险公司。

然后，我们上了鲍勃的车，朝另一家分行开去。我们在街上开了5分钟。鲍勃问："你认识布朗利夫人吗？"她是个老年客户，约翰并不认识。

"我每个月都会捡到她的银行存折。"

约翰刚刚走进来时，一个妇女走到他面前。约翰问："玛格！最近怎样？"他同时向我解释说，玛格当了 10 年的分行经理。然后，约翰跟一个工作了 33 年的出纳员聊了一会儿。之后，约翰上楼会见共同基金、个人银行、经纪业务相关人员，接着又是一次"圆桌会议"。

11:55，我们前往商业中心。约翰跟我聊了聊他的日程，比如前一周同纽约的投资者和客户在一起，最近又去伦敦参加国际货币会议。然后，约翰提到，黛比那里有他时间分配的详细记录。记录中除了约翰的日程安排，还有他对黛比说的周末工作的安排。我后来咨询了黛比，结果发现，约翰 16% 的时间是在跟客户和外勤人员打交道，这比自己定的 25% 低了 9 个百分点，12% 的时间在办公桌上办公，包括在家办公的时间，18% 的时间在出差，7% 的时间是和集团办公室经理在一起，8% 的时间和董事会及其委员会在一起，等等。约翰 42% 的时间在多伦多，14% 的时间在蒙特利尔，24% 的时间在加拿大其他地方，20% 的时间在国外。

下车前，约翰打电话叫黛比办理登记。"实地观察，感觉很好，"约翰说，"热情容易传染。"中午，我们达到蒙特利尔最显眼的办公大楼：玛丽城广场。银行的官方总部就坐落在这里。我们走进高雅的 41 层接待室。在这里，约翰同 10 来位受邀的机构投资者举行非正式谈话，直到 12:30，大家才坐下来吃午餐。

约翰宣布讨论开始后，魁北克地区总经理莫妮克·勒鲁先做了大部分的简要汇报，然后回答了问题，问题主要是关于不同业务的整合的。

约翰加入讨论后，时不时引用一下上午的经历，比如讲讲刚才听说的某个接待员的故事。这个接待员想着把客户转交给楼上的经纪人，结果拿到了 200 000 美元的短期国库券配售。然后，约翰审阅了这里传阅的 33 页文件，内容关于股票持有、绩效、经济指标等。

像以前一样，约翰并不着急，他花时间回答了所有的询问。提出的问题中，有的涉及银行的全球竞争策略（"如果我们让外国人进来，那是因为他们比我们做得更好"）；有的涉及即将发生的人寿保险收购（"因为需要机动的销售队伍""一年前不可想象"）；有的涉及员工股权（90%的员工拥有股票；CEO必须拥有3倍于工资的股票，其他高级经理必须拥有2倍于工资的股票），会议于2:20结束。

然后约翰到三楼的小办公室。约翰在那里查看了一下邮件，打了几个电话。有一个是打给负责战略投资的执行副总裁唐·威尔斯的，他们讨论了在美国的一项可能的收购。

快到3:00时，我们上到10楼，同13个人开会，讨论了魁北克知识型产业（KBI）。"我们设置了'典型的'一天，"约翰在介绍我的出席时说，并补充道，"我在商业业务方面花了些时间，有点耽误。"

KBI经理开始正式发言，主要讨论信息技术公司，特别是生物技术、传媒、娱乐方面的公司，以及银行在这些领域能做什么。讨论完后，会议于3:45结束。

5分钟后，另一个会议在这里开始，主要讨论魁北克商业银行战略。参会者很多都是刚才开会的那些魁北克高级经理，除此之外还有零售银行、财务、规划及其他领域的经理。莫妮克介绍了会议，随后是大家发言，然后约翰提问。

约翰在评论竞争者的虚拟银行时说，竞争不久就会出现。约翰说他正在"密切关注"。他称，有些竞争可以"教育市场"，这"对我们有好处"。发言于4:40结束，约翰形容为"很好……非常清晰"，并开玩笑地祝贺发言者说："有进步，我注意到你不像往常那样参考笔记了！"

大家就区域商业市场展开一番激烈争论后，4:50开始一场发言，主要讨论魁北克的个人金融服务。当时，发言者提了一下FTE（full-time equivalent employee，全职同等资历员工）。他们认为约翰不喜欢这样的说法。"不，"约翰说，"我不喜欢的是'身体'。这才是丧失人性。"这次会议于 5:40 结束。"非常好！"约翰说，"晚了一个钟头。"回答是"约翰，我们也在浪费您的时间。"约翰对莫妮克说："没有按时完成。"并对我说："谢谢你给我了一个借口。"

然后我们回到办公室。约翰查看电话消息，跟唐·威尔斯打电话，结果互拨占线，就走过来跟副主席聊聊。

这时，我们有机会谈了谈。"我不认为这是一个大公司，"约翰说。我问他圆桌会议提问阶段的情况，他说，"没有人能够难倒我。"他们也许在代表某人问问题。"75%～80%的抱怨都能合理解决，"约翰补充说。关于下午的会议，约翰指出，莫妮克是新来的，他想看看她做得怎样，看看她在新环境中的工作状况。我询问了早上的实地访问，问约翰是否也去问题现场。他说去，有时还要很长的时间。"做了这么多事情，成效也令人称奇。"至于下午的事情，约翰说这种会议经常发生。

7:00，约翰的妻子帕蒂开着斯巴鲁旅行车到大楼入口处接他。他们顺便把我搭载到办公室，然后约翰说"谢谢你参加典型的一天。"帕蒂最后说："真要是典型的一天，就该发生点什么，他也该取消会议，到别的地方去！"

维持机构环境

保罗·戈尔丁：国际绿色和平组织执行总监（1993年11月1日于阿姆斯特丹）

和绿色和平组织的执行总监及项目主任在一起的两天，我们通过他们二人表面上的实干、规划、思考及政治参与，深入考量这些活动背后的管理工作，特别是机构在专注维持外在环境的同时怎样维持机构本身这一问题。

绿色和平组织无须再做介绍了。它当然是最引人注目，也许是最有成效的非政府环保组织。它的活动遍布七大洲及各大公海，可以说是唯一真正的"全球性"组织。实际上，绿色和平组织是一个深度跨国组织，在很大程度上面临着同类组织最为常见的问题：全球性与地方性冲突，广泛的使命利益与更为集中的国家利益的重大分歧。保罗·戈尔丁一年前担任国际绿色和平组织执行总监，以前他负责过绿色和平组织澳大利亚分部。

我上午9:00准时到达，发现保罗坐在桌旁，旁边还有一张小书桌，他正在跟某人谈话。"刑事指控还没有提出？"这是当天记录的第一件事情。具体情况是绿色和平组织的船只出航抗议石油钻探，遭到挪威当局扣押。另一个人刚刚出去，史蒂夫进了屋，时间是9:10，史蒂夫在这里担任执行总监助理，之前负责绿色和平组织美国分部。他们聊了聊"战略规划"，即重组，以及是否应将此事提交董事会。这时，保罗的助理贝姬悄悄地走了进来，听到了一些谈话，保罗问贝姬对重组的看法时，她建议先把材料发给各个董事传阅。

9:13，门口有人重重敲门，玛拉（Mara）走了进来。她刚从上周在克里特岛举办的年度大会上回来，顺道拜访一下，然后再回澳大利亚办公室。他们闲聊了一会儿年度大会。史蒂夫出去后，保罗问玛拉干得怎样，并就国际办公室的联系提了点建议，同时还透露了某位"权威人士"的消息，然后问了一下某位财务人员的情况。

玛拉很快就离开了，保罗和我聊了几分钟。"我正在策划更多的'动手实践'活动。"保罗说，保罗·霍南（董事）即将到不列颠哥伦比亚省出差，就森林采伐之事采取行动，从而把总部分析同现场行动结合起来。在保罗看来，问题在于如何使系统紧密地连接在一起，而不在中心建立一个庞大的控制结构。关于结构，保罗还说，他"曾经是一个拳击手"，但现在意识到，问题的关键是怎样按照各人的工作方式让他们团结在一起。

然后贝姬回来，他们讨论了当天要做的事情。贝姬传达了一条"好消息"，即美国政府宣布了一项对某些物质的禁令。保罗说，他们必须马上打电话通知驻伦敦通信部负责人理查德。

9:50，代理财务经理鲍威走进来，说了说早上跟下属开的会议，会开得不错，大家畅所欲言，有助于单位消除疑虑。鲍威谈了谈财务人员的不满，他们感到"不安全""内心困惑"，他还谈到了把权力移交给永久的财务经理。保罗称形势"非常严峻"，但对鲍威说，"我想你能正确处理"，鲍威10:00离开。之后，保罗对我解释说，财务方面一直存在严重的问题。

保罗提醒贝姬给理查德打电话。贝姬问保罗是否愿意同环境部长共进午餐。保罗觉得自己得集中精力制定结构规划，所以拒绝了共进午餐。保罗又打了一个简短的电话，看了看电子邮件，然后又问贝姬给理查德打电话的事。贝姬说理查德没在家，但留了言"保罗急于跟你谈话"。10:12，保罗试着给理查德办公室打电话，但没有接通，只好留了言。然后，他打开电脑，并在活动挂图上写下明年年度大会要做什么。"我们的工作主要是监督其他人在做什么，"保罗说，并补充道，"我尽量避免亲自实践。"另一个电话打了进来，通知保罗有一项捐赠，然后他们讨论是否"公之于众"。

这时，另一位执行总监助理安妮列克抱着一大堆活动挂图和一些饼干、苹果开门进来。片刻后，保罗挂断电话，史蒂夫也来了。他们聊了聊即将发布的丹麦文件以及如何应对，这份文件对绿色和平组织来说至关重要。与此同时，安妮列克挂上挂图，第一张是"基本规划活动"。他们4个（包括贝姬）聚到一起准备开会（碰巧他们都是35岁左右，穿的都是牛仔裤，但保罗身穿深蓝色衬衣，打着亮色领带）。

安妮列克开始解释挂图，但保罗问："在我们开始之前，我先问一下整个活动的目的是什么？""制订整个组织的工作计划——哪些人干什么。"安妮列克回答，然后保罗问时间范围，回答是6～9个月。安妮列克继续解释刚刚挂上的9张挂图，这样，他们可以讨论每张挂图（例如"船队和资金筹集""政治结构"）需要做什么，以此作为战略规划的结果，"然而，讨论显然以组织结构为主"。

正当他们讨论规划问题时，保罗表示，"在实施之前，我们需要通盘考虑战略规划""我们应该给战略规划制定绩效目标"。安妮列克随后在白板上列出：（1）目标/使命；（2）细分目标；（3）沟通。接着，他们讨论该怎样进行，由安妮列克牵头。"我们是采用头脑风暴法还是从头到尾逐一来看？"安妮列克问时，显然倾向于后者，但史蒂夫喜欢前者。这时，安妮列克说："我想我们应该继续第一张挂图上的'活动'，我敢说我们可以讨论两天。第二张挂图上的'资源分配'可以先放一放……"她宣布。因此，他们开始讨论这一张挂图，继续谋求"行动"项目。

然后，电话响了（这时是 11:13），贝姬把电话递给保罗——是理查德打来的。其他人在继续讨论挂图，而保罗和理查德在讨论丹麦方面的文件，保罗以听为主，偶尔提一下谁是适合人选。然后，他们讨论了被挪威当局扣押的船只以及如何获取正确的新闻视角。25 分钟后，通话于 11:38 结束。

接下来的交谈跟前面所说的差不多。但是，讨论话题很快转移到克里特会上伦敦的专职董事会主席乌塔和阿姆斯特丹的执行总监保罗二人之间的矛盾以及如何解决他们的矛盾。保罗说他会给乌塔打电话的。安妮列克说了一声"好"，12:07，大家全都站起来，很快地离开了。

然后保罗给乌塔打电话，告诉她那个星期他在工作，特别是"按优先次序排列"事情并提交董事会。"我在起草战略规划——"以确保路线一致"，今天晚些时候，我会交给你，但没有详细的执行方案。你最迟明天返回给我。"电话持续了 6 分钟。

保罗说，像绿色和平组织所有的事情一样，这是一个"性格"问题。他还说，在执行总监旁边设专职董事会主席一职，其"问题在于结构"，而结构源于"政治决策"。至于他和贝姬的关系，保罗说，他们三四个月前开始一起工作（贝姬在绿色和平组织工作好几年了），最近一个月，关系一直很好，是"一种流动而混沌的关系"。

12:30，保罗又给乌塔打了一个电话，讨论如何处理丹麦方面的文件。

保罗说，"我想应该由你来做，"并补充道，"诚信永远行之有效"。简短交谈后，保罗说，一般他会做外界媒体采访，但他觉得乌塔经验更丰富，更了解绿色和平组织，他还说，鉴于当前的紧张状态，尊重乌塔的意见或许会更好些。

保罗一边继续打字，一边给安妮列克打另一个电话（多亏了耳机），询问预算编制和任务说明的情况。然后爱莉丝走了进来，找保罗签字，预付保罗·霍南到加拿大出差的现金。

1:03，绿色和平组织澳大利亚分部主席安·德瓦赫特走进来（保罗在那里当执行总监时，她是主席），她也是从克里特岛回来顺道路过的。然后，他们下楼，在环保的冷色调环境中吃午饭。

安向保罗简要汇报了澳大利亚和新西兰的情况，很多都关于工作人员和个人性格的。安还把澳大利亚非董事会成员的提议交给保罗，此人打算从气球中跳入同温层，希望得到绿色和平组织的帮助，但不一定是经济上的帮助。他们还讨论了保罗和乌塔的矛盾，以及安在跟乌塔讨论时是怎样设法帮忙的，结果，这两个人主要是在讨论董事会活动了。贝姬过来轻声提示保罗有个会议要开始了。2:05，他们离开自助食堂。

保罗进来参加正在进行的会议，这时，安妮列克正在讨论。会议主要是向13个参会者汇报年度大会的情况。安妮列克汇报完后，史蒂夫坐下来主持会议。他们围着桌子一一就座，开始分享各自的感受，保罗随后加以评论。

会议在3:07结束，他们中又有7人在这里举行另一个会议。保罗开始讨论执行战略规划的"下几步"，特别是重新设计结构方面的战略规划。正当此时，负责气候、核工业、裁军、海洋事务部的乌尔里希十分霸道地插嘴说："你必须赶快决定，不要等到2月或3月……大家都信任你，但你却整了一年，那你就有麻烦了……不要误以为别人支持你也就支持你的计划。"乌尔里希是指很多有关的问题，特别是保罗必须承担的员工任命问题和绿色和平组织活动激进性的走向问题。保罗同意他说的，但也争论道，关键不是厘清结构，而是做事。争论多个回合后，会议结束于 3:50。

随后，保罗向我诉说着管理绿色和平组织这样的组织所存在的困难。人们排斥系统，但要是没有系统，财务及其他问题非乱套不可。所以说，激进主义者和系统人士之间存在矛盾；要是让激进主义者管理绿色和平组织，人人都会被逼疯的；但要让系统人士来管理，那么人人都会被赶走的！保罗觉得领导必须是两方面都能兼顾的人。另外领导还需要制定愿景并让工作职业化。保罗说，当年他被任命，就是因为绿色和平组织缺乏足够的组织性，以致行动变得迟缓、作风开始官僚。保罗自称是个激进主义者，但也可能是个官老爷——他喜欢结构，喜欢规划。保罗意识到组织需要宽松的结构，因而过去一直在收缩结构。在规划上，保罗也渐渐得出同样的结论，他说，早上的活动让他感到不适，但也并不十分反对。

然后，贝姬进来询问日程安排事宜，史蒂夫也出来，说想"跟你讨论刚才的会议"。保罗问，"要不要亨利参加？"既然史蒂夫说我在场没有问题，保罗说，"那就开始吧。"史蒂夫很同情保罗，但也很坦诚。史蒂夫基本同意乌尔里希的意见，说乌尔里希的话有些是"真实情况"，也说保罗确实需要果断。史蒂夫指着上午开会时的挂图说："我有点儿担心这东西。"我问这是加快了他们的步伐，还是放慢了他们的节奏。史蒂夫说："我不知道我们今天早上在干什么；我想是放慢了我们的节奏。"保罗补充说："但这也帮了我忙，让我对什么是必须做的有了个了解。"

史蒂夫 4:15 离开。保罗接着整理他和乌塔里希以及工作人员对年度大会的备忘录，但向我抱怨说，虽为联合备忘录，但却"没有什么吸引力"。4:21，保罗给妻子打电话，说玛拉和安要提前过来吃饭喝茶，然后他回来继续使用电脑，像刚才打断前后一样，全神贯注地疯狂打字。下一个打断者是贝姬，她来询问日程安排。

然后，保罗进入邮箱，查看电子邮件：船只在挪威被扣押；请求援助的信件；签署一封有关澳大利亚问题的来信；连续4封关于丹麦方面的文件的邮件（后面来了第5封）；两封关于年度大会委员会主席作用的邮件；阻止核废料倾倒运动获胜通知；请求在日本筹款。

4:56，保罗出去找保罗·霍南，看看保罗·霍南的"个人职业发展"。刚出去不久就碰到史蒂夫和安妮列克回来要继续讨论上午的会议，便回来了。

"我能说一下我的看法吗？"史蒂夫说，"我认为，我们把结构的建立与这个项目混淆了（他对着墙上的规划表点头示意）。明白我说的吗？"保罗含糊地回答一声"嗯"，安妮列克说："我明白。"史蒂夫进一步阐明："大家可能要对项目负责任，但这不是结构。"保罗反驳道，过渡结构能给人一定的安全感。这时，我不顾海森堡测不准原理，向他们介绍起了我的组织图理念。保罗翻到挂图的空白页，然后我们开始画组织图。此时，保罗说："我们的错误（他指的是传统组织运作图）在于我们有如此漂亮干净的系统，而不是更宽松、更灵活的系统。"5:30，玛拉开门招手时，讨论结束了，保罗的一天也结束了。

6个月后，乌塔里希赢得胜利，保罗卸任国际绿色和平组织执行总监。《时代》杂志（1995年6月12日第42页）写道，董事会"指责保罗·戈尔丁与企业和政府的合作速度过快"，认为保罗此举是新"现代主义者"和旧"对抗主义者"的斗争。国际董事会受到部分国家分部办公室施加的压力后，乌塔里希提出辞职，而保罗的职位也空缺了一年多，最后由"来自德国办公室的现代主义者"西洛·博德填补。⊖

⊖ 1996年8月27日，西洛·博德给我写信，他把我对保罗的报告形容为"读着有趣，想来恐怖"。西洛·博德把自己的"挑战"说成"如何掉转工作方向才能接近政治现实，因而更激动人心。我没有那么关心组织结构；我的理念是设法改变行为，设法定义目标，真正的结构就会以某种方式自然形成。"西洛·博德一直就任到2001年。

跳出中层进行管理

艾伦·惠兰：英国电信公司（BT）全球计算机和电子事业部销售经理（1996年3月15日于英国布拉克内尔）

一个有见解的销售经理，能从方方面面跳出中层管理来开展工作。这一天，他对内销售，从而达到对外销售的目的。和他在一起的一天是充满戏剧性的一天。

英国电信商标名称换成BT后，在"精简缩编"的过程中，员工几乎减少了一半（从225 000减至125 000名员工）。它极力扩张视野，一方面在地域上超出英国本土，另一方面在业务上超出单纯的电话网络供应。艾伦·惠兰的工作就是领导自己建立的小组，向计算机、电子领域的跨国公司销售各种复杂的通信系统。

我们两人都是8:55到达艾伦的办公室的，他的办公室位于伦敦城外的一座小楼房里。艾伦的管理团队会议安排在整个上午举行，主要是做年终汇报和讨论下一财政年度的计划。

大家开始陆续到达，这时，艾伦转向某人。"我们出了点问题。他不愿意签字。"回答是："什么？再说一遍。"

会议由艾伦·S主持，艾伦·惠兰下两周要离开，工作将由艾伦·S接管。㊀会议室中，9个人围坐在桌子旁边，包括艾伦的秘书卡罗尔和艾伦的上司彼得，所有的人都很年轻，有些是BT的老员工，有些则是新成员。艾伦本人也只是18个月前从国际计算机公司（ICL）过来的。

会议从彼得的报告开始。彼得说："我们先从数据开始。"然后他挂上销售数据、预算、年终展望等一系列挂图。这些数据看来做得不错，因为有

㊀ 艾伦要去参加"国际管理实践硕士"的第一堂课。我先对他进行观察，从而对参加课程的人有个了解。

人看了后竟然开始敲桌子。会上讨论了几份具体的合同；大家表达了对若干趋势的关注，例如成本增加趋势，随后讨论"如何使业务增长20%"。彼得挂上一张"计分卡"，上面有4个方面需要衡量：财务方面、客户方面、组织学习方面和内部流程方面。很多都是一般性的讨论和信息分享。但刚过10:00，彼得离开。这时，气氛轻松了些许。

艾伦·S挂上使命、收入、预测等系列挂图——挂图变得越来越沉重，而会议却越来越轻松。接着是一连串的重要前景展望，将讨论推向更为务实的水平。最后，艾伦简要总结了会谈，表达了他对来年市场需求的看法，然后在11点钟宣布休会。

艾伦还是担心刚才不能签字的事，便跑去找彼得，最后终于找到了。"有没有消息？"结果还是没有。于是他们就聊了聊刚才开的会。

艾伦1994年11月加入公司一个月后，就一直在忙一份巨额合同的事。邮政局为遏止福利诈骗，要对主系统进行招标，而这份合同就是投标的一部分。艾伦的一个客户是主要的投标人，BT是它的分包商。BT把自己的部分称为"德莱顿项目"。根据合同，另外两家公司集团也有投标，BT也是其中一家公司的分包商。艾伦估计，整个合同金额在5亿英镑之内；BT部分有1亿英镑。因为标书金额巨大、性质特殊，所以必须有BT集团财务总监的签字，但他不大愿意。而他们需要尽快拿到批准。

会议11:10继续，参会者展示了各自领域的成果、正式计划和非正式打算（比如语音通信、数据通信、移动通信）。会谈大体停留在非常宽泛的水平上，偶尔会提到具体的账户、客户和订单。艾伦做的主要是信息沟通，而非命令下达，有时候会表达一下自己的看法（例如，"总的来说，我们越是关注账户，就越好"）。伊莱恩代表市场职能机构做质量简报，讨论"团队结构"和人员问题。随后艾伦发表结束性意见，主要是称赞团队的成效，但同时也指出人员招聘、公共关系、预算谨慎性方面的不足。会议快1:00时结束。

艾伦直奔彼得的办公室，看看有没有新消息，但彼得不在，而卡罗尔也没有回办公室，艾伦只好回去查收自己的语音邮件了。艾伦在傍晚安排了一个客户会议，第一条消息是会议可能在哪里举行。艾伦给主要负责客户账户的执行总监理查德留了言，询问："有没有最新情况？……我非常需要。"艾伦再次试着联系彼得，这回是电话联系，成功了。"有什么消息？"艾伦问道，然后听了一阵子。艾伦的第一句评论是"太危险了"。然后，艾伦又说，"为什么他跟 [X] 讨论，不跟你讨论？……这都什么时候了……哦，该死……我还特地问了 [Y] 看他是否需要更多的简报。"诸如此类。1:14，艾伦挂断电话，一副神情沮丧的样子。

艾伦对我说，今天必须签字，否则，承包商就只有一个星期去找其他公司替代 BT 了。彼得原本打算就此去看看行政总裁，他们认为行政总裁富有同情心，但彼得只是最近加入公司，不愿意同集团财务总监交涉。艾伦不知如何是好。一方面他想尽量等待，希望获得批准，另一方面又觉得要对客户负责。因此，这一天，他在心里定下了最后期限。

打了几个电话后，没有答案，而在开下个会之前，还有几分钟闲工夫，艾伦就开始向我讲述他的作用及对 BT 的总体影响，战略用语非常多。

供应商推销业务，客户只需简单订购，这样的日子早已经是一去不复返了，艾伦说。现在，企业客户只想要获得符合自己特殊需要的业务。权力已经转向客户。像 BT 等公司提供网络服务只是客户需求的一部分，而客户则设法通过单一协议来寻求"端对端"服务。因而整合者需要整合数据中心、桌面、网络及其他服务，这又要求各个供应商通力合作。

BT 过去有自己的"订户"，因此还不习惯这种工作方式，艾伦说。BT 仍在学习如何应对中介业务，而中介业务在公司内部有些人看来意味着失去控制。相关法规允许客户改用其他网络，更是加剧了这种不确定性。艾伦认为自己的作用就是挑战这一思维——其实是挑战 BT 的传统文化。

午后的会议实际上是在讨论"德莱顿项目"——如果拿到合同，他们会做什么。他们四个人围坐在艾伦办公室的桌子旁，快 2:00 时会议开始。艾伦解释哪些人做哪些事，然后向他们简要汇报目前正在发生的事情。"所以我们能否成功还很难预料，但我给大家明确一下，一切就在今日。"

他们继续讨论，偶尔会有电话打断，有一通电话是关于傍晚会议的，安排在艾伦的办公室举行。艾伦说："要是心里没数，我很不想去见客户"。会议在快 3:00 时结束。

这时，我们简单地聊了一会儿。像艾伦这样的销售经理一天要花这么多的时间处理内部事务，我问，这有多典型。艾伦说，估计 80% 的时间用在了内部。在这里，联系组织之外的人要比他在 ICL 少，但重点项目除外（比如今天这个非常棘手的项目）。

艾伦认为自己的工作涉及个人创造力，但同时还要有足够的团队协作才行。他把自己单位比作矩阵，有人负责客户，有人负责项目。艾伦说他不喜欢强调工作中控制的一面。

从 3:05 开始，艾伦的下属接二连三地走了进来，一个过来讨论新员工合同，艾伦细读后签字，另一个过来了解一下"德莱顿"合同。艾伦说，今天他本来要花半个小时学习新型操作系统的，但现在没时间了。然后艾伦给彼得打了个电话："没有消息就是好消息？"不，电话里告诉艾伦说，没有消息就是没有消息！

3:18，菲奥娜和麦克进来讨论"德莱顿"。菲奥娜带来些新的消息，暗示没有签字并非"拦路虎"。大家讨论了此事，接着又谈论了艾伦离开后菲奥娜会做些什么，但谈论的内容造成一种中间过渡状态的感觉。3:31，电话响了。艾伦从电话中得知，原定即将开始的德莱顿会议被取消，客户和 BT 的某个工作人员无法举行会面。菲奥娜和麦克在 3:34 离开。

艾伦趁大家进进出出的空当做点文案工作。这会儿又有个人进来，说自己等升职等了很长时间，艾伦表达歉意，并鼓励了一下对方。

4:07，艾伦得知，本来要见客户的 BT 同事正在接待处。艾伦出去接他，然后一起回到艾伦的办公室。正好彼得打来电话："马上准备开个15分钟的会议，"彼得说，"我一会儿直接下来。"菲奥娜进来后，艾伦向同事简要汇报了"德莱顿"的情况，同事接着解释自己的看法：之前，他参加过BT对此项目的投标，但失败了。他们继续讨论了一段时间，直到4:33，讨论被彼得的另一个电话打断。彼得说他想和艾伦、菲奥娜开个半小时的会议后再结束一天的工作。

然后，艾伦和菲奥娜朝彼得的办公室走去。而另一方面的情况则不太好——生产线财务经理见过集团财务总监，但一无所获。彼得表示，可能要拖到星期一再做决定了。

问题基本上触及公司当前变革的核心部分：目前的BT是一家在巨大的既有产业中谨慎前行的机构，BT愿景由艾伦、彼得等人制定，他们更精简、更快速、更愿意冒险开发新市场。结果，大家全都把视野投到这份合同上来了，最高管理层有一派支持，另一派则反对。

"我们正在找人决策，"艾伦恳求。彼得回答："我们找到了决策人选，但他就是不喜欢这样做！""不是这样的！"艾伦说，但彼得认为此人不会改变主意。

于是，他们进退维谷，只能等待星期一的到来，希望集团财务总监会改变主意。不然的话，他们可能要通知客户，说出了点儿麻烦，拿不到签字，但仍会继续努力。他们知道客户别无选择，只能着手寻找其他供应商，这样的话，即便后来拿到签字，他们也会失去合同。

彼得表示，他们必须做"正确的事情"。毫无疑问，艾伦觉得自己不得不这样做。但首先，艾伦必定会为放弃自己所努力达成的工作而感到伤心：他不得不使自己的决策有合理的依据。

彼得："你认为我们今天是否必须对客户说些什么？"

艾伦（会谈期间一直神情严肃）："我真不希望是由于我们的原因而丢掉了合同。"

菲奥娜:"到星期天晚上,他们会和其他供应商成交。"

渐渐地,他们又回到最初的讨论,是否决定打电话,以及怎样打电话。讨论期间电话拨了出去(现在是 5:00),并在对方话机上留了言。

气氛轻松了起来。"好吧,"彼得问,"你知道怎么做吗?"艾伦最后开始在新电脑上学习操作系统,由"公司最没计算机文化的人教他。"就在这时,彼得接到了另一个电话,得知又有人去拜访了集团财务总监,但还是徒劳无功。此外,他还得知星期一要进行另外一次讨论。所以,星期一之前,什么都无法改变。

"我现在已做的远比我所做过的一切都美好[⊖]",接着是"哦,去死吧",然后艾伦拨打电话。"下午好。我想联系……"艾伦要联系的人还在开会,也是这个会议让他被迫取消刚才的会议,艾伦只好留了言。

菲奥娜离开后,彼得和艾伦接着学习操作系统。5:30,他说了一句"原来就这么简单",然后关闭了电脑。他们简要地讨论了加薪分配问题,彼得答应,在艾伦不在时,会把它整理出来。

5:43,艾伦回到办公室,看到手机消息来自 ICL 人员的短信:"今天之前,我们确实需要知道,你们是否真的确定要给我们安排的供货。"艾伦坐了片刻,然后给此号码打电话,但只有语音邮件,他没再留言。"我不想和留声机打交道,我更喜欢直接跟那个人交谈。"艾伦对我说。

"对销售经理的一天感觉如何?"艾伦问我。"嗯,要总是这样,至少你不会觉得闷得慌。"我说。艾伦一边重申"尽管十分像销售工作,但它主要是内部工作",表示同意我的看法,一边整理文件准备离开。

菲奥娜过来说再见。"可干完了,"菲奥娜走时艾伦对她说。然后,艾伦·S 进来了,他们简要讨论了艾伦不在时他要做什么——加薪、明年的预算编制等。艾伦·S 问:"今天感到满意吧",他指的是上午。而艾伦说"希望多一点瞻前,少一点顾后。我希望听到思想,不是'工作能手'这

[⊖] 引用的是英国作家查尔斯·狄更斯所著《双城记》中的话。——译者注

类事情。"收拾好剩下的文件，艾伦再次试着拨了电话。6:24，艾伦离开办公室。

后记 并没有"可干完了"这么一说，完全没有。艾伦当晚联系到了客户，交流了这边的情况。他劝说客户不要寻找其他合作伙伴，因为他有信心在星期一拿到签字，他的确拿到了签字，BT 仍然是最终投标的合作伙伴。这回成功了，中标企业于 1996 年 5 月在英国下议院公布。6 月，艾伦同他的客户也就是欧洲最大的综合业务数字网（ISDN）签下价值高达 100 000 英镑的合同，这是 BT 在英国政府私人融资计划下最大的单笔合同。

但这还没完。英国电信管理局 OFTEL 宣布 BT 的 ISDN 减价将于当年 9 月生效。BT 的竞争对手多次提出投诉后，OFTEL 有史以来首次撤销 BT 拟定的减价。几个月后，艾伦及其客户在双方同意的基础上终止了合同。BT 觇正通过另外一个有竞争力的网络运营商中介来提供自己的网络服务。

横向管理（程度更深）

布莱恩·亚当斯：庞巴迪宇航公司"环球特快"总监（1996 年 3 月 8 日于蒙特利尔）

这是个被称为"大型灵活组织"的公司。这一天发生在新型飞机开发项目管理领域。这里，管理就是联系和处理项目的合作伙伴，是横向的，不是纵向的。

庞巴迪宇航公司收购了几家区域航空公司后，一举成为世界第三大民用航空飞机制造商。

布莱恩·亚当斯负责开发新型"环球特快"飞机项目。他设计的飞机将拥有目前世界上最大的机舱和最远的航程。

1980年，年轻的布莱恩学完质量工程后，加入加拿大航空公司。"环球特快"构思于1991年初；1995年中期，也就是距离我们跟踪调研这天的9个月前，布莱恩开始负责"环球特快"的开发，因为部门负责人认为，项目需要更有力的管理层，需要更强大的推动力。

布莱恩8:30来到大楼入口处接我，这栋大楼真是蒙特利尔郊区的一座庞然大物。我们朝布莱恩的办公室走去。办公室很小，有一张办公桌和一张会议桌。布莱恩的工作就是让这个庞大的集团通力协作，它不仅包括四大庞巴迪生产商，还包括负责机翼和中央机身的日本三菱、负责电气系统的英国卢卡斯、负责航空电子设备的美国霍尼韦尔、负责发电装置的宝马/劳斯莱斯合营企业和8家其他国际合作伙伴。

布莱恩认为在自己的工作中，联络多于授权，他必须协调同事工作。然而，终极大权还是在布莱恩那里，正如他后来在会上所说："我们要做的是让一架飞机上天，然后再继续往前走。"日期定在1996年9月。布莱恩说，他必须监管整个项目，带领自己直接领导的技术团队（"工程精英"）参与非技术问题。目前这些人每个人负责飞机的一部分，包括联络那些设计并制造飞机的合作伙伴。

布莱恩特别关注发动机延迟交付的事情。湾流公司（Gulfstream）在竞争型飞机（即改进型的现有飞机）的开发上领先于庞巴迪，因而庞巴迪在9月实现试飞至关重要——向客户展示直观结果。

办公室里，充满了各种简短的电话，人们进进出出，有的来询问开会安排，有的来讨论"缩小垂直间隔标准"，不一而足。然后，布莱恩的"左膀右臂"史蒂芬尼（Stephane）进来浏览"预演公司汇报"的图表，他刚从多伦多回来，这天大部分时间都会和布莱恩在一起。他们讨论了谁交付了，谁延迟交付，以及在发言中要强调什么。布莱恩问道："那么，有没有办法让试飞快点？"史蒂芬尼回答说："有个部件出了问题——爆炸了。我们必须重新设计。"布莱恩给史蒂芬尼一封信，并指着表格上面各种各样的问题。

9:20，布莱恩开车前往航空航天部总部。在那里，布莱恩同总部两位高级财务人员开会讨论预演，迎接即将到来的庞巴迪公司委员会会议，包括主席和总经理也参加了会议。

他们简要讨论了某些航天问题以及与多伦多德哈维兰公司发生的一些小风波，然后进入财务议题。布莱恩就会上的发言者及其发言内容作了提议。一番紧张讨论过后，布莱恩问："还有什么轰动的消息吗？"回答是"没有"和"一切按照计划和预算执行"。

10点钟，我们下楼走进项目办公室。办公室中，有许多人转来转去。这个员工会议刚刚停止，下个员工会议又要开始，十来个人（包括布莱恩和史蒂芬尼）围坐在长桌旁。他们在传阅一沓厚厚的文件，共34页。文件全是详细图表、图片、表格，内容涉及环球特快的"工程规划、控制的关键问题"，项目截至日为1996年3月21日。

这是一个不那么正式的团体，还有点儿热闹。工程师走来走去，大都40来岁。显然，他们都习惯了这种每周都要举行的会议。会上，他们互相合作，协调各个工程小组的工作。他们汇报项目各方面的技术现状，有的涉及飞机的具体部件，但始终都有问题提出，从而确保一切按照计划执行。专业人员说专业问题，例如"需要谁在那里？""大家觉得有没有必要建立机舱底板实物模型？"布莱恩和其他人不一样，他背靠椅子坐着，不动声色。以听为主，偶尔提点指示（比如，"当务之急是尽快建造试飞飞机"）。

当时，坐在会议室后面的大卫对这点看法开始时一直未发表意见，后来却激动不已："湾流公司的飞机都在地面上。他们现在没有一部发动机在飞或准备起飞。"（庞巴迪外派工程师，现在在发动机制造厂工作。他在酒店中听说了此事，并在昨天告诉了大卫）也就是说，不仅湾流公司存在问题，庞巴迪或许也存在问题，因为它用的是同样的发动机。给湾流公司的首批发动机供货时间越长，给庞巴迪的发动机供货时间也就越长。这对集团的影响非常严重。大卫补充道："这等于说灾难就在我们手中。"大卫称一切都有可能往后推，但推多久，他说他也不知道。

他们讨论了是否"需要从现在开始监控一切"，是否需要尽快获得发动机厂同意，然后派遣小组过去看看。有人把这天说成"黑色星期五"。

现在将近12:30，有个秘书进来说会议室该腾空了，后面还有会议。会议主席听到后，待到秘书一走，就把门锁上了。不过会议的确很快就结束了，时间是12:43。

匆忙吃完午饭后，布莱恩和史蒂芬尼朝另外一栋楼走去。1:30，布莱恩跟20来个人在这儿开了个会。参会者有人来自德哈维兰公司，他们以这样那样的方式负责接下来的工作。但主要来自生产部门，有些来自宣传和市场部门（会议室中向布莱恩负责的只有史蒂芬尼）会议的具体目的不同于上一个会议（这里是简要汇报将要发生什么），另外，参会者代表的职能及组织方式也不同。但广义目标（协调各自的工作）和待做工作的复杂性看起来大致相同。

布莱恩先从解释环球特快项目开始，然后播放营销视频短片，短片结束语为"首次飞行：1996年9月"。布莱恩解释说，在会议后，大家就可以齐心协力，努力实现目标，同时会议也让大家都清楚将要发生的事情。随后，布莱恩试验车间负责人主讲。他列举了试验步骤：从"第一步完成框架静力试验"开始，一直到"第十步动态试验"为止。之后，再让其他人担任主讲，并涉及了经费问题，以及如何组织会谈。接下来各种问题接踵而至，有的甚至咄咄逼人，有人认为"组织结构今天就应该修改"。

3:12，我们回到布莱恩的办公室。不一会儿，有个电话打来。布莱恩说："是我上司。"电话中，一直是布莱恩在说，"我们刚开了个不错的会议，现在，生产部门人人都意识到有大量的工作要做。星期一我们要分成更小的小组，坐下来制定详细的人力规划。"后来他们主要讨论了具体问题，涉及供应商、工会等问题。

随后，史蒂芬尼走进来，他们简单地聊了聊下午的会议。史蒂芬尼称会议"开得很不错"。大约3:30，质量保证经理按时光临，他分发了9页的"行动计划"，上面详细说明了质量方面的"重要里程碑"、挑战和责任。他们一边审读，一边修改。布莱恩和史蒂芬尼提了很多意见，不断要求用"承诺日期"代替"当前日期"。会议于4:06结束。

接着是几个电话和若干来访者。然后事情的节奏开始放缓，这是一大早到现在的首次放缓。布莱恩向我解释，他接管项目时，他和团队意识到他们需要更好的结构，而不是更明确的命令。"所以我们把飞机拆开"，不同的人负责不同的部件及部件生产合作伙伴的联络。

4:30，洛杉矶有人打来电话，电话来自"问题供应商"——其实是一家二级供应商，布莱恩解释道：之前，由于担心发生危险，同时害怕供应商控制不了危险，我把细节问题（以及由谁来支付成本的决定）搁在一边，先派遣自己的手下去洛杉矶。他们到那里已经有5个星期了。他们打来电话要求布莱恩授予更多的权力。布莱恩承诺会做到这一点："我会给你全部支持，让工程人员驻留一段时间。"5分钟后，电话结束。布莱恩对我解释说，目前全部的3个问题都牵涉二级供应商，而不是合作伙伴。在前面的例子中，布莱恩会见合作伙伴之后，怀疑有问题，就亲自飞到洛杉矶去了。一小时后，布莱恩知道自己是正确的——他们对待布莱恩很坦诚，但对合作伙伴就不坦诚了——也就是说，"合作伙伴"有时还不如供应商。

史蒂芬尼来了一会儿，讨论下周去多伦多出差的日程安排。然后，在4:50，布莱恩建议来个"车间短期旅行"，实际上几乎花了半个小时。那里设施巨大：足以组装超大型飞机。

大约5:15，我们结束了"车间旅行"，布莱恩也准备离开，要去和史蒂芬尼讨论几个私人问题。我们走进布莱恩的办公室时，我说："瞧这一天！"他回答说："还不算坏。我得坐下来听听。有些日子……"我们回到办公室时，史蒂芬尼在打电话，说："啊，他刚好回来。"

后记 1998年7月31日，环球特快获得加拿大交通部认证，提前2个月完成5年前设定的目标。

于风口浪尖处管理

查利·辛肯：班夫国家公园地区负责人（1993年8月13日于阿尔博塔省班夫镇）

如果你真想见识实际的执行，那么最好离开高高在上的资本讨论，回到实际中来。这里，环保主义者在同开发商做斗争。

查利·辛肯负责管理班夫国家公园。这也许是加拿大在国际上最有名的公园了，是整个加拿大公园系统的源头。当时火烧眉毛的问题就是开发商打算在班夫国家公园的滑雪场修建一个新的停车场，开发商是个气势逼人的商人，跟执政党进步保守党（Progressive Conservative Party）及该区国会现任议员联系紧密，而该议员本人也是以咄咄逼人的姿态出名。停车场受到环保团体的激烈声讨，他们称，停车场会阻断若干种动物的主要穿越区域，并会加剧古老林木的灭绝。

班夫国家公园的管理中心坐落于阿尔博塔省班夫镇中心北面郊区的一座大楼里。大楼最初是个温泉浴场，最近进行了重建。查利·辛肯占有一间大大的办公室，可以俯瞰下面的主要街道。这幅景象下，却是一种低调的气氛——轻松、融洽、让人错以为身处公园。其实，查利穿的是公园制服（他一生都投身于公园服务）。

查利建议我早上8:00来，而他每天一小时的法语课就在这时开始。因为这是双语岗位的要求，查利认为法语课也算是管理工作的一部分！

法语课于9:05结束，我们（用英语）继续聊了一会儿。尽管"有些日子，不太可能逃离这地方"，查利希望今天的工作负担轻些。查利说，公园过去有7层管理，但是现在减少到了3层，有时会是4层，预算有1 000万美元，包括270名专职人员、500名暑期工作人员和30～50名管理员。有一些单位专门处理中心管理事务（财务、人力资源、规划、沟通），另外一些单位则处理公园服务（租赁业务、道路交通、野营场所、法律实施、公共安全、环境保护等）。

9:20，在我们浏览挂图期间，项目服务负责人进来讨论了5分钟。他主要谈论跟开发商的冲突，并解释他们是如何应对的。查利对此表示："如果是我们来做的话可能会更好。"他们还讨论了会计制度的问题。

然后是电力公司经理打来的电话，谈到环保主义者努力阻止能源供应项目，并请求开会。查利解释了环保团体关注的一些问题，表示9月上旬最适合开会。经理接着表示，他们公司的作用不是设法卷入公园管理，而是在公园内部提供服务。他还提到，有一个同事想使用武力威胁，在联邦政府层面进行政治干涉。电话持续了21分钟，其间大部分时间，查利都在有礼貌地听。

其他电话主要是讨论日程安排。没电话的时候，我们就随便聊聊。查利说，公园重组之前，员工士气低落。考虑到施行集中决策的政治压力，加上科学还没有真正达到解决生态问题的水平，要让管理者少点指示，可真是一场斗争。查利相信，在政府中，经典的自上而下的控制很难吸收高才生到公园工作，即便那些做最简单工作的人，也希望向更有趣的工作发展。根据查利的话你与这些人"讨论'授权'时，可得小心"。"阅读《哈佛商业评论》是我们的例行程序！"实地工作人员忠实于自己的价值，"他们是组织中的独行侠"。

查利说，班夫公园历史特殊，很受人瞩目，因此特别敏感。这里尤其是一切事物（游客、开发商、横贯大陆的公路等）的汇集地。查利讲到了3座公园，黄石公园、约塞米蒂公园和班夫公园，前两座位于美国。他把这

3 座公园比作各大焦点的"引雷针○"，这些焦点极大地影响了世界的发展政策。"一旦出现情况，我就得忙好几周。"查利特别提到阿尔博塔国会议员和各 ENGO（非政府环保组织）的冲突，暗示（班夫公园）弓河谷的生态利益可能无法管理。国会议员全都来自进步保守党，而 ENGO 不仅特别关心停车场，还关心另行再建一条横贯加拿大的公路以缓解交通压力。

10:30，查利开始签署租赁文件，这是必需的手续。查利的上司桑德拉·戴维斯在 10:40 打电话过来，讨论她和地方议会议员的谈话，要求查利也跟这位议员谈谈。查利马上打电话，对那位女议员说："我只是继续研究问题。"他提到，渥太华审计长办公室请了一家咨询公司，还说到跟滑雪场业主开的会以及他们"非常积极的工作关系"。快 11:00 时，电话结束。接着是另一个电话，大约 15 分钟，是从滑雪中心业务负责人打来的，表达了他对环境报告和道路定线的关切。

然后查利会见平房野营地负责人，讨论印第安人对野营地附近土地的"权利要求"。这次会面的气氛大不相同，来客静静聆听，查利仔细解释该项"权利要求"和政府的立场，设法消除来客的疑虑。26 年前，有律师告诉该负责人"权利要求"这件事，并说他可能因为这件事迟早要被罢免。但这么多年来，从没有人来找他说这事儿，他也没有去找别人。他很感谢查利主动给他解释。

他提了最后一个问题。铁路穿越野营地附近的大陆分水岭，火车司机还像以前那样鸣笛，即便是夜里，也会鸣笛。"我们本应该提供荒原体验，而这里我们却有噪声污染！"对此，查利能做什么？查利谈道，他得同铁路当局讨论这事。"说不定我会查出谁是公关部副部长，给他发个免费住宿礼券，让他也听听鸣笛"，查利开玩笑说。

匆匆吃完午餐后，我们前往班夫镇另一头的公园牧场。这样的话，查利

○ lightning rod 一般译作"避雷针"。准确地说，应该叫"引雷针"。实际上，它不是让建筑物避开雷电，而是将雷电引入地下而避免建筑物受损的。这里比喻强烈地吸引或吸收，从而转移对其他事物的注意，故译作"引雷针"。——译者注

就可以将某区事宜安排妥当，因为他要去后郡出差5天。查利想看看这片公园，在这里露露面。但这不只是"骑游式管理"；他还带了几个管理员、两个加拿大皇家骑警和一个经理，以此作为交流思想的契机。

刚过3:00，我们回到了办公室。公共安全方面的区域专家进来讨论应急服务（搜索和救援）的成本补偿。他已经同其他团体（如海岸警卫队）讨论过了，自己有一些想法，比如对进入公园的车辆增收附加费。他希望查利同意向其他人"推行"这一想法。

接着我们又开会简要讨论了设备的存放空间。之后，我们按时休息，查看了查利的其他日程，首先是这周其余时间（今天是星期五）安排的会议日程。查利每天都从学法语开始。星期一，对培训和团队建设会议做简短汇报，还讨论了管理者和几个下属闹的一点问题。驻华盛顿大使馆的一位日本专员过来讨论某些问题（包括日本在班夫村的商业所有权）。在查利看来，这是贵宾来访。另外，查利还会见了滑雪场业主，并跟自己的各位主管开会讨论物业管理。星期二，关于"温泉池"未来的电话会议；"零基预算"的审查工作，工作要求将更多的注意力放在停车场上；渥太华审计长办公室审计调查的电话采访；同某个地方组织开会讨论空间交换；晚上有遗产部会议（在渥太华，公园服务部向遗产部报告）。星期三，计算机培训；与卡尔加里（90分钟车程）的桑迪共进午餐，讨论停车场问题；晚上是另一个涉及遗产部的会议。星期四，跟桑迪开电话会议，讨论停车场问题（"你可以看到，一个问题占用了我这么多时间"）；去路易斯湖（回程约一个小时）开会讨论工会问题；和酒店所有者开会，原因是他担心行人穿越他的所有房产。

下周安排的会议包括："日程紧迫"的常务会议，会议主要讨论规划问题；同滑雪场所有者和聘请的顾问开会，研究各种可能的停车场定线；桑迪来访，要在班夫文化中心举行招待会；随后，渥太华审计长办公室要打来电话；跟美国国会议员共进午餐，举行国家公园会谈；参加学员营游行，其间，查利要扮演礼仪角色。

然后，我们聊了聊查利的工作。我们还谈论了他对某些项目的正面回应，这些项目由开发商还有公园的内部人员发起。由于层级减少，查利发现自己的工作加重了，有更多的人向他汇报工作。查利后来对我说："或许问题在于向下授权给某些缺乏技能和信心的管理者，结果他们想方设法向上推托。"4:45，区域顾问进来，他们聊了聊公园服务的管理，一直到5:25为止。至此，查利的一天结束了。

例外管理

阿巴斯·加利特：国际红十字会代表团分团团长（1996年8月8日于坦桑尼亚的加拉）

这篇报告记述了坦桑尼亚红十字会难民营的一位管理者。他的活动主要集中在沟通和控制上，目的是使潜在混沌的局面处于稳定状态，至少处于暂时稳定的状态。"例外管理"作为报告的题目，原因有三：首先，报告是对例外管理的传统看法；其次，它是关于例外情形中的管理；最后，报告讨论了例外情形中例外的人。

红十字会与红新月会国际联合会（IFRC或联合会）联合了175个国家协会，致力于救灾与发展。这份报告是对其中一个"代表"管理活动的记录，他负责坦桑尼亚加拉的两个难民营，分别是贝纳科（Benaco）和卢科莱（Lukole）。胡图人对图西人展开大屠杀之后，图西人重掌大权。卢旺达和布隆迪因而十分混乱，当地居民已经逃到加拉难民营去了。175 000卢旺达人栖身于贝纳科，29 000布隆迪人栖身于卢科莱。

管理一个难民营相当于管理一座甚至多座城市——包括粮食分配、卫生设施、道路建设与维护、住房供给和卫生保健。阿巴斯·加利特主要负责以下人员：来自 8 个国家的 17 名联合会代表，包括他自己（是肯尼亚人），以及来自坦桑尼亚红十字会的 516 名专职人员（有些人跟 17 名联合会代表职能相同），还有营地的 1500 名兼职计酬工作人员。

代表更替速度很快。（阿巴斯来了 11 个月，待的时间最长）他们住在"庭院"中，庭院布置简单但很宜人：有围栏、有看守，但没有枪支。庭院的一部分是行政区，办公室和通信设备呈方形分布。

阿巴斯大部分时间是在红十字会度过的，做青年志愿者时，他去过德国、英国，后来还去过加拿大。阿巴斯加入联合会有 6 年了，算上最近在日内瓦总部干过的一段时间。

7:25 的早饭后，这一天开始了。然后他步行没多远，就到了办公室。阿巴斯草草看了桌子上的信件，是打印的，很像用户电报，内容涉及发票、物资装运单和要发送的报告。阿巴斯打开电脑，准备编写新闻周报，然后发往日内瓦总部的文书办公室。7:45，有几个人进来参加重要下属的每日会议：吉尔，挪威人，负责卫生保健；乔治斯，加拿大人，负责财务和行政；萨沙，俄罗斯人，负责后勤；史蒂芬，来自北爱尔兰（原籍非洲），负责援助。

他们围着桌子走来走去。萨沙讨论了越野车的供求状况（在加拉，这是一种需要仔细看守的资源）；乔治斯提到，预算已经编制完成。讨论主要以阿巴斯为主，他必须解释很多细节。（"谁来签署？""预算表发往何处？"）相对来说，吉尔和乔治斯来的时间不长，而萨沙和史蒂芬分别接替了他们的上司。

轮到阿巴斯时，他简要汇报了难民营举办的"营地管理"研习会，研习会的目的是分享东非各红十字会的经验。美国人比尔和墨西哥人胡安也代表联合会参加了研习会。阿巴斯解释说，因为工作压力，他不太乐意让自己的工作人员去参加三天的会议；他还担心萨沙，让他小心对越野车辆的过分要求。阿巴斯宣布了人员配备包括获准的替补人员的消息。但是，他们的任务即将结束，还没有替代他本人及史蒂芬和弗兰克（Frank，史蒂芬的上司，负责援助工业）的人员的消息。阿巴斯还解释了坦桑尼亚政府的"更强硬的立场"，政府最近在营地周围划定了4公里的圆圈（难民原来行动自由——比如自由耕种分配的土地、在当地市场上买卖、寻找做饭木柴，但现在只能在4公里范围内活动，不过这一措施如何实施尚不清楚）。阿巴斯转而对史蒂芬说："你需要注意周围的情况，史蒂芬，多了解了解难民的感受。"

会议于8:13结束，阿巴斯回来后，开始给日内瓦写报告，同时有很多人进进出出。8:30，报告发出。然后，阿巴斯走到隔壁大得多的坦桑尼亚庭院，出席研习会的开幕仪式。他郑重地欢迎了参加者，并解释了一点近期的历史。大运动过后，一切都平静了下来。但随着布隆迪紧张关系的重新出现，红十字会已经准备好再次进行快速应对。大约10分钟后，阿巴斯把会议交由胡安主持，对我说"我们回去有事"，然后就出发了。

事情就发生在贝纳科。阿巴斯的车正在大厅外面等候。9:55，我们抵达粮食分配区。那里到处都是难民搬运工，他们在等待UNWFP（联合国世界粮食计划署）货车的到来。很明显，货车迟到了。阿巴斯走进"仓库"——大型塑料制建筑，几乎是空的。阿巴斯询问了"老鼠问题"（"仍然是问题"，他被告知）和其他的详细情况。

货车到达时，50千克的袋装粮食直接被搬运到"滑道"的平盖区，共19个。通过滑道，每周分配的粮食分到"队长"那里，然后再由队长分配给在围栏后面等待的"家庭小组"。但是今天，阿巴斯觉得系统"太有效了"，因为粮食本应该先进仓库，以便于计算和管理，这回却没有。所以阿巴斯就此对管理粮食分配的人提了很多问题，同时也提出工作人员没有戴红十字围兜的问题。阿巴斯坚持说，工作人员必须易于识别，他还鼓励她定期跟工作人员开会。

阿巴斯还同UNWFP的那位女士聊了聊粮食分配和他们现在跟承包商

的问题。在她的请求下（"兴许他们会听你的"），阿巴斯答应跟联合国的人说说。然后，我们走过一个滑道，穿过一扇门。门口有很多人转来转去的，在等待粮食。门开了，我们穿过大门，进入营地的空地（很明显，这是营地最活跃的区域，紧接着或许就是市场区了。门外其他地方种植或交换得来的新鲜食品，摆在各式各样的其他东西中间，准备出售）。

四处走走后，我们回到车上，开往营地的另一个区域。在这里，阿巴斯指出了居住环境：一排排小房子，远离中央大道，路的一边是厕所，另一边是炊具（一家人两件）。从远处看时营地很宽阔，离开粮食分配大门，从近处看时，也并不显得拥挤。我们离开营地，简单考察了庭院的水处理设施，随后在12:30返回阿巴斯的办公室。

阿巴斯跟经过的人聊聊天，看看几封刚到的信件，有一封来自某个需要新护照的人，另一封是关于宾馆预订的，第三封信谈到要是阿巴斯动作快，就可能从即将撤离的意大利公司弄些油罐过来。就在这时，萨沙顺便过来了，阿巴斯让他负责检查油箱。

工作人员和信件接踵而至（航班预订、预算、工资水平、损坏的机器零件）。大约1:00，阿巴斯和几个人一起吃午饭。来自研习会的汉斯，问阿巴斯能否帮他固定某些必需的发电机；比尔查看了研习会的计划，找阿巴斯批准，让他的下属参加。"我没问题。就告诉他们，慢慢说，一定要说清楚。"1:30，阿巴斯开始休息，2:00，回到办公室。

然后，吉尔带着"很多小问题和几个大问题"进来了：在红十字会工作的难民每周都工作5天吗？贝纳科有撤离计划吗？阿巴斯有给"教授"（卢旺达难民专业学者，致力于健康监测软件的开发）的加薪计划吗？"海湾大酒店"（Gulf Hotel）的排水系统和夜间照明设备怎么样？阿巴斯认真地向吉尔解释了各种事情。吉尔只在这里待一个月。阿巴斯只对其中几个问题表明了自己的态度，特别是涉及开支的问题。大多数问题他都在寻求吉尔的观点，并鼓励吉尔自己决定。

最大的问题涉及医院的护士长。不知道怎么回事,坦桑尼亚的工作人员都被她惹恼了,想把她赶走。吉尔还报告说,在坦桑尼亚,医院缺乏相应的职位。他还提供了一份简短的候选人名单,没有一个是护士长助理。吉尔说,很明显,护士长助理也会渐渐被淘汰。阿巴斯告诉吉尔自己了解的情况(看来值得考虑),他说,11 个月前他来这儿时,这就是个问题。阿巴斯表示,既然护士长已经工作了 18 个月,他们会认为这是正常的轮换,她可以继续当护士。

2:34,"好,现在轮到我了",阿巴斯又提出几个问题。贝纳科厕所的混凝土板生产跟不上计划,出了点儿问题。他们讨论了怎样提高生产速度。吉尔对营地卫生系统表示赞赏,说"这儿臭味少、苍蝇少、垃圾少"。腹泻不是主要问题,但如果水多点儿,问题就更好解决了。这时,阿巴斯谈到与联合国人员打交道有困难。他们注意到有个营地皮肤病患者增加,阿巴斯怀疑本该配送给难民的肥皂被偷去卖了。

然后,阿巴斯他们回到"海湾大酒店",稍微谈了一下医务人员的配备,看是否需要雇用一名麻醉师(目前麻醉工作由护士完成)。他们又讨论了成本,尤其是药物方面的巨额开支和偷窃行为的可能性,然后还讨论了某个医院司机的问题,这个司机曾经想方设法贿赂警卫。阿巴斯对吉尔说,在这种情形下,错误的人已被解雇,决定必须撤销。吉尔 3:18 离开。

萨沙正在外面等候,进来后提到了几个问题:来自"无国界医生组织"荷兰分部的车辆,将燃料存储在不易被偷窃的地方,"不是什么好消息——一辆车上的发动机完蛋了"。阿巴斯叫萨沙检查发动机是否大修过。3:42,萨沙出去后找到了一个备忘录。阿巴斯看到有人拿着枕头走过,就立马出去询问,他很担心什么被偷了。但实际上,他们是应研习会的要求行动的。然后萨沙带着备忘录回来了,研习会想要车。对此,阿巴斯回答说"没门"。他还讲解如何把燃料成本记在研习会的账上。萨沙 3:47 离开。

终于这一天没有会议了。阿巴斯查看信件和便条(不具备所需大小的氯片；外出人员的航班安排；波恩主管干事来访；坦桑尼亚红新月会驻达累斯萨拉姆办公室的便签，通知内科医生将乘飞机过来面试工作，等等）。4:17，吉尔顺道经过，阿巴斯问他是谁把医生叫过来的，写消息的人甚至都没跟阿巴斯在达累斯萨拉姆的属下商量一下。"他真是烦人——但愿我不会有麻烦。"

4:25，阿巴斯开始给某个代表写"中期"书面评语。但是不断有人打扰，他今天没法完成。费莉西图斯（Felicitus）是德国红十字会的代表，负责管理海湾医院，不小心落下了一个订好的备忘录。阿巴斯碰巧捡到，马上打开读了，发现要重新选护士长和护士长助理。然后，阿巴斯打电话叫费莉西图斯和吉尔来办公室。

"你为什么想让护士长助理搬出医院？"阿巴斯问费莉西图斯。吉尔不知道费莉西图斯写了什么，说道："不，还有没急于做这事。"但费莉西图斯说："大家不想他当护士长的。"很明显，他们之间有某些误会。然后，阿巴斯用当天最严厉的语气说，他很了解这个也叫史蒂芬的人，他很优秀，并表示："只要我在这里，我就会护着他。"费莉西图斯很沮丧地离开了，阿巴斯又补充道："除非你已经对他说了。"费莉西图斯立马转身："我说了。"显然，费莉西图斯误解了吉尔之前说的一些话，认为她应该把史蒂芬赶走。

阿巴斯说找护士长助理谈谈，澄清真相。费莉西图斯显然很宽慰（表示很欣赏阿巴斯的才能），说："希望你能办到。"所以大家一致认为阿巴斯会在第二天解决全部问题。其实，他们最后同意将史蒂芬升为"代理护士长"。"为何不是护士长？"费莉西图斯问道。阿巴斯说："一步一步来。"他想先跟自己的同职人员（已经离开）谈谈。

阿巴斯说，他多么喜欢一天结束时在这样安静的时间里做些工作。然后，他回到电脑前，开始写中期报告。内罗毕的电话响起时，阿巴斯重重地按下接听键。电话是关于航班安排的，打了20分钟。随后，萨沙走进来，汇报货车供给事宜。然后他们开始讨论此事。6:00时，费莉西图斯走进来说："史蒂芬在这儿！"

阿巴斯、护士长助理史蒂芬坐在桌子旁边，史蒂芬看起来很忧虑。阿巴斯问："你的医院最近怎么样？"他们讨论了在局部地区暴发的脑膜炎，以及其他一些事情。"你说你筋疲力尽、工作过劳，有什么特别的原因吗？"阿巴斯问道。史蒂芬回答说没有，但表达了对费莉西图斯即将离开及替补人员空缺之事的关心。阿巴斯鼓励"伙计们"更主动些，他还会继续探究医院的行政安排和坦桑尼亚工作人员的作用。

然后，阿巴斯转向手头的问题，澄清了史蒂芬的任命书，并解释费莉西图斯对史蒂芬说的话。史蒂芬说，他知道自己不再是护士长助理，但不会失去工作；他希望回到原来的护理岗位。史蒂芬还说他帮费莉西图斯草拟了一份新护士长及护士长助理的名单，他们看了看名字。当阿巴斯问到医院管理的问题时，史蒂芬看起来很不舒服，阿巴斯便建议他们用斯瓦希里语（肯尼亚和坦桑尼亚两国的共同语，紧接着是英语）讨论。阿巴斯后来告诉我，即便用斯瓦希里语，史蒂芬还是不太乐意讨论护士长的问题。不过后来（回到英语），阿巴斯鼓励他在这些问题上要对费莉西图斯更主动些。"如果你不告诉她情况，那她接下来怎样做呢？"

阿巴斯知道史蒂芬和其他人各自了解的情况后说："我会建议你继续做护士长助理，并做好当护士长的准备……但对待费莉西图斯，你要有话就说。我们知道医院工作人员的情况——司机因试图贿赂别人遭到解雇。"史蒂芬说他明白。阿巴斯问："你还有什么事吗？""没有了。"6:44，史蒂芬离开。他俩都很轻松。除了晚上某个代表的告别聚会，阿巴斯的一天到此结束。

彼得·德鲁克全集

序号	书名	要点提示
1	工业人的未来 The Future of Industrial Man	工业社会三部曲之一，帮助读者理解工业社会的基本单元——企业及其管理的全貌
2	公司的概念 Concept of the Corporation	工业社会三部曲之一，揭示组织如何运行，它所面临的挑战、问题和遵循的基本原理
3	新社会 The New Society: The Anatomy of Industrial Order	工业社会三部曲之一，堪称一部预言，书中揭示的趋势在短短10几年都变成了现实，体现了德鲁克在管理、社会、政治、历史和心理方面的高度智慧
4	管理的实践 The Practice of Management	德鲁克因为这本书开创了管理"学科"，奠定了现代管理学之父的地位
5	已经发生的未来 Landmarks of Tomorrow: A Report on the New "Post-Modern" World	论述了"后现代"新世界的思想转变，阐述了世界面临的四个现实性挑战，关注人类存在的精神实质
6	为成果而管理 Managing for Results	探讨企业为创造经济绩效和经济成果，必须完成的经济任务
7	卓有成效的管理者 The Effective Executive	彼得·德鲁克最为畅销的一本书，谈个人管理，包含了目标管理与时间管理等决定个人是否能卓有成效的关键问题
8 ☆	不连续的时代 The Age of Discontinuity	应对社会巨变的行动纲领，德鲁克洞察未来的巅峰之作
9 ☆	面向未来的管理者 Preparing Tomorrow's Business Leaders Today	德鲁克编辑的文集，探讨商业系统和商学院五十年的结构变化，以及成为未来的商业领袖需要做哪些准备
10 ☆	技术与管理 Technology, Management and Society	从技术及其历史说起，探讨从事工作之人的问题，旨在启发人们如何努力使自己变得卓有成效
11 ☆	人与商业 Men, Ideas, and Politics	侧重商业与社会，把握根本性的商业变革、思想与行为之间的关系，在结构复杂的组织中发挥领导力
12	管理：使命、责任、实践（实践篇） Management:Tasks,Responsibilities,Practices	
13	管理：使命、责任、实践（使命篇） Management:Tasks,Responsibilities,Practices	为管理者提供一套指引管理者实践的条理化"认知体系"
14	管理：使命、责任、实践（责任篇） Management:Tasks,Responsibilities,Practices	
15	养老金革命 The Pension Fund Revolution	探讨人口老龄化社会下，养老金革命给美国经济带来的影响
16	人与绩效：德鲁克论管理精华 People and Performance: The Best of Peter Drucker on Management	广义文化背景中，管理复杂而又不断变化的维度与任务，提出了诸多开创性意见
17 ☆	认识管理 An Introductory View of Management	德鲁克写给步入管理殿堂者的通识入门书
18	德鲁克经典管理案例解析（纪念版） Management Cases(Revised Edition)	提出管理中10个经典场景，将管理原理应用于实践

彼得·德鲁克全集

序号	书名	要点提示
19	旁观者：管理大师德鲁克回忆录 Adventures of a Bystander	德鲁克回忆录
20	动荡时代的管理 Managing in Turbulent Times	在动荡的商业环境中，高管理层、中级管理层和一线主管应该做什么
21 ☆	迈向经济新纪元 Toward the Next Economics and Other Essays	社会动态变化及其对企业等组织机构的影响
22 ☆	时代变局中的管理者 The Changing World of the Executive	管理者的角色内涵的变化、他们的任务和使命、面临的问题和机遇以及他们的发展趋势
23	最后的完美世界 The Last of All Possible Worlds	德鲁克生平仅著两部小说之一
24	行善的诱惑 The Temptation to Do Good	德鲁克生平仅著两部小说之一
25	创新与企业家精神 Innovation and Entrepreneurship:Practice and Principles	探讨创新的原则，使创新成为提升绩效的利器
26	管理前沿 The Frontiers of Management	德鲁克对未来企业成功经营策略和方法的预测
27	管理新现实 The New Realities	理解世界政治、政府、经济、信息技术和商业的必读之作
28	非营利组织的管理 Managing the Non-Profit Organization	探讨非营利组织如何实现社会价值
29	管理未来 Managing for the Future:The 1990s and Beyond	解决经理人身边的经济、人、管理、组织等企业内外的具体问题
30 ☆	生态愿景 The Ecological Vision	对个人与社会关系的探讨，对经济、技术、艺术的审视等
31 ☆	知识社会 Post-Capitalist Society	探索与分析了我们如何从一个基于资本、土地和劳动力的社会，转向一个以知识作为主要资源、以组织作为核心结构的社会
32	巨变时代的管理 Managing in a Time of Great Change	德鲁克探讨变革时代的管理与管理者、组织面临的变革与挑战、世界区域经济的力量和趋势分析、政府及社会管理的洞见
33	德鲁克看中国与日本：德鲁克对话"日本商业圣手"中内功 Drucker on Asia	明确指出了自由市场和自由企业，中日两国等所面临的挑战，个人、企业的应对方法
34	德鲁克论管理 Peter Drucker on the Profession of Management	德鲁克发表于《哈佛商业评论》的文章精心编纂，聚焦管理问题的"答案之书"
35	21世纪的管理挑战 Management Challenges for the 21st Century	德鲁克从6大方面深刻分析管理者和知识工作者个人正面临的挑战
36	德鲁克管理思想精要 The Essential Drucker	从德鲁克60年管理工作经历和作品中精心挑选、编写而成，德鲁克管理思想的精髓
37	下一个社会的管理 Managing in the Next Society	探讨管理者如何利用这些人口因素与信息革命的巨变，知识工作者的崛起等变化，将之转变成企业的机会
38	功能社会：德鲁克自选集 A Functioning society	汇集了德鲁克在社区、社会和政治结构领域的观点
39 ☆	德鲁克演讲实录 The Drucker Lectures	德鲁克60年经典演讲集锦，感悟大师思想的发展历程
40	管理（原书修订版） Management(Revised Edition)	融入了德鲁克于1974~2005年间有关管理的著述
41	卓有成效管理者的实践（纪念版） The Effective Executive in Action	一本教你做正确的事，继而实现卓有成效的日志笔记本式作品

注：序号有标记的书是新增引进翻译出版的作品